Liebe Leserin, lieber Leser

In historischen Standardwerken werden die Jahre nach dem Zweiten Weltkrieg meist als eine Epoche der Befreiung und des Neubeginns beschrieben. Oder sie erscheinen, je nach politischem Standpunkt und Staatsangehörigkeit ihres Verfassers, als eine Zeit von Niederlage und Besetzung.

Doch tatsächlich ist die Nachkriegszeit in jenen Territorien, die seit 1939 von den Deutschen und ihren Verbündeten überrannt worden waren, im Erleben der meisten Europäer etwas ganz anderes gewesen: nämlich vor allem eine Ära der Anarchie, in der nichts mehr galt, nichts mehr funktionierte, nichts mehr sicher war. Als es nur darum ging, zu überleben, irgendwie.

Beispiel Italien: Auf den Jubel der Bevölkerung von Neapel, als im September 1943 die Wehrmacht abzog und alliierte Truppen einmarschierten, folgte bald Enttäuschung. Denn die Versorgung der geschundenen Großstadt hatte für Amerikaner und Briten keine hohe Priorität. Und das bedeutete für die Neapolitaner Hunger – und einen erniedrigenden Kampf ums tägliche Brot.

Oder Frankreich, wo in einem Moment der Gesetzlosigkeit während des alliierten Siegeszuges 1944 die einheimische Widerstandsbewegung mit echten und vermeintlichen Kollaborateuren abrechnete – unter anderem mit jenen Frauen, die sich mit den Deutschen eingelassen hatten und nun öffentlich erniedrigt wurden.

Oder das Grenzgebiet zwischen Belgien und der britischen Besatzungszone in Deutschland: Bis dahin unbescholtene Bürger wurden hier in ihrer Not zu Schwarzhändlern und Schiebern, die beispielsweise Kaffee über die Demarkationslinie schmuggelten, oft kreativ versteckt, und die Zöllner zuweilen in blutige Kämpfe verwickelten.

Noch viel grausamer als im Süden und Westen des Kontinents hatte der Krieg in Osteuropa gewütet – von den „Bloodlands" zwischen Stalin und Hitler, in denen sowjetische und deutsche Schergen bis 1945 etwa 14 Millionen Zivilisten ermordeten, spricht der US-Historiker Timothy Snyder.

In diesen Blutlanden wurde der Schrecken der Nachkriegszeit durch den direkten Übergang von der deutschen Terrorherrschaft zur Tyrannei Moskaus noch verstärkt. Kommunistische Partisanen töteten Freiheitskämpfer, die für die vermeintlich „falsche" Sache gekämpft hatten. Demokratische Politiker wurden verhaftet und in Lager verschleppt. Juden, die aus den nationalsozialistischen Vernichtungslagern in ihre osteuropäischen Heimatstädte zurückkehrten, sahen sich erneut mit einem vehementen Antisemitismus konfrontiert.

Es sind solche Schicksale aus dieser Zeit der Gesetzlosigkeit, die wir in der vorliegenden Ausgabe von GEO*EPOCHE* schildern: wie die berührende Geschichte des „Wolfskindes" Liesabeth Otto, die als Siebenjährige in Ostpreußen von ihrer Familie getrennt wurde und sich fortan jahrelang alleine durchschlug. Oder das bittere Los der „Displaced Persons", der während des Krieges in deutsche Lager deportierten Arbeitssklaven und KZ-Häftlinge, die nach ihrer Befreiung häufig erkennen mussten, dass ihre Heimat nicht mehr existierte, es nichts mehr gab, wohin man zurückkehren konnte.

Und wir erzählen vom Ende jener Zeit der Instabilität. Denn ab etwa 1947 begann eine neue Ordnung die Anarchie zu ersetzen. Die amerikanisch-sowjetische Allianz der Kriegszeit war zerfallen, in Ost und West entstanden festgefügte Blöcke, nahezu hermetisch voneinander geschieden, in denen die beiden Supermächte jeweils ihre Regeln durchsetzten und die sich nun feindlich gegenüberstanden.

Diese neue globale Ordnung brachte einen Konflikt ganz neuer Art hervor, den Kalten Krieg. Einen Krieg freilich, der Europa 40 Jahre lang den Frieden sicherte.

Herzlich Ihr

Michael Schaper

Kernteam dieser Produktion
Dirk Krömer (Schlussredaktion, v. l.),
Eva Mitschke (Art Direction),
Andreas Sedlmair (Verifikation),
Gesa Gottschalk (Konzept und Text),
Christian Gargerle (Bild)

52

ENTWURZELT Unter den Millionen Menschen, die durch die Kämpfe ihre Heimat verlieren, sind viele Kinder. Manche werden ihre Familien nie wiederfinden.

120

SCHWARZMARKT Um ihre Lebensmittelrationen aufzubessern, kaufen die Deutschen bei Schiebern – auch geschmuggelte Ware, etwa Kaffee, aus dem nahen Ausland.

6

BEFREIUNG Es ist der Anfang vom Ende des Krieges: Im Juli 1943 landen alliierte Truppen auf Sizilien (oben) und ziehen bald darauf unter dem Jubel der Bevölkerung in Neapel ein (Seite 26). Doch die Freude währt nur kurz. Denn Hunger und Elend dauern auch nach dem Abzug der Deutschen an. Und so müssen die Menschen weiter ums Überleben ringen.

112

SPORTFEST Die ersten Olympischen Spiele nach Deutschlands Kapitulation finden 1948 in London statt. Es werden Wettkämpfe im Zeichen des Mangels.

94

LUFTBRÜCKE Als die UdSSR 1948 die Landverbindungen nach Westberlin kappt, muss die Stadt per Flugzeug versorgt werden – erste Eskalation im Kalten Krieg.

132

MACHTWILLE Während ihre Propaganda Harmonie und Solidarität vortäuscht, errichten die Kommunisten in Ungarn eine brutale Zwangsherrschaft.

INHALT # 77

Ein Verzeichnis mit den Themen aller GEO*EPOCHE*-Ausgaben sowie einen Briefkasten für Leserzuschriften finden Sie unter *www.geo-epoche.de* oder besuchen Sie uns auf Facebook

Titelbild: Bearbeitete Aufnahme einer Flüchtlingsfrau mit ihrem Kind, 1945. Alle **Fakten**, Daten und Karten in dieser Ausgabe sind vom GEO*EPOCHE*-Verifikationsteam auf ihre Richtigkeit überprüft worden. Kürzungen in **Zitaten** sind nicht kenntlich gemacht. Die in den **Dachzeilen** über einem Beitrag platzierten geographischen Angaben beziehen sich in der Regel auf die heute existierenden Staaten. **Redaktionsschluss:** 29. Januar 2016

Ein schwerer

Der Zweite Weltkrieg endet nicht mit einer Stunde Null, nicht mit einem klaren Schnitt. Auf Sizilien ist er bereits im August 1943 vorbei, in Deutschland erst knapp zwei Jahre später. Und in ganz Europa gilt: Als die Waffen schweigen, herrscht noch lange kein Frieden. Volks- gruppen, Religionen, politische Strömungen stehen einander unversöhnlich gegenüber, ebenso Kollaborateure und Widerstands- kämpfer. So werden auch nach dem 8. Mai 1945 noch Europäer ermordet, vertrieben, deportiert. Und nur langsam finden die Völker des Kontinents wieder zueinander

Text: KEITH LOWE; Bildtexte: GESA GOTTSCHALK

Europa ist ein Kontinent der Kriegswaisen. Allein in Rom, Mailand und Neapel ziehen fast 200 000 Straßenkinder umher, der Papst bittet

Anfang

die Welt um Hilfe – und dieses italienische Mädchen versucht, mit einem Bauchladen zu überleben: Eine Zigarette kostet 15 Lire

Umjubelt rollen GIs durch Sizilien. Mit der Landung auf der Insel beginnt die Befreiung Europas. Die Soldaten müssen die Menschen nun

versorgen, verwalten – und sortieren, in Täter und Opfer

V

Versuchen Sie, sich eine Welt vorzustellen, in der es keine Institutionen gibt. Es ist eine Welt, in der sich die Grenzen zwischen den Ländern scheinbar aufgelöst haben.

Menschen durchstreifen das grenzenlose Land auf der Suche nach Gemeinschaften, die nicht mehr existieren. Es gibt keine Verwaltungen mehr, weder nationale noch lokale. Es gibt keine Schulen und Universitäten, keine Bibliotheken und Archive mehr.

Die Menschen haben keinerlei Zugang mehr zu Informationen. Es gibt keine Kinos oder Theater und natürlich auch kein Fernsehen. Das Radio funktioniert gelegentlich, aber das Signal ist schwach, und die Sendungen, die man hören kann, sind fast immer in einer fremden Sprache.

Eine Zeitung hat seit Wochen niemand mehr in der Hand gehabt. Es fahren keine Züge oder Autos, man kann weder telefonieren noch Telegramme verschicken, die Postämter sind alle verwaist; abgesehen von dem, was mündlich weitergegeben wird, ist die Kommunikation unmöglich.

Es gibt keine Banken mehr, was jedoch keine Rolle spielt, da das Geld ohnehin wertlos ist. Es gibt keine Läden, denn niemand hat irgendetwas zu verkaufen. Es wird nichts mehr produziert: Die großen Fabriken und Unternehmen wurden alle zerstört oder stillgelegt, und auch die meisten anderen Gebäude ste-

Ein Militärgeistlicher steht Anton Dostler in seinen letzten Augenblicken bei. Als erster deutscher General wird der Offizier wegen Kriegs

hen nicht mehr. Es gibt keine Werkzeuge außer denen, die man im Schutt findet. Es gibt keine Nahrung.

Recht und Ordnung existieren praktisch nicht mehr, denn es gibt weder Sicherheitskräfte noch ein Justizsystem.

In einigen Gebieten scheinen die Menschen nicht mehr zu wissen, was Recht und was Unrecht ist. Sie eignen sich an, was greifbar ist, ohne darüber nachzudenken, wem es gehört, denn sie haben offenbar keine Vorstellung mehr vom Eigentum. Wer was besitzen darf, hängt davon ab, wer der Stärkere ist und es mit seinem Leben verteidigen wird.

Bewaffnete Männer ziehen durch die Straßen, nehmen sich, was sie wollen, und bedrohen jeden mit dem Tod, der sich ihnen in den Weg stellt.

Frauen aus allen Schichten und jeden Alters prostituieren sich für Nahrung und Schutz. Die Menschen haben jedes Schamgefühl verloren und kümmern sich nicht mehr um moralische Normen. Es zählt nur das nackte Überleben.

Heute scheint es uns, als könnte es eine solche Welt nur in der Fantasie von Drehbuchautoren geben. Aber nach wie vor leben Hunderttausende Menschen, die vor einigen Jahrzehnten tatsächlich unter solchen Bedingungen ihr Dasein fristen mussten – und zwar nicht in einem abgelegenen Winkel der Erde, sondern im Herzen jener Region, die seit Jahrzehnten als stabilste und am höchsten entwickelte der Welt gilt.

In den Jahren 1944 und 1945 versanken weite Teile Europas für Monate im Chaos. Der Zweite Weltkrieg – der vermutlich zerstörerischste Konflikt in der Menschheitsgeschichte – hatte nicht nur die materielle, sondern auch die institutionelle Infrastruktur verwüstet, die die Länder des Kontinents zusammenhielt.

Warschau, Coventry, Rotterdam – oder hier Royan: Ihre Namen stehen fortan für den Tod aus der Luft, für die Zerstörung von Europas Städ

ten. Denn der Zweite Weltkrieg war wie kein anderer zuvor ein Bombenkrieg

Die politischen Systeme waren so vollkommen zusammengebrochen, dass amerikanische Beobachter vor der Möglichkeit eines europaweiten Bürgerkriegs warnten. Die gezielte Zerstückelung der Gemeinschaften im Krieg hatte ein unüberwindliches Misstrauen zwischen Nachbarn gesät, und für die hungernden Menschen hatte die persönliche Moralität jegliche Bedeutung verloren.

D

Dass es Europa gelang, sich aus seinen Trümmern zu erheben und sich wieder in einen wohlhabenden, toleranten Kontinent zu verwandeln, wirkt wie ein Wunder. Angesichts der großen Leistungen des Wiederaufbaus könnte man meinen, die Nachkriegszeit sei eine makellose Erfolgsgeschichte gewesen.

Nicht weniger beeindruckend war die politische Wiedergeburt im Westen Europas. In den Jahren nach dem Krieg erwachte auch der Wunsch nach internationaler Zusammenarbeit, die Wohlstand und Frieden bringen sollte. Mittlerweile werden die Jahrzehnte seit 1945 als die längste Friedenszeit in Europa seit dem Römischen Reich gepriesen.

Es ist nicht verwunderlich, dass jene Autoren, die sich mit der Nachkriegszeit beschäftigen, von einer Ära sprechen, in der sich Europa wie Phönix aus der Asche erhob.

In dieser Darstellung endeten mit dem Krieg nicht nur Unterdrückung und Gewalt, sondern es begann auch eine spirituelle, moralische und wirtschaftliche Wiedergeburt des ganzen Kontinents. Die Deutschen bezeichnen die Monate nach Kriegsende als „Stunde Null": Sie machten reinen Tisch und fingen von vorn an.

Aber man braucht nicht viel Fantasie, um sich vorzustellen, dass die Nachkriegsgeschichte unmöglich so gewesen

Schnell haben diese Franzosen alles Essbare von dem toten Pferd geschnitten, wenig mehr als Hufe, Knochen, Eingeweide sind übrig. Über

sein kann. Zum einen war der Krieg nicht einfach vorbei, als Hitler besiegt war. Es dauert Monate, wenn nicht Jahre, um einen Konflikt von den Ausmaßen des Zweiten Weltkriegs zu beenden, der zahlreiche kleinere innere Auseinandersetzungen nach sich gezogen hatte.

Und der Krieg endete in verschiedenen Teilen Europas zu verschiedenen Zeitpunkten. So war er in Sizilien und Süditalien bereits im Herbst 1943 praktisch vorbei. In Frankreich endete er für den Großteil der Zivilbevölkerung ein Jahr später, im Herbst 1944.

Hingegen gingen die gewaltsamen Auseinandersetzungen in Teilen Osteuropas noch lange nach dem Ende der europäischen Kampfhandlungen am 8. Mai 1945 weiter. In Jugoslawien kämpften Titos Truppen noch mindestens bis zum 15. Mai gegen kroatische Einheiten.

In Griechenland tobte der durch die Interventionen Hitler-Deutschlands ausgelöste Bürgerkrieg noch mehrere Jahre nachdem der große Konflikt in Europa beendet war. In der Ukraine und im Baltikum setzten nationalistische Partisanen ihren Kampf gegen die sowjetischen Truppen bis in die 1950er Jahre fort. Und manche Polen sind der Ansicht, der Zweite Weltkrieg habe eigentlich erst vor wenigen Jahren geendet. Da der Konflikt offiziell mit dem Einmarsch deutscher und sowjetischer Truppen in Polen begann, war er in ihren Augen erst vorüber, als 1993 der letzte sowjetische Soldat das Land verließ.

In den baltischen Ländern wird die Geschichte ähnlich betrachtet: 2005 lehnten die Präsidenten Estlands und Litauens eine Einladung ab, in Moskau an einer Feier anlässlich des 60. Jahrestags des Kriegsendes in Europa teilzunehmen. Sie

Kontinent der Entwurzelten. Die Deutschen haben Millionen Menschen verschleppt, versklavt oder gefangen genommen, wie diese franzö

sischen Soldaten. Viele weitere fliehen nach dem Krieg oder werden vertrieben

begründeten ihre Weigerung damit, dass ihre Länder erst Anfang der 1990er Jahre befreit worden seien.

Berücksichtigt man auch den Kalten Krieg, der eigentlich ein andauernder Konflikt zwischen Ost- und Westeuropa war, zu dem aber auch mehrere nationale Erhebungen gegen die sowjetische Hegemonie in Osteuropa gehörten, so stellt man fest, dass die Behauptung, die Nachkriegszeit sei eine Ära des stabilen Friedens gewesen, maßlos übertrieben ist.

G

Gleichermaßen zweifelhaft ist die Vorstellung von der „Stunde Null". Mit Sicherheit wurde kein reiner Tisch gemacht, so sehr es sich die deutschen Politiker auch wünschen mochten.

Der Krieg löste Wellen der Rache und Umverteilung aus, die sämtliche Bereiche des europäischen Lebens erfassten.

Staaten verloren Gebiete und Vermögen, in Verwaltungen und Institutionen fanden Säuberungen statt, und ganze Gemeinschaften sahen sich dem Terror ausgesetzt, weil man sie kollektiv für Übeltaten während des Krieges verantwortlich machte.

Zivilisten wurden Opfer furchtbarer Rache für die Gewalttaten des NS-Regimes. In ganz Europa wurden Deutsche misshandelt, verhaftet, versklavt oder einfach ermordet. Soldaten und Polizisten, die mit den Nationalsozialisten kollaboriert hatten, wurden festgenommen und gefoltert.

In den im Krieg von der Wehrmacht besetzten Ländern wurden Frauen, die sich mit deutschen Soldaten eingelassen hatten, nach der Befreiung nackt ausgezogen und kahl geschoren, andere mit Teer übergossen und durch die Straßen getrieben. Millionen deutsche, ungarische und österreichische Frauen wurden vergewaltigt. Statt reinen Tisch

Kniend betrauern diese Frauen Ende 1944 rund 30 linke Demonstranten, die Athens Polizei erschossen hat. Bald darauf kommt es zu einem

Bürgerkrieg zwischen Regierung und Kommunisten, der Griechenland jahrelang erschüttert

zu machen, wurden nach dem Krieg lediglich die Ressentiments zwischen Gemeinschaften und Nationen vertieft, und oft schwelen diese Feindseligkeiten noch heute.

A

Auch begann mit dem Kriegsende keine neue Ära der ethnischen Harmonie in Europa. In Teilen des Kontinents verschärften sich die Spannungen zwischen den Volksgruppen sogar noch. Die Juden wurden mancherorts weiterhin verfolgt. Überall richtete sich die nationalistische Politik einmal mehr gegen Minderheiten, und zuweilen führte der so geweckte Hass zu abscheulichen Gräueln.

In den Jahren nach dem Krieg wurden die Bemühungen des NS-Regimes, die verschiedenen ethnischen Gruppen zu kategorisieren und voneinander zu trennen, de facto fortgesetzt. Zwischen 1945 und 1947 wurden mehrere Millionen Menschen aus ihren Heimatländern vertrieben. Diese ethnischen Säuberungen zählen zu den größten der Geschichte.

Darüber sprechen die Bewunderer des „europäischen Wunders" nur selten – was vor allem daran liegt, dass die wenigsten von ihnen verstehen, was damals wirklich geschah. Selbst jene, denen die Vertreibung der Deutschen bekannt ist, wissen wenig über ähnliche Schicksale anderer Minderheiten in Osteuropa.

Die kulturelle Vielfalt, die Europa vor und sogar noch während des Krieges ausgezeichnet hatte, wurde endgültig zerstört, als der Krieg beendet war.

Umso bemerkenswerter ist, dass der Wiederaufbau Europas inmitten all dieser Wirren beginnen konnte. Aber so wie sich das Ende des Krieges über Jahre hinzog, dauerte es auch lange, bis der Wiederaufbau in Gang kam.

Die Menschen, die in den Trümmern der europäischen Städte lebten,

Wenig nur können die Verkäufer auf diesem Markt in der Normandie feilbieten. Noch auf Jahre bleiben Lebensmittel rationiert, ist Milch

den Kindern vorbehalten, bauen die Menschen selber Gemüse an, um zu überleben

waren derart mit dem täglichen Überlebenskampf beschäftigt, dass sie kaum Zeit hatten, die Fundamente der Gesellschaft zu reparieren. Sie waren hungrig, gezeichnet vom Verlust und verbittert nach den Jahren des Leidens.

Bevor man sie bewegen konnte, mit dem Wiederaufbau zu beginnen, brauchten sie Zeit, um ihrer Wut Luft zu machen, nachzudenken und zu trauern.

Auch die neuen Verwaltungen, die überall in Europa ihre Tätigkeit aufnahmen, brauchten Zeit, um sich zu etablieren. Anfangs war nicht daran zu denken, die Trümmer wegzuräumen, die Eisenbahnlinien instand zu setzen oder die Fabriken wieder in Betrieb zu nehmen. Zuerst mussten in den einzelnen Verwaltungsgebieten Vertreter ernannt und Gremien eingerichtet werden.

Diese Gremien mussten dann das Vertrauen der Bevölkerung gewinnen, die im Lauf von Jahren der organisierten Grausamkeit gelernt hatte, den Kontakt mit öffentlichen Einrichtungen zu vermeiden. Unter diesen Umständen war es wenig mehr als ein Wunschtraum, Recht und Ordnung wiederherzustellen, geschweige denn, dass man darüber nachdenken konnte, das eigene Land wiederaufzubauen. Nur Einrichtungen, die von außen kamen – die alliierten Militärverwaltungen, die Vereinten Nationen, das Rote Kreuz –, hatten die Befugnis oder die Mittel, um dies zu bewerkstelligen. Dort, wo solche Einrichtungen fehlten, herrschte das Chaos.

Der bulgarische Dissident und Schriftsteller Georgi Markow erzählt in seinen Memoiren über die späten 1940er Jahre eine Geschichte, die typisch für die Nachkriegszeit ist – nicht nur in seinem eigenen Land, sondern in ganz Europa. Markow schildert ein Gespräch zwischen

Ein Rotarmist ringt mit einer Berlinerin um ihr Fahrrad. In allen vier deutschen Besatzungszonen nehmen sich die Alliierten, was sie brau

chen. Und überall vergewaltigen Soldaten Frauen und Mädchen

einem seiner Freunde – der verhaftet worden war, weil er einen kommunistischen Funktionär zur Rede stellte, der sich in der Warteschlange vor einer Brotausgabe einfach vorgedrängt hatte – und einem Offizier der bulgarischen kommunistischen Miliz.

„Und sagen Sie mir jetzt, wer Ihre Feinde sind?", fragte der Anführer der Miliz. Der Freund dachte eine Zeit lang nach und erwiderte: „Ich weiß nicht recht. Ich glaube, ich habe keine Feinde."

„Keine Feinde!" Der Milizionär erhob die Stimme. „Wollen Sie damit sagen, dass Sie niemanden hassen und niemand Sie hasst?"

„Soweit ich weiß, niemand."

„Sie lügen", brüllte der Oberstleutnant plötzlich und sprang von seinem Stuhl auf. „Was für ein Mensch sind Sie, dass Sie keine Feinde haben? Sie gehören eindeutig nicht zu unserer Jugend, Sie können keiner von unseren Bürgern sein, wenn Sie keine Feinde haben! Und wenn Sie wirklich nicht wissen, wie man hasst, dann werden wir es Ihnen beibringen! Wir werden Ihnen das schleunigst beibringen!"

I

In gewisser Weise hatte der Milizenführer recht – es war praktisch unmöglich, den Zweiten Weltkrieg ohne Feinde zu überstehen. Nach der Verwüstung ganzer Regionen, nach dem Abschlachten von über 40 Millionen Menschen, nach zahllosen Massakern im Namen der Nation, der Rasse, der Religion, der Klasse oder persönlicher Vorurteile hatte praktisch jeder Europäer irgendeinen Verlust oder ein Unrecht erlitten.

Selbst in Ländern, in denen es keine nennenswerten direkten Kampfhandlungen gegeben hatte, wie etwa in Bulgarien, war es zu politischen Unruhen, Geplänkeln mit Nachbarstaaten, Pressionen seitens der Nationalsozialisten und schließlich zum Einmarsch von Truppen einer der neuen Supermächte gekommen.

Inmitten all dieser Ereignisse war es völlig selbstverständlich geworden, Rivalen zu hassen. Tatsächlich hatten die Anführer und Agitatoren aller Seiten während der Kriegsjahre Hass gepredigt, in dem sie eine unverzichtbare Waffe zur Erringung des Sieges sahen.

Und zu der Zeit, als der bulgarische Milizenführer junge Studenten an der Universität von Sofia terrorisierte, war Hass kein bloßes Nebenprodukt des Krieges mehr: In der kommunistischen Weltanschauung war Hass zu einer Pflicht erhoben worden.

Nach dem Krieg gab es viele Gründe dafür, seinen Nachbarn nicht zu mögen. War er ein Deutscher, wurde er praktisch von allen geschmäht; hatte er mit den Deutschen kollaboriert, erging es ihm nicht besser: Vergeltungsaktionen nach dem Krieg richteten sich hauptsächlich gegen diese beiden Gruppen.

Vielleicht betete er auch den falschen Gott an – einen katholischen Gott oder einen orthodoxen, einen muslimischen Gott oder einen jüdischen Gott oder gar keinen Gott.

Oder aber er gehörte der „falschen" Volksgruppe oder Nationalität an: Kroaten hatten im Krieg Serben massakriert, Ukrainer hatten Polen ermordet, Ungarn hatten Slowaken unterdrückt, und fast alle hatten Juden verfolgt.

Vielleicht hatte er auch die falschen politischen Überzeugungen: Sowohl Faschisten als auch Kommunisten waren für zahllose Gräueltaten überall auf dem

Kontinent verantwortlich, und sowohl Faschisten als auch Kommunisten waren ihrerseits Opfer brutaler Unterdrückung geworden – und das Gleiche galt für die Anhänger praktisch jeder politisch-ideologischen Schattierung zwischen diesen beiden Extremen.

Die wütende, erhitzte Atmosphäre, die nach dem Zweiten Weltkrieg in ganz

40 Millionen Weltkriegstote in Europa, das bedeutet auch: Familien ohne Väter, Eltern ohne Söhne, junge Frauen, die niemals heiraten werden. Wie auf diesem Gruppenbild aus Belgien fehlen überall die jungen Männer

Europa herrschte, war das perfekte Umfeld, um Revolutionen anzuzetteln. Die Kommunisten sahen in dieser gewaltgesättigten und chaotischen Atmosphäre keinen Fluch, sondern eine Chance.

Bereits vor 1939 hatte es ständig Spannungen zwischen Kapitalisten und Arbeitern, Grundherren und Kleinbauern, Herrschern und Untertanen gegeben – aber die waren in der Regel örtlich begrenzt und von kurzer Dauer gewesen. Der Krieg mit seinem über viele Jahre anhaltenden Blutvergießen und seinen Entbehrungen hatte die Spannungen

weit über alles angeheizt, was sich die Kommunisten in der Vorkriegszeit hätten ausmalen können.

Große Teile der Bevölkerung beschuldigten jetzt ihre früheren Regierungen, sie mit sich in den Abgrund des Krieges gerissen zu haben. Die Menschen verachteten Geschäftsleute und Politiker dafür, dass sie mit ihren Feinden kollaboriert hatten.

Und als ein Großteil Europas am Rande einer Hungersnot stand, hassten sie jeden, der den Krieg scheinbar besser überstanden hatte als sie selbst. Zwar waren Arbeiter auch schon früher ausgebeutet worden, doch hatte diese Ausbeutung während des Krieges eine beispiellose Form angenommen: Millionen waren versklavt, und weitere Millionen buchstäblich zu Tode geschunden worden.

Es verwundert nicht, dass sich so viele Menschen nach dem Krieg dem Kommunismus zuwandten. Die Bewegung fand nicht nur Anklang als radikale Alternative zu den diskreditierten vorhergehenden Politikern, sondern sie gab den Menschen auch ein Ventil, um die Wut und Erbitterung herauszulassen, die sich in den schrecklichen Jahren angehäuft hatte.

Hass war – neben der Präsenz der Roten Armee – einer der Schlüssel für den Erfolg des Kommunismus in Europa, wie zahllose Dokumente belegen, die Partei-Aktivisten aufforderten, gezielt Hass zu säen. Die kommunistische Bewegung nährte sich nicht nur von der Feindseligkeit gegen Deutsche, Faschisten und Kollaborateure; sie förderte ihrerseits auch neuen Abscheu gegen den

Adel und die Mittelschicht, gegen Grundbesitzer und Kulaken.

Als die Welt dann später allmählich in den Kalten Krieg eintrat, ließen sich diese Leidenschaften leicht in Feindseligkeit gegen die USA, den Kapitalismus und den Westen ummünzen. Im Gegenzug verabscheuten all diese Gegner gleichermaßen den Kommunismus.

Nicht nur die kommunistischen Funktionäre sahen in Gewalttätigkeit und Chaos eine Chance. Auch Nationalisten erkannten, dass sich die während des Krieges angefachten Spannungen zur Förderung einer alternativen Agenda nutzen ließen – in ihrem Fall der ethnischen Säuberung ihrer Länder.

Viele Nationen instrumentalisierten nach dem Krieg beispielsweise den neuen Hass auf die Deutschen, um volksdeutsche Gemeinschaften, die seit Jahrhunderten überall in Osteuropa gelebt hatten, zu vertreiben.

Der polnische Staat machte sich den Hass auf die Ukrainer während des Krieges zunutze, um ein Programm der Vertreibung und Zwangsassimilation in Angriff zu nehmen.

Slowaken, Ungarn und Rumänen erzwangen eine Reihe von Bevölkerungsaustauschen. Antisemitische Gruppen nutzten die gewaltbereite Atmosphäre aus, um die wenigen verbliebenen Juden vom Kontinent zu verjagen.

Diese Gruppen strebten nichts Geringeres an als eine Reihe ethnisch homogener Nationalstaaten in Zentral- und Osteuropa. Zwar konnten die Nationalisten ihre Ziele nach dem Krieg nicht verwirklichen – zum Teil, weil die internationale Gemeinschaft dies nicht zuließ, aber auch weil die Erfordernisse des Kalten Krieges Vorrang vor allem anderen erhielten. Doch als dieser Konflikt zwischen den Supermächten 1989 zu Ende ging, tauchten die alten nationalistischen Spannungen wieder auf.

Streitfragen, die viele seit Langem für erledigt hielten, wurden plötzlich mit einer derartigen Leidenschaft wieder

Fast ganz Warschau ist auf Befehl Hitlers systematisch niedergebrannt und gesprengt worden – doch selbst hierhin, wie in die anderen Städte des Kontinents, kehrt das Leben zurück. Und wo in den Trümmern noch nichts wächst, muss ein Bild Hoffnung geben

ausgetragen, dass es den Anschein hatte, Ereignisse, die 50 Jahre zurücklagen, seien erst gestern geschehen.

Ganz besonders dramatische Folgen hatte dies nach dem Zusammenbruch des Kommunismus in Jugoslawien: dem einzigen osteuropäischen Land, in dem es nach dem Krieg nicht massenhaft zu ethnischen Vertreibungen gekommen war.

Daher lebten Serben, Kroaten und Muslime in der Region weiterhin in gemischten Gemeinschaften – was verheerende Folgen hatte, als in den 1990er Jahren dort ein Bürgerkrieg ausbrach.

Die treibenden Kräfte hinter diesem Konflikt benutzten den Zweiten Weltkrieg und dessen Nachwehen als eine direkte Rechtfertigung für ihre Handlungen und reaktivierten viele der alten Symbole ethnischer Spannungen aus dem Jahr 1945. In einer gezielten Re-Inszenierung jener Zeit kam es zu Massenvergewaltigungen, Massakern an Zivilisten und ethnischen Säuberungen im großen Maßstab.

Zu anderen, vielleicht etwas weniger dramatischen, aber nicht weniger bedeutsamen Vorfällen kam es nach dem Zusammenbruch des Kommunismus in vielen Teilen Europas.

Und so wie der Zweite Weltkrieg den alten Kontinent zerstörte, so war die unmittelbare Zeit danach das proteische Chaos, aus dem das neue Europa hervorging. Während dieser von Gewalt und Rachedurst überschatteten Zeit nahmen viele unserer Hoffnungen, Ambitionen, Vorurteile und Ressentiments erstmals Gestalt an.

Und so muss daher jeder, der Europa, wie es heute ist, wirklich verstehen will, zunächst einmal verstehen, was in diesen entscheidenden, prägenden Jahren geschehen ist. Es bringt nichts, vor schwierigen oder heiklen Themen zurückzuschrecken – denn gerade sie sind das Fundament, auf dem das moderne Europa errichtet worden ist. ◆

Keith Lowe, Jg. 1970, ist ein britischer Historiker. Dieser Text ist ein gekürzter Auszug aus seinem preisgekrönten Buch „Der wilde Kontinent" (Klett-Cotta), in dem Lowe die Nachwirkungen des Zweiten Weltkriegs auf Europa untersucht hat.

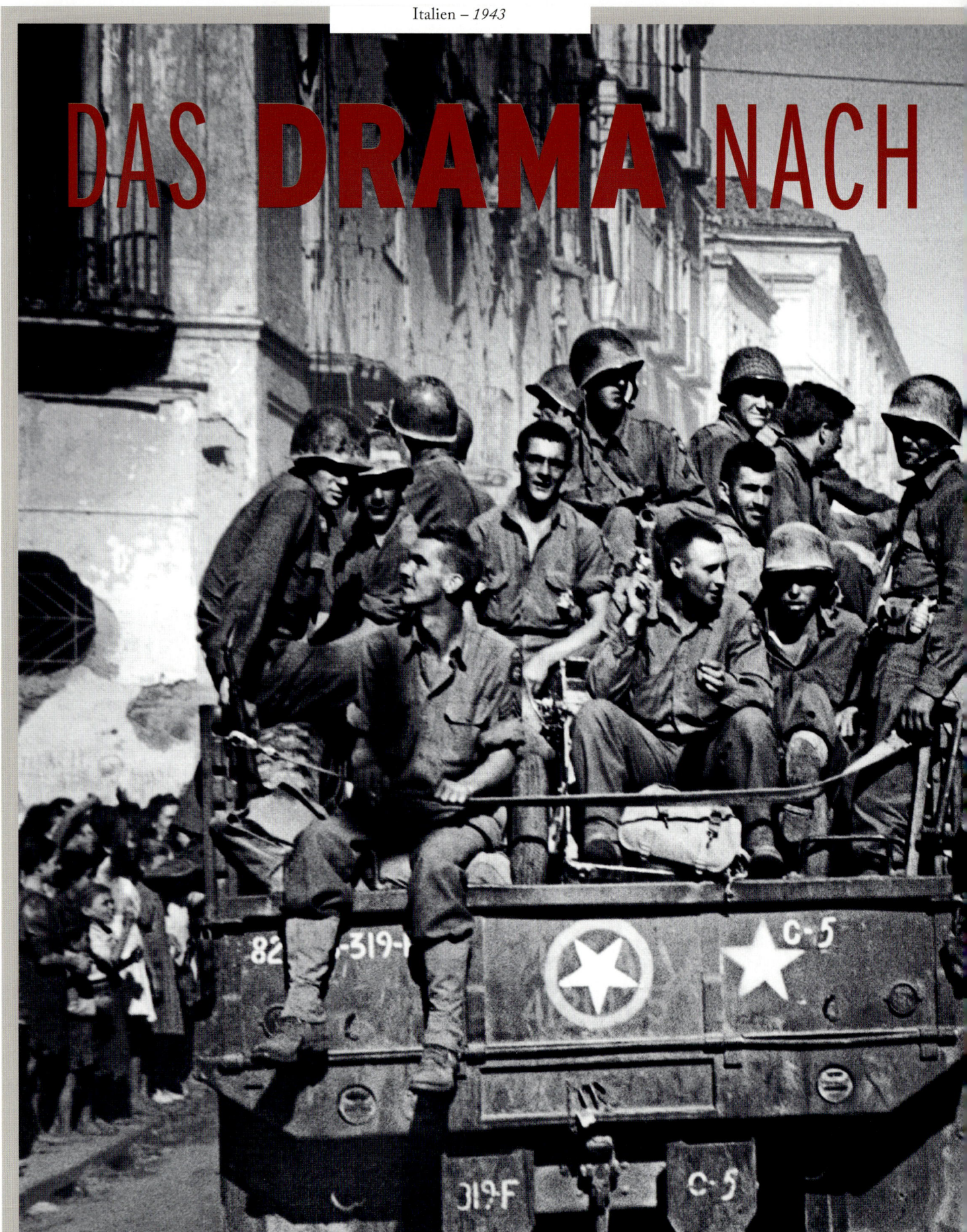

DAS **DRAMA** NACH

DEM DRAMA

Als alliierte Truppen am 1. Oktober 1943 in Neapel einziehen, jubeln viele Bewohner der Metropole. Doch Hunger, Gewalt, Elend dauern auch nach dem Abzug der Deutschen an. Und so müssen die Menschen weiter ums Überleben ringen – eine Erfahrung, die in den kommenden Jahren Millionen Europäer auf dem vom Krieg verwüsteten Kontinent machen werden

—— Text: JÖRG-UWE ALBIG

Ausgelassen begrüßen Frauen und Kinder in den Straßen die amerikanischen Befreier, klatschen, strecken ihnen die Hände entgegen. Doch der Jubel währt nur kurz: Die GIs kommen vor allem als Krieger, weniger als Helfer

Ist Hunger eine Krankheit? Kann man sich anstecken mit Gewalt? Ist Moral eine Frage des Immunsystems?

Curzio Malaparte wandert durch die Ruinen von Neapel. Er sieht Frauen, die für eine Mahlzeit ihre Körper verkaufen und die ihrer Kinder. Er sieht Waisenjungen, die stehlen müssen, um zu überleben, und Männer, die sich auf dem Schwarzmarkt am Elend der Armen bereichern. Er sieht Grausamkeit und Gemeinheit, Egoismus und den Verlust aller Menschenwürde. Er sieht, wie sein stolzes Italien am Boden kriecht – „nicht etwa um die eigene Seele, sondern um die eigene Haut zu retten". Später wird er einen Roman über diese Tage der Finsternis schreiben: „Die Haut".

Malaparte ist ein Sohn seiner Zeit, der sich als ihr Vorreiter fühlt. Er war Kriegsfreiwilliger mit 16, Faschist der ersten Stunde, wurde Diplomat, gefeierter Schriftsteller und Journalist, Kriegsberichterstatter in Abessinien und an der Ostfront. Doch immer wieder kollidierte er mit dem faschistischen Regime, verlor seinen Posten als Chefredakteur der Zeitung „La Stampa", erhielt Schreibverbot, landete im Gefängnis und in der Strafkolonie auf den Liparischen Inseln.

Und nun, da die alliierten Truppen Neapel besetzt haben, dient er den Eroberern als Verbindungsoffizier zu Einheiten der italienischen Truppen des Südens.

Er wandert durch die Trümmer der Stadt und der Moral und notiert: Es müsse etwas „Geheimnisvolles und Unmenschliches" geben, das den Menschen so tief sinken lasse. „Dunkle unterirdische Kräfte" müssten es sein, die „die Men-

SIE SIND GEFANGEN IN DER EIGENEN STADT

schen zu regieren und die Geschicke ihres Lebens zu steuern" scheinen. Für ihn gibt es nur eine Erklärung: Hier ist eine Seuche am Werk, eine Epidemie. Eine „Pest".

Malaparte, der schwarze Romantiker, ist besessen von Apokalypsen, von Naturkatastrophen, von höherer Gewalt. Und so ist für ihn auch der Verfall der Sitten nicht Folge des Elends, sondern Verhängnis: „eine abscheuliche Krankheit", die „das menschliche Gewissen in eine ekelhafte, stinkende Beule" verwandelt. Ein „makabres Volksfest", ein „Jahrmarkt des Todes" – „eine nicht weniger schreckliche Epidemie als jene, die im Mittelalter von Zeit zu Zeit Europa verheerten".

Natürlich besteht die Macht, die über Neapel hereingebrochen ist, nicht aus Bakterien, sondern aus Menschen. Natürlich hat sie keine Vernichtung im Sinn, sondern Rettung: die Befreiung des Kontinents von einer mörderischen Macht.

Doch vielleicht hat das Schicksal, das dieser Herbst des Jahres 1943 der Stadt am Tyrrhenischen Meer bringt, mit dem Schwarzen Tod des Mittelalters mehr gemein, als Malaparte mit seinem grellen Bild vorschwebt.

Wie einst die Pest, 1347 auf Handelsgaleeren vom Schwarzen Meer nach Italien eingeschleppt, ist ja auch die Befreiung auf dem Seeweg gekommen: auf rund 450 Kriegsschiffen der Alliierten, die am Morgen des 9. September 1943 an der Küste bei Salerno gelandet sind.

Schon im Sommer haben Truppen Sizilien erobert. Italien war kriegsmüde, und so beschloss der Große Faschistische Rat, den Diktator Benito Mussolini zu entmachten. Kurz darauf wurde der „Duce" verhaftet.

Zwar beteuerte die neue italienische Regierung weiterhin ihre Loyalität zu den deutschen Verbündeten, führte aber zugleich Geheimverhandlungen mit den Alliierten. Und als am 3. September britische Truppen auf das Festland übersetzten, unterzeichnete die Regierung ein Waffenstillstandsabkommen.

Die Deutschen reagierten umgehend. Sie eroberten Rom und entwaffneten die italienischen Truppen, die eben noch ihre Verbündeten gewesen waren. Sie holten Mussolini aus seinem Gefängnis und setzten ihn an die Spitze einer deutschfreundlichen Regierung, die von nun an die Nordhälfte Italiens beherrschte.

Sonnenbeschienen liegt Neapel in einer Bucht am Tyrrhenischen Meer. Doch das scheinbare Idyll trügt: Bombenangriffe auf die Hafenstadt haben wohl mindestens 20 000 Menschen getötet. Die Überlebenden sind dringend auf Hilfsgüter angewiesen

Auch in Neapel errichteten die Deutschen ihr Regiment, zogen sich jedoch nach einem viertägigen Volksaufstand zurück. Und jetzt, Ende 1943, verläuft die Front am Fluss Volturno – nur 30 Kilometer nördlich der Vesuv-Metropole.

Am 1. Oktober 1943, einem blassen, kalten und verregneten Herbsttag, marschiert die erste Abteilung der 5. US-Armee morgens um 7.35 Uhr in Neapel ein. Ihre Panzerwagen rollen durch aufgerissene Straßen, an Bombenkratern und Ruinen vorbei, an ausgebrannten *palazzi*, freigelegten Wohnzimmern, gestrandeten Trams und verkohlten Mauern; an den zerstörten Molen, umgestürzten Kränen und gekenterten Schiffskadavern, die den Hafen verstopfen. Zwischen den Trümmern stehen die Neapolitaner, begrüßen die Soldaten mit Jubel

Um ihre Quartiere zu heizen, zerhacken sie ihre Möbel, verbrennen sie in Eimern und Tonnen oder fällen Bäume in Parks und Alleen.

———

Wahrhaftig: Es sind Bilder wie aus dem Mittelalter, die die Invasoren empfangen und Gedanken an die Pest fast unwillkürlich heraufbeschwören.

In dem Labyrinth der schmalen Straßenschluchten Neapels, das sich seit Jahrhunderten kaum verändert hat, in dem Gras zwischen Pflastersteinen wächst und hohe Fassaden das Licht vom Himmel schlucken: Hier wandern jetzt Wahnsinnige ziellos umher, warten Verzweifelte sinnlos auf Hilfe.

Erleichtert: Eine Frau scheint diesen GI nicht mehr loslassen zu wollen. Die Amerikaner und Briten haben »Brot und Freiheit« versprochen, Milch und Medizin

Die Verkrüppelten auf ihren Rollbrettern. Die beinlosen Babys, die auf der Straße zur Schau liegen, damit Mitleidige ein paar Lire oder Süßigkeiten in die Schale werfen. Die Menschen in Lumpen, in den Kleidern gefledderter Leichen, in karnevalesken Kombinationen aus allem, was sich auftreiben lässt – Männer in Abendjacketts, Knickerbockern und Soldatenstiefeln, Frauen in Spitzen und Kleidern aus dem Samt zerschnittener Gardinen. Die allgegenwärtigen Beerdigungszüge, der Gestank, der von den verwesenden Toten aufsteigt und aus den geplatzten Kanalisationsrohren: Es ist ein apokalyptisches Wimmelbild à la Hieronymus Bosch, das ein scheinbar unaufhörlicher Regen noch düsterer macht.

So trifft die Befreiung – wie die Pest, die in einer Zeit der Rezession, der Naturkatastrophen und Hungersnöte über Neapel hereinbrach – auf ein bereits schwer geschwächtes Immunsystem. Schon vor den Bombennächten waren viele Viertel der Stadt hoffnungslos überfüllt.

Ein Großteil der Armen Neapels lebt in *bassi*, lichtlosen Ein-Zimmer-Wohnhöhlen, in die wenig mehr passt als ein Bett und ein kleiner Altar mit dem Bild der Madonna. Und viele Paare ziehen sich zum Liebesspiel notgedrungen auf die Friedhöfe zurück.

Nach den Bombardements ist das Dach über dem Kopf vollends zum Luxus geworden. In man-

und Applaus, mit Küssen und Umarmungen, mit mühsam zusammengekratzten Willkommensgaben: Trauben und Äpfeln, Blumen und Rotwein.

Nicht alle Bewohner der Stadt stimmen in den Jubel ein. Immerhin haben die Alliierten mehr als ein Drittel der Stadt zerbombt, haben dabei wohl mindestens 20 000 Menschen getötet.

Vieles andere haben die Deutschen vor ihrem Abzug gründlich verheert, haben mit Sprengstoff und Flammenwerfern Industrieanlagen geschleift, die Werft, die Flugzeugwerke, die Fabrik von Alfa Romeo.

Sie haben Hospitäler schwer beschädigt, Feuerwehr- und Krankenwagen gestohlen, das Schienen- und das Stromnetz, die Telefonzentrale und die Kanalisation zerstört.

Sie haben die Hotels an der Uferpromenade verwüstet, die Universität und die Bibliothek mit dem unbezahlbaren historischen Buchbestand. Sie haben die Sträflinge der zwölf Gefängnisse freigelassen.

Und sie haben die letzten Wasser- und Gasleitungen gekappt, die nach den alliierten Bombardements noch verblieben waren.

In langen Schlangen stehen die Neapolitaner jetzt an Brunnen und schmutzigen Rinnsalen, füllen das knappe Nass in Eimer, Flaschen und Karaffen oder versuchen, Meerwasser mit selbst gebauten Apparaten zu entsalzen.

chen Vierteln müssen sich elf Menschen wenige Quadratmeter große Zimmer teilen. Die Befreier requirieren zudem mehr als 15 000 Wohnräume für die eigenen Soldaten – und verschärfen so zusätzlich die Not.

Wer keine Bleibe bei Verwandten, Freunden oder in Armenheimen findet, schlägt sein Lager im Zelt auf, in improvisierten Hütten, unter eingefallenen Brücken. Mindestens 12 000 Obdachlose hausen in Luftschutzräumen. Und das Leben auf der Straße, lange Sinnbild für Neapels Charme, wird für viele jetzt zur bitteren Dauerlösung.

Hunderte von Waisenkindern kämpfen in diesem Gewirr um ihr Überleben, barfuß, zerlumpt und hungrig, nachts aneinandergeklammert gegen die Kälte. Sie schnüren um die Soldatenquartiere, lungern unter den Arkaden des Hauptbahnhofs oder zwischen den verlassenen Ladengeschäften der Einkaufspasssagen. Sie verkaufen Amulette, Rangabzeichen und Army-Zeitschriften wie „Stars and Stripes", aber auch obszöne Postkarten oder die eigenen Körper. Sie betteln, stehlen und putzen die Schuhe der Soldaten.

Und durch die Gassen hallen das Trommeln ihrer Bürsten auf den Putzkästen und ihre heiseren Rufe: „Shoe-shine! Shoe-shine!"

D

Doch die Alliierten sind nicht gekommen, um ein zerstörtes Land zu heilen. Ihr Hauptziel ist nach wie vor der Sieg. Das Leben und Überleben der Neapolitaner rangiert für das „Allied Military Government", das gleich beim Einmarsch das Management der Stadt übernommen hat, erst an

Kurz nach dem Einmarsch riegeln die Alliierten Neapels Hafen ab: Fast ausschließlich ihre Kriegsschiffe dürfen noch ein- und auslaufen

Trümmerhaufen versperren einer Wagenkolonne der Befreier den Weg. Insgesamt ist mehr als ein Drittel der Stadt zerstört oder beschädigt

Deutsche Kriegsgefangene: Vor ihrem Rückzug hat die Wehrmacht Häuser mit Flammenwerfern verwüstet, Strom- und Wasserleitungen unterbrochen

zweiter Stelle. Zudem betrachten viele alliierte Soldaten die neuen Verbündeten noch immer als Feinde. Und sie pflegen ihre Vorurteile gegen ein Volk, das vielen der bis dahin kaum weltläufigen Eroberer als faul, unzuverlässig, abergläubisch und reizbar gilt.

Entsprechend selbstherrlich nehmen die Befreier die Stadt in Besitz. Sie markieren Straßen und Plätze mit den Zeichen der neuen Gewalt. Sie wandeln den mächtigen Palazzo Reale, einst zu Ehren eines Königshauses gebaut und seit 1925 Obdach für die Nationalbibliothek, zum Offizierskasino um.

Vor dem Palast, auf der weiten Kopfstein-Einöde der Piazza del Plebiscito, auf der die Deutschen Gefangene zusammentrieben, parken sie jetzt, umhegt von Stacheldrahtzäunen, ihre Jeeps und Panzerwagen.

An der Küstenstraße, in den Parkanlagen der Villa Comunale, errichten sie zwischen Palmen und Pinien, neoklassischen Brunnen und Marmorstatuen antiker Sagenhelden ein Feldlager aus Zelten, Artillerie, leichten und schweren Militärfahrzeugen.

Und durch die uralten Gassen klingen jetzt neue Sprachen, flimmern neue Farben, weht der ungewohnte Duft von US-Zigaretten. Flanieren Vertreter fremder Völker, die die alliierten Truppen bilden: Neben Amerikanern und Briten auch Franzosen und Kanadier, Inder und Marokkaner, Australier und Südafrikaner.

Immerhin sind die neuen Herren bestrebt, die zertrümmerte Infrastruktur der Stadt zu reparieren. Noch im Oktober fließt wieder Leitungswasser, fahren die ersten Dampfzüge, wenn auch vorerst nur für Truppentransporte, kommt bald, wenn auch spärlich und unregelmäßig, die Stromversorgung wieder in Gang.

Am 6. November nehmen sogar die ersten Kinos den Betrieb auf: Das „Sala Roma" und das

„Alhambra" zeigen die US-Komödie „It Started With Eve". Und am 26. Dezember feiert das Teatro San Carlo die Premiere von Puccinis Oper „La Bohème" – ausgerechnet dieses Rührstück aus dem Pariser Künstlermilieu, wo man zu beschwingten Melodien hungert, friert und an Schwindsucht stirbt.

Auf den Frieden, den sie von den Befreiern erhofft haben, warten die Einheimischen aber vergebens. Im Gegenteil: Die Anwesenheit der fremden Truppen wirkt als Magnet für deutsche Luftangriffe. Noch am Tag des Einmarsches sterben 20 Menschen bei einem Bombardement, und bei der schwersten dieser Attacken kommen in der Nacht auf den 15. März 1944 etwa 300 Personen ums Leben.

Fast haben sich die Neapolitaner an diese Todesflieger gewöhnt – an den Alarm der Sirenen, Kirchenglocken und Nebelhörner; an das Pfeifen der Bomben in der Luft, das ohrenbetäubende Krachen, das Bersten der Fensterscheiben; an das Beben der Mauern, das Donnern der Gebäude, die in Zeitlupe in sich zusammensacken.

An die atemlosen Stunden in der Enge der Luftschutzräume, der schmutzigen, stickigen Bunker und Keller, der Höhlen, Straßentunnel und U-Bahn-Röhren. An die Nacktheit des gefährdeten Lebens, in dem man vor aller Augen geboren wird, liebt und stirbt. An die Warnschilder an den Wänden: „Verbrauchen Sie keinen kostbaren Sauerstoff! Nicht bewegen, nicht essen, nicht rauchen, kein Feuer anzünden!"

Ergeben flüchten sie in jene Zweitwelt unter der Stadt, die das Netz der Schutzräume ergänzt – jenes mehr als zwei Millionen Quadratmeter große Labyrinth aus Zisternen und Wasserleitungen, Katakomben und geheimen Fluchttunnel, das seit der Antike Neapels vulkanischen Boden durchlöchert.

Sie steigen roh gehauene Stufen hinab, zwängen sich

Die Kämpfe um die Stadt haben Tausende Häuser zerstört. Viele Überlebende drängen sich nun zu zehnt in kleinen, fensterlosen Kammern

Der Tuffstein unter Neapel ist von Höhlen durchzogen. Hier finden jene Unterschlupf, die sonst kein Heim haben, so wie diese Familie

durch niedrige, oft nur schulterbreite Gänge. Schlafen dann, beatmet und versorgt durch Brunnenschächte, auf mitgebrachten Klappbetten oder dem nackten Boden.

Oder sie finden Zuflucht in der riesigen, trapezförmig in den Fels gehauenen Knochengruft des Friedhofs von Fontanelle, wo Schädel und Gebeine von wohl Hunderttausenden Toten der Hungersnöte, Erdbeben, Epidemien und Vulkanausbrüche vieler Jahrhunderte sorgsam gestapelt liegen. In diesem Totenbergwerk, unter dem Zähneblecken namenloser Verstorbener, klammern sich die Menschen an das Leben.

So ist es, wie zu Zeiten des Schwarzen Todes, die Angst, die die Seelen schwächt und den Verfall beschleunigt. Dabei ist die Seuche längst nicht mehr, wie in Malapartes Diagnose, pure Metapher moralischen Niedergangs – sondern physische Realität: Denn unter den katastrophalen Hygienebedingungen der verheerten Stadt, in den überfüllten Wohnungen und Luftschutzräumen breiten sich jetzt Infektionskrankheiten wie Pocken, Fleckfieber und Ruhr ungebremst aus.

Diese Epidemien töten kaum weniger grausam als Bombenangriffe. Im September 1943 gab es gerade 22 registrierte Fälle von Fleckfieber in der Stadt – jetzt kommen jeden Monat 1400 bis 1800 neue Erkrankungen hinzu.

Und den Bewohnern Neapels gehen die Abwehrmittel aus. Seife, schon unter Mussolini Mangelware, ist mittlerweile vollends unerschwinglich geworden. Manche behelfen sich mit Bimsstein und Asche. Und auf den Straßen pressen sich die Passanten zum Schutz Taschentücher auf die Nasen.

Die alliierten Machthaber evakuieren das am schwersten von der Plage befallene Gebiet, desinfizieren Wohnungen, während die Bewohner auf der Straße kampieren. Sie traktieren Millionen Menschen in Stadt und Umland mit dem frisch entwickelten Insektizid DDT, schleusen sie, notfalls mit Gewalt, durch schnell errichtete „Entlausungszentren" in Bahnhöfen, U-Bahn-Stationen und Schulen, lassen sie dort, zur Beschämung vieler, nackt antreten und so gründlich mit dem Giftpulver einsprühen, dass es in jede Hautfalte, an jede Haarwurzel dringt.

V

Vor Geschlechtskrankheiten aber, die seit der Ankunft der Alliierten endemisch geworden sind, schützt diese Prozedur nicht. Wahrscheinlich haben die Soldaten die Erreger von den Kriegsschauplätzen in Nordafrika eingeschleppt. Auf Sizilien ist jedenfalls bereits jeder vierte GI von Syphilis oder Gonorrhoe befallen. Und käuflicher Sex gilt in der Armee nach wie vor als Kavaliersdelikt – getreu dem Motto des US-Generals George S. Patton, Befehlshaber im nordafrikanischen Feldzug: „Soldaten, die nicht vögeln, kämpfen nicht."

Um die Kampfkraft ihrer Männer zu erhalten, teilt die Armeeleitung Verhütungsmittel an die Krieger aus – jeder GI erhält sechs Kondome pro Monat. Sie hält Schulungen über die Gefahren der Krankheit ab, verlangt penible Berichte über alle sexuellen Aktivitäten, belegt Infizierte mit hohen Militärstrafen. Sie versorgt die Soldaten mit Hinweiskärtchen auf Italienisch („Ich bin nicht interessiert an deiner syphilitischen Schwester"), mit denen sie dubiose Angebote abschlagen sollen – auf die Gefahr hin, den Empfänger damit tödlich zu beleidigen.

Vor allem aber halten sie sich an die schwächsten Glieder der Ansteckungskette: die Frauen. Schon bald verhaften sie jede Woche gut 120 Prostituierte. Auf Razzien durch Bars und Tanzlokale verfrachten sie der Einfachheit halber sämtliche Besucherinnen in die Krankenhäuser, wo man sie tagelang festhält, unter entwürdigenden Bedingungen untersucht und im Krankheitsfall Rosskuren mit Wismut und Sulfonamiden unterzieht.

Auf 42 000 Frauen schätzen die Alliierten die Stärke von Neapels Rotlicht-Armee, was einem Viertel der ledigen weiblichen Bevölkerung entspricht. Es sind Hausfrauen mit

Hunderte Waisen betteln auf Neapels Straßen um Reste, verkaufen Zeitschriften oder stehlen, um an Essen und Geld zu gelangen

Hungerödemen und abgezehrten, mit Schminkekrusten verklebten Gesichtern. Es sind Witwen mit schwarzen Handtaschen, junge Mädchen am Arm ihrer Mütter, Damen, die mit Strubbelhaaren und schweren Ohrringen Verruchtheit vortäuschen. Einzeln und paarweise stehen sie auf der einstigen Prachtstraße Via Roma, dienen sich kaugummikauend und mit englischen Sprachbrocken den Kunden an: „Joe", rufen sie ihnen hinterher, „hey, Joe."

BANDEN VON KINDERN ZIEHEN DURCH DIE STRASSEN

Sie sitzen auf den flachen Stufen der Gradoni di Chiaia, die sich zwischen turmhohen Fassaden zur Kirche Santa Caterina da Siena hochzwängt. Sie richten einander das Haar zu improvisierten Turmfrisuren, singen ein paar Takte eines melancholischen neapolitanischen Lieds, spreizen die Beine und rufen den Kriegern zu, die sich an ihnen vorbeidrängen: „Five dollars! Five dollars!"

Doch sie nehmen auch Naturalien – ein Stück Fleisch, ein Päckchen Zigaretten, eine Rolle Karamellbonbons. Für eine Dose Armeerationen bieten sie Befriedigung an Ort und Stelle. Oder führen die Freier in ihre düsteren Bassi, wo der Rest der Familie für die Dauer der Dienstleistung diskret die Gesichter zur Wand dreht.

Und wie einst wohl der Schwarze Tod, so trifft auch dieses Elend die Jüngsten besonders hart. Etwa 50 Prozent jener Patienten, die im Sommer 1944 mit Geschlechtskrankheiten in die Hospitäler eingeliefert werden, sind minderjährig, manche erst zehn, zwölf Jahre alt. Eltern zwingen ihre Töchter mit Schlägen zum Anschaffen, Kinder vermieten ihre Geschwister, und 13-jährige Mädchen führen für 20 Lire – den Schwarzmarktpreis für ein Viertelpfund schlechtes Brot – unter dem Heiligenschein des elterlichen Basso ihre Jungfräulichkeit vor.

Doch es ist ja nicht elterlicher Sadismus, der solchen Missbrauch erzeugt. Sondern der nackte Kampf ums Dasein. Denn es gelingt den Alliierten nicht, die Ernährung der Stadt zu organisieren: Die Lebensmittelrationen, die sie im Winter 1943 an die Neapolitaner verteilen, liefern gerade 478 Kalorien pro Kopf und Tag – weniger, als den Menschen während des Krieges zustand. (Die eigenen Experten empfehlen mindestens 2623 Kalorien.)

Vor der Invasion haben die Alliierten noch Zettel mit Verheißungen aus Flugzeugen abgeworfen, haben Medizin versprochen, Kondensmilch und Suppenwürfel. Und noch immer hämmern sie über Rundfunk, Presse und Plakate pausenlos den Slogan „Brot und Freiheit" in die Köpfe. Doch um tatsächlich ausreichend Hilfsgüter aus Amerika über Nordafrika nach Italien zu bringen, fehlt es an Schiffen – und an sinnvoller Logistik: Von den im Dezember erwarteten rund 20 500 Tonnen Lebensmitteln kommt nur etwa ein Fünftel an.

PRO TAG ERHALTEN VIELE NUR EIN STÜCK BROT

A

Auch die Verteilung krankt an dem Missmanagement einer Okkupationsmacht, die alles dem Primat des Sieges unterordnet – und an ihrer groben Ignoranz. Die Alliierten haben sich auf Mussolinis Propaganda verlassen, die kühn behauptete, jede Region Italiens könne sich selbst ernähren. Dabei

war Neapel mit seinem bergigen, getreidearmen Umland auch schon in Friedenszeiten auf Importe angewiesen. Die Bombardements der Alliierten aber haben viele Versorgungswege gekappt – und die Sabotagen der deutschen Besatzer haben die Stadt weiter isoliert.

Und ausgerechnet jetzt riegeln die Alliierten Neapel ab. Sie reservieren die Ausfallstraßen für Truppenbewegungen, errichten Checkpoints für private Fahrzeuge. Jedes Boot, das sich unerlaubt auf das Meer hinauswagt, kann beschossen werden.

Die Neapolitaner sind Gefangene in ihrer eigenen Stadt.

Zwar läuft am 8. Oktober das erste Versorgungsschiff der Alliierten ein. Doch mehr als 100 Gramm Brot pro Kopf fallen dabei anfangs für die Hungrigen nicht ab. Es dauert drei Tage, ehe die Soldaten die nächste Ration verteilen. Erst im Lauf des Novembers gelingt es, einigermaßen regelmäßige Brotlieferungen zu organisieren.

Die Bitte einer Bürgerdelegation, wenigstens zum Weihnachtsfest die Portionen zu erhöhen, weist der zuständige britische Offizier jedoch zurück: Es sei nun einmal Krieg, und der Krieg fordere Opfer. Außerdem habe er noch keinen Neapolitaner auf der Straße am Hunger sterben sehen.

Doch es fehlt nicht mehr viel, und es wird dazu kommen. Mehr als die Hälfte der Kinder ist unterernährt. Menschenmassen drängeln sich mit gereckten Töpfen und Blechnäpfen um die Ausgabestationen, an denen das Rote Kreuz Suppe und Kekse verteilt. Und im Mai 1944 meldet der US-Geheimdienst OSS, die Bewohner der Innenstadt aus der Unter- und Mittelschicht stünden „kurz vor dem Verhungern".

Die Restaurants, die allmählich wieder öffnen, können sich nur die Reichen und die alliierten Offiziere leisten. Keiner der Gäste beachtet die Straßenjungen, die auf den Terrassen auf Reste lauern wie Spatzen – einen Fischschwanz, einen Brocken Brot. Auch nicht die blinden Waisenkin-

US-Soldaten vor den Überresten eines zerstörten Hauses. Bereits am Tag des alliierten Einmarschs beginnen deutsche Piloten, die Stadt zu bombardieren. Die Einwohner fliehen in Schutzkeller, Zisternen oder in die Katakomben eines Friedhofs

der, die sich, vom Essensduft angelockt, weinend zwischen den Tischen hindurchtasten. So sehr haben sich alle an diese Bilder gewöhnt, dass niemand deswegen noch sein Gespräch unterbricht.

Das Volk aber muss sich im Mangel einrichten. Ein Stück Brot am Tag muss reichen, dazu mit Glück etwas Olivenöl, ein Hauch geriebener Tomate und eine Tasse Kaffee aus gerösteten Eicheln. Die Neapolitaner durchkämmen die Ufer

nach kleinen Napfschnecken, die nach langem Kochen einer Brühe leichten Fischgeschmack verleihen.

Sie brauen Suppen aus Gemüseresten oder den faden Pülverchen aus getrockneten Eiern oder Erbsen, die die Amerikaner verteilen. Sie stehen in den Schlachterläden nach Köpfen und Kaumägen von Hühnern an, nach einem Kalbsfuß für zwei Lire oder einem Stück Luftröhre für sieben. Und mancher wundert sich, wo plötzlich Neapels Katzen geblieben sind – oder die Oktopusse aus dem berühmten Aquarium der Stadt.

Viele der Hungrigen brechen schon im Morgengrauen auf und wandern kilometerweit ins Umland, um abends mit ein paar Wurzeln heimzukehren, einer Handvoll bitterer Kräuter, ein, zwei Spatzen oder Grasmücken.

Sie tauschen, solange der Vorrat reicht, Bettlaken und Familienschmuck gegen ein paar Kartoffeln, etwas Gemüse, eine Handvoll Bohnen, gehen in Massen auf illegale Hamsterfahrten durch Süditalien bis nach Apulien.

Sie reisen auf Eseln und Pferden, auf Karren und alten Lastwagen, als blinde Passagiere auf Zugdächern. Die meisten aber machen sich zu Fuß auf den Weg, marschieren in stillen Karawanen querfeldein über Berge und Täler, schleppen Bündel und Säcke auf Schultern, Köpfen und geschobenen Fahrrädern, zerlumpt und die Füße mit Lappen umwickelt.

Essen ist knapp, bezahlte Arbeit selten: Manche putzen den US-Soldaten die Stiefel, andere verkaufen ihnen Orden, Amulette, obszöne Postkarten

Wie in allen befreiten Regionen blüht in Neapel der Schwarzmarkt. Wer kann, mischt mit und verkauft Hilfslieferungen, Grabsteine oder Statuen

Viele verkaufen ihre Beute auf dem Schwarzmarkt – dem einzigen Versorgungssystem, das halbwegs funktioniert. Denn nach dem Zusammenbruch des Mussolini-Staates und seines Systems der Rationierung und Verteilung hat der illegale Handel die Ökonomie übernommen. Und die enorme Kaufkraft, die mehr als 100 000 fremde Soldaten mit viel Geld und Freizeit plötzlich in die Stadt spülen, heizt nicht nur die Inflation an, sondern auch die Schattenwirtschaft.

Alles, was knapp ist, findet auf dem Schwarzmarkt zu Höchstpreisen seinen Käufer: Eisenbahntickets und Reisegenehmigungen, nachgemachte Lebensmittelkarten und gefälschte Gesundheitsbescheinigungen für Prostituierte. Sogar Priester beteiligen sich an dem Geschäft: Sie bieten Regenschirmgriffe feil, geschnitzt aus den Knochen der Heiligen in den Katakomben.

Vor allem aber landen auf dem illegalen Basar die sonst unerreichbaren Güter, die über das Meer zur Versorgung der Besatzungstruppen eintreffen: Mehl, Konserven und Zucker, Zigaretten und Schokolade; Socken, Unterwäsche und Wolldecken, aus denen sich Mäntel schneidern lassen; Laken und Bettdecken, Schuhe und Rasierklingen, Radioröhren, Uhren und Medikamente – und Waffen, angeblich von der Maschinenpistole bis zum Panzerwagen.

Nach einer Schätzung der Alliierten verschwindet ein Drittel aller eingeführten Waren auf dem Schattenmarkt; anderen Untersuchungen zufolge sind es sogar 60 Prozent. Gut 65 Prozent der Einkünfte der Neapolitaner sollen aus gestohlenen Gütern der Alliierten stammen – kein Wunder, dass viele der Profiteure nichts so sehr fürchten wie ein Ende des Krieges.

Oft laden die Diebe die Güter gleich am Kai in gestohlene oder von Komplizen unter den Alliierten gesteuerte Armeelastwagen. Die Kontrollen sind dürftig, die Wachen häufig korrupt, und notfalls hilft, gegen Umsatzbeteiligung, der Mann vom Luftschutz: Er löst bei Ankunft eines Frachters Bombenalarm aus, setzt dazu die Nebelwerfer in Gang – und gibt so den Gaunern Gelegenheit, im Sichtschutz der Schwaden die Ladung abzufertigen.

Nicht weit vom Bahnhof, rund um die wuchtigen Türme der Porta Capuana, des Stadttors aus dem 15. Jahrhundert, liegt das Zentrum des Schwarzmarkts. Auf dem rohen Pflaster der düsteren Straßencanyons liegen die Waren offen aus wie im Ladenregal, dekoriert mit Blumen, bunten Bändern und Werbekärtchen, die „reine australische Wolle" oder „schöne importierte Stiefel" anpreisen. „Vergleichen Sie unsere Preise", locken sie, und: „Sollten Sie nicht den ausländischen Artikel finden, den Sie suchen – fragen Sie uns einfach, und wir besorgen ihn."

Wie in den Tagen des Schwarzen Todes erlebt die Stadt auch jetzt wieder den Zerfall von Gemeinsinn und Solidarität. Und so hat „die Pest", wie Curzio Malaparte klagt, „in wenigen Tagen mehr vermocht als die Tyrannei in 20 Jahren allgemeiner Erniedrigung, als der Krieg in drei Jahren Hunger, Trauer, blutiger Leiden".

Denn die einfachen Leute lässt der Schattenhandel umso hungriger zurück. Sie sind kaum in der Lage, 450 Lire, das Monatsgehalt eines

Postbeamten, für einen Liter Olivenöl zu zahlen oder auch nur 30 Lire für ein Ei. Auf einem Markt, der für Mehl das 50-Fache des offiziellen Preises verlangt, haben sie kaum eine Chance.

Selbst „die so dringend benötigte Milch für die Kinder" ist, wie der alliierte Beauftragte für die öffentliche Gesundheit beklagt, für arme Familien unerschwinglich geworden. Und da die Schattenwirtschaft auch jene Waren privatisiert, die für die Versorgung der Bevölkerung bestimmt sind, macht sie die Armen noch ärmer.

So müssen, um sich die Waren dieses Parallelhandels leisten zu können, Briefträger und Arbeiter, Lehrer und Beamte selbst zu Händlern werden. Müssen am Straßenrand ihre Waren ausbreiten, ihre Bassi in Läden umwandeln und ihre Frauen als Hausiererinnen von Tür zu Tür schicken. Müssen sich in die Obhut der Bosse begeben, die das illegale Tun in der Via Duchesca, der Via Maddalena oder der Via Forcella überwachen und mit ihrem eigenen Geheimdienst und ihren eigenen Privatsoldaten gegen Störungen durch Polizei und Militär absichern.

Krankheiten grassieren in der Stadt, die Alliierten bekämpfen sie mit Entlausungsaktionen. Denn Seife ist ein teures Luxusgut

Viele müssen selber stehlen, um zu überleben – und so erfasst, wie in der Zeit der mittelalterlichen Pest, als Diebe plündernd durch die ausgestorbenen Straßen zogen, eine Welle der Kleptomanie die Stadt.

Vor diesen Raubzügen sind weder die Statuen auf den Plätzen noch die Grabsteine auf den Friedhöfen sicher, weder die Gullideckel noch die Kupferdrähte der Telefonleitungen.

Selbst im Hauptquartier der „Field Security for Italy", der nachrichtendienstlichen Militärpolizei der britischen Armee, verschwinden eines Tages sämtliche Räder von den Einsatzfahrzeugen. Und unter den geschickten Griffen der Demonteure lösen sich Panzerwagen, Stadtbusse und Schiffe, Straßenbahnen und sogar Lokomotiven in ihre verwertbaren Einzelteile auf.

Kinderbanden entern die Ladeflächen mancher im Verkehr stecken gebliebener Armeelastwagen und schnappen sich, was sie tragen können – auch wenn dort oft Soldaten wachen, die mit Bajonetten nach ihren Händen stechen und zuweilen ihre Finger abhacken.

Ein Orchester, das im Teatro San Carlo konzertiert, muss nach der Pause feststellen, dass die Instrumente verschwunden sind. In den Militärkrankenhäusern wird so manches Medikament knapp, vor allem Penizillin, das freilich für den gewöhnlichen Neapolitaner ohnehin längst unerreichbar ist.

Die Militärverwaltung geht nur halbherzig gegen das illegale Treiben vor. Denn der Schwarzmarkt erzeugt immerhin eine Illusion von flächendeckender Versorgung – und sei außerdem, wie der Chef der Alliierten Kontrollkommission seine Untätigkeit rechtfertigt, „dem Gemüt der Südländer" nun einmal „angeboren".

In Wirklichkeit aber mischen auch seine Leute munter mit. Soldaten verkaufen ihre Lebensmittelrationen oder das Benzin aus den Dienstfahrzeugen, transportieren Hehlergut für 70 oder 80 Dollar pro Fahrt und schauen gegen Bezahlung weg, wenn Diebe sich über Armeelastwagen hermachen. Scharen von GIs widmen sich dem Schwarzhandel mit Zigaretten oder der Zuhälterei, betreiben etwa Bordelle in Armeekinos.

Und in den Bergen rotten sich Gruppen von Deserteuren der Alliierten mit italienischen Banditen zusammen, bewaffnet mit schwerem Gerät aus Truppenbeständen.

Das Risiko ist gering. Die alliierten Polizeikräfte sind unterbesetzt. Und italienische Polizisten wagen kaum, gegen Angehörige der Besatzungsarmee einzuschreiten – oder drücken, gegen Zahlung von 15 000 Lire, ein Auge zu.

Selbst die Rangoberen sind gegen die Klau-Seuche nicht gefeit. Während eines plötzlichen Bombenalarms nutzen Mitglieder des alliierten Offiziersklubs die 45-minütige Verdunkelung dazu, ein Schlagzeug nebst mehreren Flaschen Schnaps verschwinden zu lassen.

Offiziere eines britischen Kavallerieregiments sollen im Prinzessinnenpalast die Gemälde aus den Rahmen geschnitten und eine Sammlung kostbaren Porzellans mitgenommen haben. Ein hoher Militär erpresst von Autobesitzern angeblich je 100 000 Lire Schutzgeld – bei Nichtzahlung werde der Wagen requiriert.

Auch das Organisierte Verbrechen hat beizeiten Kontakte zu den neuen Herren geknüpft. Charles Poletti etwa, ab Februar 1944 Chef der Militärregierung in Neapel, bedient sich der Unterstützung des berüchtigten amerikanischen Gangsterbosses Vito Genovese, der 1937 wegen einer Mordanklage aus New York nach Italien geflohen ist, dort ein persönlicher Freund Mussolinis wurde und sich nun als Kontaktmann für den Wiederaufbau den Besatzern andient.

Und so kommt es, dass jene Bürgermeister, die die Alliierten mit Genoveses Hilfe in den Orten rund um Neapel eingesetzt haben, großteils dem lokalen Mafia-Ableger Camorra verpflichtet sind.

Fortan können die Gangster der Stadt weitgehend unbehelligt Ermittler auslachen und bedrohen, können Richter bestechen, Zeugen und Beweismittel verschwinden lassen.

Bestraft werden nur die armen Schlucker am Ende der Befehlskette: Schon für ein paar gestohlene Konservendosen landen manche von ihnen für zehn Jahre im Gefängnis. Militärpolizisten scheuen sich auch nicht, auf in flagranti ertappte Diebe mit Gewehrkolben einzudreschen. Oder sie zu zwingen, eine entwendete Kiste Schokolade an Ort und Stelle restlos leer zu essen.

Wohl mehr als 40 000 Frauen und Mädchen in Neapel prostituieren sich, um zu überleben. Geschlechtskrankheiten grassieren

Diebe, Straßenkinder und junge Prostituierte schicken die Gerichte zu Nonnen: Dort lernen sie sticken, wie diese beiden Mädchen

Tatsächlich verbreitet sich die Brutalität, die Befreier wie Befreite ergreift, wie ein Infekt. Ständig brechen Schlägereien und Schießereien aus: nicht nur Territorialkämpfe zwischen verfeindeten Banden, zwischen Schwarzhändlern, zwischen Prostituierten, zwischen Bettlern, sondern auch Prügeleien, bei denen Soldaten und Einheimische aufeinander losgehen – und die bisweilen in Straßenschlachten mit Hunderten von Teilnehmern ausufern.

Es ist nicht zuletzt der Alkohol, der die zivilisatorischen Hemmungen hinwegfegt: Wie der Schwarze Tod einst die Schenken mit trotzigen Zechern füllte, so scheint auch diese zerstörte Stadt die Soldaten zu maßlosem Trinken zu verführen.

Mit Vorliebe versorgen die Männer sich in den illegalen Schänken in den Seitengassen der Via Roma, die toxische Gebräue aus geheimen Schwarzbrennereien als „Rum" oder „Kirschschnaps" verkaufen. Der Fusel macht zuverlässig aggressiv – aber auch unvorsichtig: Der abgefüllte Krieger wird zur leichten Beute für Diebe, Zuhälter, Wirte und andere Profiteure, die den Benebelten gegen feste Ablösesummen von Hand zu Hand weiterreichen, von Bar zu Bar, von Bordell zu Bordell, bis er schließlich, aller Habseligkeiten und Erinnerungen beraubt, fast nackt in der Gosse erwacht.

D

Doch niemand verbreitet einen solchen Schrecken wie die französische Kolonialtruppe unter General Alphonse Juin. Die Männer aus den nordafrikanischen Kolonien erzeugen eine geradezu mythische Angst – die der Rassismus, den die faschistische Ideologie den Italienern zuvor jahrelang eingetrichtert hat, noch verstärkt.

Vor allem sind es Berichte wie die aus der Region Latium, die den Schrecken verbreiten:

Dort sollen *marocchini* die gesamte weibliche Bevölkerung mancher Ortschaften vergewaltigt und auch Kinder und alte Männer nicht verschont haben. In Castro di Volsci mussten 300 Opfer sexueller Brutalität in ärztliche Behandlung. Und in Ceccano hat die britische Armee ein Lager errichtet, um italienische Frauen vor den Verbündeten zu schützen.

Jetzt gehen Juins Männer, wie der britische Aufklärungsoffizier Norman Lewis berichtet, auch im Raum Neapel auf Frauenjagd – wie etwa jenes Jeep-Geschwader, das das Revier nach Beute durchkämmt, angeführt von einem Unteroffizier in grausig karnevalesker Verkleidung.

Schließlich sieht sich sogar Papst Pius XII. genötigt, bei General Juin gegen das Benehmen der Kolonialtruppen und ihrer französischen Offiziere zu protestieren. Doch er erhält als Antwort nur eine Art Achselzucken: Die Kriegsordnung seiner Armee, so Juin, erlaube es Soldaten „in Feindesland" nun einmal, „zu vergewaltigen und zu plündern" (obwohl das befreite Italien ja längst kein „Feindesland" mehr ist).

„Diese Leute müssen uns gründlich satthaben", notiert Geheimdienstmann Lewis über die befreiten Italiener. „Die Tage des Benito Mussolini müssen ihnen im Vergleich dazu wie ein verlorenes Paradies vorkommen."

Und tatsächlich: Je mehr die Erinnerung an die Schrecken des Faschismus verblasst, desto grimmiger wird die Wut vieler Neapolitaner auf die *liberatori*, die in ihrer Wahrnehmung längst zu *occupanti* geworden sind.

Mütter keifen den Soldaten auf der Straße Beschimpfungen hinterher, Männer attackieren sie mit Fäusten. Jugendbanden lauern im Park der Villa Comunale auf Frauen, die sich mit Besatzern abgeben, und reißen ihnen die Unterwäsche herunter. In den Nachbarorten drohen Bürgermeister den fremden Vergewaltigern mit Lynchjustiz.

Und längst sammeln sich auch, wie die kommunistische „L'Unità" bereits im Dezember 1943

Eine Familie fährt auf der Suche nach Schutz durch die Stadt. Verzweifelte Neapolitaner irren in den Straßen herum, mit kaum Hoffnung auf bessere Zeiten: Nur zäh geht es mit dem Wiederaufbau voran. Essen, Wohnungen, Holz, Kohle und Öl bleiben knapp

besorgt berichtete, wieder die Faschisten unter der Parole „Gebt uns Brot!".

———————

Denn die Anhänger Mussolinis sind nie still gewesen. Schließlich ist Neapel eine Stadt, in der die faschistische Bewegung breite Wurzeln geschlagen hat: Arme und Reiche, Professoren und Hilfsarbeiter haben hier den Aufstieg des Duce begrüßt. Und so sehen sich die Alliierten vor dem Dilemma, eine Diktatur zerschlagen zu müssen, ohne die Eliten der Stadt zu verschrecken, die für den Wiederaufbau noch gebraucht werden.

Daher belassen sie es bei symbolischen Akten, konfiszieren ein paar Besitztümer faschistischer Granden, setzen eine „Säuberungskommission" ein. Doch allzu oft bleibt die Wahrheitsfindung im Labyrinth der Desinformation stecken, scheitert an sabotierten Ermittlungen, an verschwundenen Dokumenten – oder schlicht an der *omertà*, dem Gesetz des Schweigens nach altem Mafia-Brauch.

Doch während die Wissenden stumm bleiben, melden sich die Unwissenden zu Wort. Scharen von Zuträgern überhäufen die Büros der Alliierten mit wertlosen Informationen. Sie hinterlassen Zettel mit Namen, unter denen ominös das Wort „Mörder" steht, schwärzen einen Nachbarn als Spion an, der versucht, einen

NUR EIN WUNDER KANN JETZT NOCH HELFEN

fremdsprachigen Sender zu empfangen, oder melden knapp, Signore Soundso habe „das Gesicht eines Heuchlers".

„Unter den vielen widerwärtigen Symptomen dieser Pest", klagt schließlich Curzio Malaparte, sei die widerwärtigste „die genießerische Wollust des Denunzierens".

———

Und wie die Seuche des Jahres 1347 – Chronisten berichten von Erdbeben, von Schlangen- und Krötenplagen, von Feuer- und Steinregen – wird auch die des Jahres 1944 von einer Naturkatastrophe begleitet. Am 19. März bricht der Vesuv aus: der Vulkan am Ostrand der Stadt, der einst Pompeji verschüttet hat und dessen Kegel beständig über den Dächern droht wie ein Menetekel.

Die Aschewolke ragt zehn Kilometer hoch über dem Krater empor, umspielt von Feuerzungen. Lava schiebt sich die Hänge hinab, sickert in glühenden Schlangenlinien Richtung Meer, wälzt sich mit einer Geschwindigkeit von drei Metern in der Minute voran. Ein Regen von kleinen schwarzen Steinbrocken fällt über das Land. Am nächsten Tag liegen Straßen und Gebäude unter einer fingerdicken grauen Schicht.

Am 22. März hat die Lava bereits die Hälfte des Vororts San Sebastiano etwa zehn Meter tief begraben. Und noch immer umzingelt sie Häuser, erdrückt und verschluckt sie, trennt Kirchenkuppeln ab und trägt sie mit sich, wälzt sich unbeirrt weiter die Hauptstraße hinunter.

In ihrer Not rufen die Bewohner höheren Beistand an: Sie recken dem glühenden Strom Heiligenbilder entgegen, schwenken Weihrauch und sprühen Weihwasser in seine Richtung, drohen ihm mit geweihten Bannern. Und wahrhaftig: Kurz darauf kommt der Vulkan, nachdem er 24 Menschen getötet hat, endlich wieder zur Ruhe.

Es sind, wie zu Zeiten der Pest, die alten Rezepte aus der Grauzone zwischen Glauben und Magie, denen die Menschen auch in den Tagen der Besatzung vertrauen. In den Gemeinden Kampaniens ziehen Geißler mit Bannern und weißen Kapuzengewändern durch die Straßen, reißen sich mit scharfen Steinen die Brust blutig. Auf den Plätzen tanzen alte Frauen zur Vertreibung des Übels. Am Westrand Neapels predigt eine Zwölfjährige zu Orchesterbegleitung über ihre Marienerscheinungen. Und im nordöstlichen Vorort Pomigliano erhebt sich ein Mönch dem Vernehmen nach in die Luft und zeigt seine Stigmata.

ES BLEIBEN SEUCHEN UND SPRENGKÖRPER

Die Neapolitaner strömen in die Kirchen, flehen zu den Bildnissen der Heiligen – und die Heiligen antworten. Sie beginnen, so beteuern die Gläubigen, zu sprechen und zu nicken, zu bluten, zu schwitzen und heilkräftige Essenzen abzusondern. In der Kirche Santo Agnello tritt ein Kruzifix in einen Dialog mit einem Marienbildnis. Und viele hoffen, dass sich auch zu diesem ersten Samstag im Mai das Blut des heiligen Gennaro in seinen Ampullen im Dom verflüssigen möge, wie es traditionsgemäß jedes Jahr geschieht.

Ein Ausbleiben des Mirakels soll Unheil über die Stadt bringen. Daher schalten Geschäftsleute und Politiker Anzeigen in den Zeitungen, um der Stadt „ein erfolgreiches Wunder" zu wünschen. Schon am Vorabend des Festes drängen sich die Massen in den Straßen an der Kathedrale, um das Omen nicht zu verpassen.

Am Samstagnachmittag schieben sich Eiferer durch die Menge, Schaum vor dem Mund und düstere Weissagungen auf der Zunge. Die Unruhe der Wartenden wird zum Fieber; Fensterscheiben gehen zu Bruch. Die alliierten, meist protestantischen Offiziere, die sich die besten Plätze in der Kirche gesichert haben, werden mit geballten Fäusten und Hassrufen empfangen: „Ketzer raus!"

Endlich tritt eine Schar älterer Damen, die ihre Abstammung auf Gennaro selbst zurückführen, an den Altar, um das Wunder zu beschwören.

Gegen acht Uhr gibt der Heilige ihrem Drängen nach. Sein Blut verflüssigt sich – wenn auch etwas zäh. Doch ein mageres Wunder ist immer noch besser als gar keins.

U

Und so kommt schließlich auch die Befreiung Italiens voran. Am 4. Juni 1944 erobern die Alliierten Rom. Am 26. Juli besetzen sie Pisa, am 4. August Florenz. Im April 1945 überwinden sie bei Bologna nach langen Kämpfen die Apenninenfront; am 28. April kapitulieren die deutschen Streitkräfte. Benito Mussolini und seine Geliebte werden auf der Flucht in Richtung Schweiz von Partisanen gestellt und erschossen.

Essen und Munition kommen in Neapels Hafen an. Noch auf Jahre wird die Stadt von Hilfslieferungen abhängig sein

Neapel aber bleibt, vor allem wegen des kriegswichtigen Hafens, noch bis zum Januar 1946 unter alliierter Besatzung – länger als jede andere italienische Stadt. Auch der Wiederaufbau geht zäher voran als im übrigen Land: Die mühsam aus Trümmern auferstandenen Fabriken sind gegen die fast unversehrten Betriebe des Nordens kaum wettbewerbsfähig. Investitionen, Subventionen und US-Hilfsgelder fließen bevorzugt in das Dreieck zwischen Turin, Mailand und Genua.

Und so sind auch Essen, Wohnungen und Heizmittel noch lange knapp, bleiben Diebstahl und Prostitution für viele die einzigen Mittel zum Überleben. Noch Jahre nach Kriegsende detonieren Sprengkörper zwischen den Ruinen. Und noch lange bleibt Neapel im Bann von Seuchen wie Pocken und Diphtherie.

„Vielleicht stand es geschrieben, dass die Freiheit Europas nicht aus der Befreiung, sondern aus der Pest geboren werden sollte", spekuliert Curzio Malaparte über diese Zeit.

Und fährt dann fort: „Freiheit verlangt einen hohen Preis. Einen sehr viel höheren als

Knechtschaft. Und dieser Preis wird nicht mit Gold, nicht mit Blut, nicht mit den edelsten Opfertaten abgegolten, sondern mit Feigheit, mit Prostitution, mit Verrat, mit aller Fäulnis der Menschenseele." ⬡ ●

Jörg-Uwe Albig, *Jg. 1960, Autor im Team von* GEO*EPOCHE, war bei seinen Recherchen in Neapel verblüfft, wie mühelos es ihm gelang, sich die Atmosphäre der letzten Kriegsmonate vorzustellen – so wenig hat sich die Stadt über die Jahrzehnte verändert.*

———

LITERATUREMPFEHLUNGEN: Norman Lewis, *„Naples '44. An Intelligence Officer in the Italian Labyrinth"*, Eland: In seinem Tagebuch zeichnet der britische Geheimdienstoffizier ein düster schillerndes Bild vom Leben in der befreiten Stadt. Curzio Malaparte, *„Die Haut"*, Fischer: Trotz tragischem Pathos ist Malapartes Roman eines der ausdrucksstärksten Dokumente der Okkupationszeit. Bei seinem Erscheinen 1949 hatte das Buch eine solche Brisanz, dass die Stadt Neapel einen Bann über den Autor verhängte.

TAGE DES ZORNS

In die Freude der Franzosen über ihre Befreiung mischt sich im Sommer 1944 das Verlangen nach Rache an jenen Landsleuten, die sich mit den Besatzern eingelassen haben. Der Hass auf die Kollaborateure trifft Frauen auf besondere Weise. Putzfrauen, Sekretärinnen und Geliebte der Deutschen werden öffentlich geschoren und erniedrigt. Eine von ihnen ist Simone Touseau aus Chartres. Unter der Demütigung wird sie ihr Leben lang leiden

—— Text: IRENE STRATENWERTH

Elf Wochen nachdem die Alliierten in der Normandie gelandet sind, erreichen sie am
24. August 1944 Paris. Kurz darauf feiern Soldaten gemeinsam mit den Parisern die Befreiung
der Hauptstadt – und verspotten den deutschen Diktator Adolf Hitler

Die junge Frau geht in der Mitte der Straße. Um sie herum fröhliche Menschen, die lachen und applaudieren. Hinter ihr eine große Trikolore, die Farben Frankreichs, anderswo hängen Flaggen der USA aus den Fenstern: Es ist ein Festtag. Simone Touseau aber lächelt nicht. Gehetzt blickt sie auf ihr Baby. Die zwölf Wochen alte Catherine schläft, ihr Kopf mit dem dunklen Schopf ruht in der Armbeuge ihrer Mutter.

Simone Touseau hat keine Haare mehr. Aus den Augen der Frauen neben ihr spricht Genugtuung, Schadenfreude.

Der Gendarm, der eben noch hinter ihr ging, bringt sein Gesicht ganz nah an ihres. Will er sie beruhigen, oder flüstert er ihr Schmähungen zu?

Die 22-Jährige versucht, mit ihrem Vater Schritt zu halten, der nach Hause eilt, ein Kleiderbündel in der Hand, entschlossen, den Blicken der Nachbarn zu entkommen – und wohl auch der Kamera des Fotografen Robert Capa, der die Frau abgepasst hat, ihre Eltern, die Menge der Gaffer. Er hat sie herausdrängen sehen aus dem großen Eisentor der Präfektur von Chartres, ist vorausgelaufen, und als sie nah genug heran waren, hat er den Auslöser seiner Zeiss Ikon Contax betätigt; der gebürtige Ungar begleitet den Siegeszug der US-Truppen durch Frankreich für das Magazin „Life".

Sein Foto der Simone Touseau wird weltberühmt werden, als Symbol der Schande und der Rache.

Die Einwohner von Chartres, 75 Kilometer südwestlich von Paris, hören wohl Geschützdonner, als sie die Familie Touseau am Nachmittag des 16. August 1944 durch die Straßen treiben. Seit dem Morgen ist die US-Armee dabei, die Stadt zu erobern, noch wehren sich die Deutschen mit Rückzugsgefechten.

Zehn Wochen nach ihrer Invasion in der Normandie rücken die alliierten Truppen vor, befreien gemeinsam mit Kämpfern des französischen Widerstands Landstrich um Landstrich. Wo die Deutschen abziehen, feiern die Bürger wie in Chartres mit Flaggen und Blumen. Und häufig mit Racheaktionen gegen Menschen wie Simone Touseau.

Denn die vergangenen vier Jahre waren nicht einfach eine Zeit der Besatzung, des Zwangs, der Unfreiheit. Sie waren auch Jahre der Kollaboration, in denen viele Franzosen mit den Deutschen zusammengearbeitet, sich auf kleine oder große Weise schuldig gemacht haben.

So mischt sich in die Freude wohl auch Unbehagen. Und das entlädt sich gegen die scheinbar offensichtlichsten Kollaborateure: Tausende Frauen zahlen in diesen Wochen den Preis für die komplizierten Jahre der Scham, der Niederlage, des Verrats und der Verstrickung. Weil sie für den Feind übersetzt oder geputzt haben. Oder weil sie mit den Besatzern geschlafen haben.

Die kleine Catherine Touseau auf Simones Arm: Sie ist die Tochter eines deutschen Soldaten.

———

Innerhalb weniger Wochen hat die Wehrmacht im Sommer 1940 den Nachbarn im Westen geradezu überrannt und große Gebiete annektiert oder unter deutsche Verwaltung gestellt. Im Waffenstillstand vom 22. Juni 1940 teilen die französische und die deutsche Regierung den Rest des Landes auf: Der von

Sogar der Nationalheld arbeitete mit den Deutschen zusammen

der Wehrmacht besetzte Norden mit den Industriegebieten und ein rund 100 Kilometer breiter Streifen entlang der Atlantikküste bis hinunter zur spanischen Grenze unterstehen fortan einer deutschen Militärverwaltung mit Sitz in Paris. Sie befehligt die Besatzungstruppen und kontrolliert die – weiterhin amtierenden – französischen Beamten.

Den südlichen Teil Frankreichs regiert der rechtskonservative Marschall Philippe Pétain, ein Held des Ersten Weltkriegs. Er herrscht von einem Kurort aus, der zum Synonym seines autoritären Regimes wird: Vichy.

Zwar wahrt Berlin den Anschein einer souveränen französischen Regierung im gesamten Staatsgebiet. De facto aber treffen die Franzosen auch in der nicht besetzten Zone kaum eine Entscheidung ohne die Deutschen, erlassen kein Gesetz ohne Billigung der Besatzer.

Das Vichy-Regime begegnet dieser ständigen Demütigung, indem es aus deutschen Befehlen französische Ideen macht: Im Oktober 1940 ruft Pétain das ganze Land zur Kollaboration auf. Fortan zensiert seine Regierung die Presse, schließt Juden aus öffentlichen Ämtern aus, interniert sie, wenn sie Ausländer sind, und erkennt jüdischen Algeriern die französische Staatsbürgerschaft ab.

Auch in der besetzten Zone arbeiten Behörden und ein großer Teil der Bevölkerung mit den Deutschen eng zusammen: So gelingt es den Besatzern, das Gebiet mit nur 1200 eigenen Beamten und Offizieren sowie einigen Zehntausend Soldaten der Okkupationsarmee zu kontrollieren.

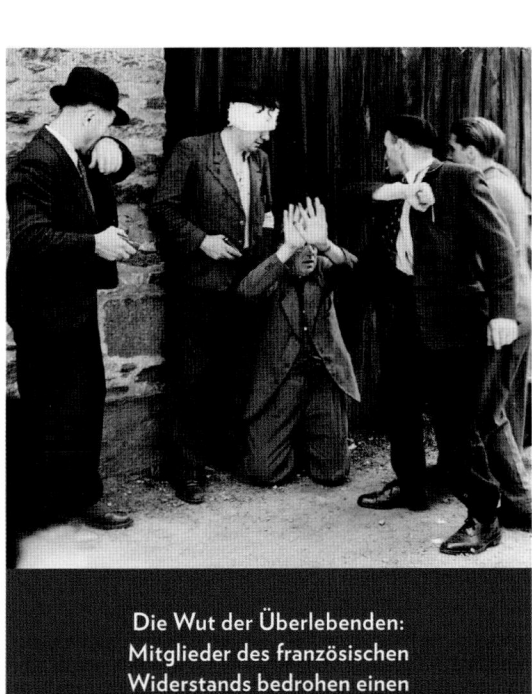

Die Wut der Überlebenden: Mitglieder des französischen Widerstands bedrohen einen Mann, der für die Deutschen gearbeitet haben soll

Nach der Befreiung von Rennes zerrt ein französischer Uniformierter einen vermeintlichen Kollaborateur an den Haaren hinter sich her

Nach der Landung der Alliierten in Nordafrika im November 1942 besetzen deutsche und italienische Truppen auch den Rest Frankreichs, um die Mittelmeerküste besser verteidigen zu können – damit wird das Vichy-Regime endgültig zur Marionettenregierung.

Haben die Besatzer gemeinsam mit der französischen Regierung zunächst

Auch unter den Franzosen gibt es Faschisten und Judenhasser

versucht, Freiwillige für die Arbeit im Deutschen Reich zu gewinnen, führen sie bald einen verpflichtenden Arbeitsdienst ein, den sie mit Propagandaplakaten bewerben („Die schlechten Tage sind vorbei, Papa verdient Geld in Deutschland"). Zwischen 1942 und 1944 zwingen sie rund 650 000 Franzosen zur Arbeit im Reich.

Und nun rollen auch aus Frankreich Züge in die Vernichtungslager: Mehr als 75 000 Juden werden bis 1944 deportiert. Hilfe erhalten die Besatzer dabei unter anderem von der faschistischen Parti Populaire Français (PPF), deren Mitglieder als Paramilitärs für die Gestapo Juden verfolgen und gegen Mitglieder des Widerstands, der Résistance, kämpfen.

Denn es gibt auch Opposition in Frankreich. Die verbotene Kommunistische Partei, die sich zurückgehalten hat, solange der Hitler-Stalin-Pakt galt, erklärt nach dem deutschen Angriff auf die Sowjetunion der französischen Regierung und den Besatzern den Krieg.

Unterdessen wird in London ein General namens Charles de Gaulle zur

Stimme eines Frankreichs, das sich Deutschland nicht ergibt. Als Befehlshaber einer Panzerdivision hat de Gaulle während der Invasion verbissen gegen die Wehrmacht gekämpft. Kurzzeitig zum Unterstaatssekretär ernannt, bat er die Engländer vergebens um mehr Unterstützung, lehnte Waffenstillstand und Pétain ab und ging schließlich nach England ins Exil.

Dort erlaubt ihm Premierminister Winston Churchill, über die BBC einen Appell an das französische Volk zu richten: „Was auch geschieht, die Flamme des französischen Widerstandes darf und wird nicht erlöschen." Er gründet ein Komitee „Freies Frankreich" und wird dafür vom Vichy-Regime in Abwesenheit zum Tod verurteilt.

Im Radio und bei Reden ruft de Gaulle zum Widerstand auf gegen die Deutschen und das Vichy-Regime – das er als „Handvoll Unseliger" bezeichnet, die „mit Lug und Trug, Zuchthaus oder Hunger vorübergehend herrschen".

In den Botschaften des Generals aus London erscheinen die Franzosen als ein Volk, vereint im Kampf gegen die Besatzer und eine schmale, verbrecherische Elite in Vichy.

Jedoch: Die Wirklichkeit auf der anderen Seite des Kanals ist komplizierter. Es ist diese Wirklichkeit, in der sich das Leben der Simone Touseau entscheidet.

Mit ihren Eltern, ihrer Schwester und ihrer Großmutter lebt sie in Chartres, einer Kleinstadt mit 27 000 Einwohnern, die von einer Kathedrale weithin überragt wird. Die Familie hat wenig Geld und kaum Kontakt zu den Nachbarn. Simone, 1921 geboren, gilt als intelligent und sprachbegabt, ist gut in der Schule, nimmt Klavierunterricht.

Früh hegt sie Sympathien für das nationalsozialistische Deutschland, trifft andere Jugendliche mit gleichen Ansichten, kritzelt Hakenkreuze in ihre Hefte, wie sich eine Mitschülerin und ihre Geschichtslehrerin später erinnern werden.

1941 macht sie ihren Schulabschluss und nimmt eine Stelle als Übersetzerin bei der Ortskommandantur der Wehrmacht an. Viele Frauen, die zwischen

1940 und 1944 für die Besatzer arbeiten, tun dies aus Not. Sie helfen den Deutschen nicht, weil sie wollen, sondern oft, weil sie müssen.

Denn Frankreich hat Berlin jährlich bis zu zehn Milliarden Reichsmark für die Kosten der Besatzung zu zahlen; zudem stellen die Deutschen Industrie und

Umringt von Soldaten und Zivilisten, schert ein Widerstandskämpfer eine Frau im nordfranzösischen Melun. Wohl
20 000 Französinnen erleiden im Sommer und Herbst
1944 Ähnliches. Schon die eigenständige Kontaktaufnahme
mit deutschen Soldaten gilt oft als Verbrechen

bei den Besatzern aus Angst angenommen, sonst als Hilfskraft für den
Zwangsarbeitsdienst im Reich eingezo-
gen zu werden. Etliche kommen aus
ärmlichen Verhältnissen, stehen allein
mit Kindern da und suchen dringend ein
Einkommen.

———

Simone Touseau dagegen handelt wohl
aus politischer Überzeugung. Doch hat
sie bald auch persönliche Gründe: 1941
verliebt sie sich in Erich Göz, einen
Soldaten. Göz ist Leiter der deutschen
„Frontbuchhandlung" in einem beschlagnahmten Geschäft, zwölf Jahre älter als
sie, unverheiratet, entstammt einer gebil-
deten deutschen Familie und spricht
Französisch. Schon bald stellt die 20-
Jährige ihn daheim als ihren „Zukünf-
tigen" vor, ist Erich Göz bei der Familie
Touseau regelmäßig zu Gast.

1942 wechselt Simone in ein Büro,
das Freiwillige zur Arbeit nach Deutschland vermittelt – und in der Nähe der
deutschen Buchhandlung liegt. Als Göz
im November des gleichen Jahres an die
Ostfront in der Sowjetunion abkomman-
diert wird, sucht sich die junge Frau wieder einen neuen Arbeitsplatz.

Offiziell sind den deutschen Soldaten Beziehungen zu Französinnen verboten, schreiben können sich die beiden
nur über einen deutschen Mittelsmann,
der in einem Kriegsgefangenenlager der
Wehrmacht bei Chartres beschäftigt ist.
Dort erhält Simone Touseau einen Job
als Sekretärin und Übersetzerin.

Im Sommer 1943 schließlich meldet
sie sich freiwillig zur Arbeit in Deutschland und reist nach Bayern: Ihr Verlobter
liegt verletzt in einem Lazarett bei Mün-
chen. Erich stellt sie seinen Geschwistern
und seinem Vater vor. Bald darauf muss
er wieder an die Ostfront. Im Dezember
1943 kehrt Simone nach Chartres zurück.
Sie ist im dritten Monat schwanger.

In Frankreich zirkulieren da bereits
Flugblätter, auf denen steht, was französischen Frauen droht, wenn sie sich mit
Deutschen einlassen: Sie sollen kahl geschoren und mit Hakenkreuzen gebrand-
markt werden. Der verächtliche Begriff
collaboration horizontale macht die Runde.

Doch nicht nur eine sexuelle Beziehung zu Deutschen gilt als verabscheu-

Landwirtschaft des Landes auf die Be-
dürfnisse ihres Krieges um. Die Arbeitslosigkeit erreicht 1940 ein nie da gewe-
senes Ausmaß, Frauen ohne Ausbildung
haben wenig Aussichten auf Jobs.

Nach dem Krieg stehen in der bre-
tonischen Stadt Vannes 189 Frauen vor
Gericht, die für die Besatzer arbeiteten

und Liebesbeziehungen zu deutschen
Soldaten hatten. Die meisten haben keinen Volksschulabschluss, können kaum
lesen und schreiben. Viele sind nicht
älter als 25, kaum eine ist über 40. Zwei
Drittel sind ledig, die Übrigen meist seit
Jahren von ihren Ehemännern getrennt
oder Witwen. Einige haben die Arbeit

Die Rache für die Nähe zu den deutschen Besatzern trifft nicht nur Simone Touseau, sondern auch ihre Mutter, die hier ihre von einem Deutschen gezeugte Enkelin auf dem Schoß hält

ungswürdig: In mehreren Orten rasieren Einwohner Frauen, die für die Besatzer arbeiten, die Köpfe.

Immer mehr Menschen schließen sich jetzt der Résistance an. Als von 1943 an jedem Franzosen zwischen 21 und 23 eine zweijährige Zwangsarbeit in Deutschland droht, verweigern Zehntausende junge Männer den Dienst und gehen in den Untergrund.

Aus dem Exil gibt de Gaulle die Anweisung, die militärischen Résistance-Gruppen zu vereinen: Im Februar 1944 schließen sie sich zu den Forces françaises de l'intérieur (FFI) zusammen. Von Juni bis Oktober steigt ihre Mitgliederzahl von 100 000 auf 400 000 an.

Die Résistance greift Militärkonvois an, zerstört Eisenbahngleise und Telefonleitungen, befreit schließlich ganze Dörfer und Städte. Die Deutschen reagieren darauf mit immer heftigerer Gewalt, lassen etwa in Tulle 99 Männer

öffentlich hängen. In Oradour-sur-Glane tötet die SS 642 Bewohner des Dorfes, vor allem Frauen und Kinder. Nur wenige Menschen können dem Massaker entkommen.

Am 23. Mai 1944 bringt Simone Touseau eine Tochter zur Welt. Zwei Wochen später beginnt die Landung der alliierten Truppen an den Stränden der Normandie. Und am 16. August erreichen die Soldaten Chartres. Während die Alliierten und Kämpfer der FFI die Deutschen in Gefechte verstricken, beginnen Mitglieder der Résistance bereits am frühen Morgen des 16. August 1944 damit, angebliche Kollaborateure zu verhaften.

Simone und ihre Eltern gehören zu den Ersten, die sie an diesem Tag durch menschenleere Straßen in die Präfektur bringen. Ihr Baby muss die junge Frau bei ihrer Schwester zurücklassen.

Drei Männer, die angeblich als Spitzel für die Gestapo gearbeitet haben, werden von Widerstandskämpfern noch am Morgen erschossen.

Um 10.30 Uhr stoppt der erste Radpanzer der US-Armee vor der Präfektur. Die Bewohner von Chartres strömen auf die Straßen. Sie umarmen sich, lachen, jubeln, rufen: "Vive la France!"

Durch einen Nebeneingang schlüpft Simone Touseau, begleitet von einem Bewacher, aus der Präfektur, eilt in ihre nahe gelegene Wohnung und kehrt nach zehn Minuten mit einem Bündel Kleider und der kleinen Catherine zurück: Sie muss das Baby stillen.

Immer mehr Menschen drängen sich unterdessen in den engen Straßen um die Präfektur. Ein Friseur erscheint. Dann müssen elf der verhafteten Frauen nacheinander vortreten, auch Simone.

Der Friseur setzt sein Rasiermesser an, schneidet Strähne für Strähne von den Köpfen: Diese Strafe haben die örtlichen Résistance-Kämpfer für weibliche Kollaborateure vorgesehen. Dicke Haarbüschel häufen sich auf dem Boden. Am Nachmittag werden die meisten Festgenommenen wieder heimgeschickt, durch das Tor, durch die Menge.

Auch für Simone wird der kurze Weg nach Hause zum Spießrutenlauf:

die jubelnden Menschen, der lachende Gendarm, die Frauen, die ihren Töchtern zeigen, was mit "so einer" passiert.

Robert Capa hat die Verhafteten bereits den ganzen Morgen über begleitet, hat ein Foto von den Haaren im Innenhof gemacht, ein Gruppenbild von den Geschorenen – und immer wieder Simone fotografiert: neben ihrer (ebenfalls bestraften) Mutter, die eine Nuckelflasche in der Hand hält; mit dem schlafenden Baby und ihrem Kleiderbündel; wie sie sich den Weg durch die johlenden Zuschauer bahnt; wie sie schließlich versucht, ihnen davonzueilen.

Es ist dieses Bild, das wenige Wochen später in "Life" erscheint und zum Symbol wird für die Rache der Franzosen an den Kollaborateuren.

Simone Touseaus Schicksal gleicht dem von wohl 20 000 französischen Frauen und einigen Männern, denen in den Wochen zwischen Juli und September 1944 die Köpfe rasiert werden. Wie in Chartres läuft die Bestrafung fast überall gleich ab: Erst scheren Friseure die Angeklagten, dann werden die Frauen durch die Straßen getrieben, andere mit Hakenkreuzen beschmiert, manche völlig nackt. Und oft sind Fotografen zur Stelle, die die Schmach der *tondues*, der Geschorenen, mit der Kamera festhalten und ihre Bilder in Lokalzeitungen oder sogar als Ansichtskarten verbreiten.

Die Rache trifft oft Französinnen aus einfachen Verhältnissen, Frauen wie Simone Touseau: Friseurinnen, Küchenhilfen, Sekretärinnen oder Putzkräfte. Viele sind noch keine 21 Jahre alt.

Den selbst ernannten Richtern ist es meist gleichgültig, ob die Frauen Geheimnisse an die Deutschen verraten oder auf andere Weise tatsächlich mit ihnen zusammengearbeitet haben – ein sexuelles Verhältnis zu den Besatzern reicht oft aus, um als Verrat zu gelten.

Manche Französin bezahlt dies mit ihrem Leben. Weil sie mit Deutschen geschlafen haben soll, verurteilt ein Komitee der Résistance im südfranzösischen Foix eine 20-jährige Friseurin zum Tod und lässt sie erschießen. In der Dordogne wird eine Frau wegen ihrer Beziehungen zu den *boches* mit Brennnesseln, Peitschenhieben und kochendem Wasser gefoltert und anschließend erschossen.

Und manchmal genügt ein bloßes Gerücht: In Lantenot, einem Dorf an den Vogesen, wird die einzige Abiturientin des Ortes gemeinsam mit ihrer Mutter kahl geschoren. Später legt sie ein ärztliches Attest vor, um zu beweisen, dass sie noch Jungfrau ist.

Welches Verhalten strafbar ist, entscheiden die Widerstandskämpfer vor Ort: In Chartres stehen neben Simone mehrere Prostituierte im Hof der Präfektur, auch im Département Lot werden sie durch die Straßen gejagt – obwohl sie während der Zeit der Besatzung die Résistance verlässlich über ihre deutschen Kunden informiert hatten.

Andernorts entscheiden sich Komitees gegen eine Bestrafung von Prostituierten: Dass sie mit fremden Soldaten schliefen, sei kein Verrat gewesen, sondern schlicht ihr Beruf.

Épuration sauvage, wilde Säuberung, nennen die Franzosen diese Maßnahmen. Stadtbekannte vorgebliche Kollaborateure werden vielerorts einfach erschossen, rund 10 000 Menschen sterben so. Daneben aber trifft vor allem Frauen immer und immer wieder eine besondere Form der Rache: der Verlust ihrer Haare.

Ohne Kollaborateure hätte das Deutsche Reich kaum eines der eroberten Länder Europas kontrollieren können – auch Frankreich nicht. Viele führten unter den neuen Herren einfach ihre gewohnte Arbeit fort, manche verrieten ihre Nachbarn aus Neid, Missgunst oder Gier, andere betätigten sich als Häscher und halfen den Nationalsozialisten beim Morden.

In diesem Spektrum der Schuld erscheint ein Liebesverhältnis mit ei-

War es schon Verrat, für die Deutschen zu putzen?

nem deutschen Soldaten vergleichsweise harmlos. Warum wird es nach der Befreiung so hart bestraft?

Junge, arme, alleinstehende Frauen sind ein leichtes Ziel, das ist das eine. Doch scheint noch etwas anderes eine Rolle zu spielen bei diesen Inszenierun-

gen, die sich auch in Italien, Dänemark und den Niederlanden ereignen: Indem sie sich an vermeintlichen Verräterinnen rächen, versuchen Frankreichs Männer, die eigene Schmach auszulöschen.

Denn es war ihnen 1940 nicht gelungen, Heimat und Familien vor dem Aggressor zu schützen. Fast ungehindert konnte der verhasste Boche, der Deutsche, Besitz ergreifen von der französischen Nation, die seit der Revolution als Marianne personifiziert wird – als Frau.

Im Kleinen schien sich diese nationale Schande jedes Mal zu wiederholen, wenn sich eine Französin einem Deutschen hingab. Indem sie Frauen wie Simone Touseau bestraften, erobern sich viele Männer – von denen viele selbst erst vor Kurzem zur Résistance gestoßen sind – nun ihre Männlichkeit zurück.

Dabei scheint es unerheblich, was man den Frauen genau vorwirft. Sie verlieren ihre Haare, ihr kahler Kopf ist ein Zeichen der Schande – obwohl nach Schätzungen nicht einmal die Hälfte der Geschorenen sexuelle Beziehungen zu Deutschen hatten. Die anderen sollen für den Feind gearbeitet oder in anderer Form kollaboriert haben.

Die unkontrollierte Rache nach der Befreiung währt meist nur kurz. Denn schon im Exil hat das „Komitee der nationalen Befreiung Frankreichs" eigene Gerichtshöfe für die Bestrafung der Kollaborateure geplant. Am 25. August be-

Simone Touseau (6. v. l.) mit anderen Frauen und Wehrmachtssoldaten 1942 in Chartres. Die Rache an den Kollaborateuren ist vielleicht auch deshalb so erbittert, weil viele Franzosen ein schlechtes Gewissen haben: Während der Besatzung haben Zehntausende mit den Deutschen zusammengearbeitet. Dank ihrer Hilfe gelang es der Militärverwaltung in Paris, den besetzten Landesteil mit 1200 Beamten und Offizieren (und Tausenden Soldaten) zu kontrollieren

Hakenkreuz auf der Stirn: Frauen, die mit Deutschen geschlafen haben, beschuldigt man der »horizontalen Kollaboration«

freien Alliierte und FFI die Hauptstadt, Charles de Gaulle kehrt nach Paris zurück und wird kurz darauf als Chef einer provisorischen Regierung bestätigt. In einer Radioansprache ruft er am 14. Oktober die Franzosen zu Ruhe und Ordnung auf und untersagt alle Formen von Selbstjustiz: Jegliche improvisierte Autorität sei nun unzulässig.

Fortan sollen ausschließlich die neu geschaffenen Gerichte die Kollaboration aufarbeiten und ahnden. Jeweils ein Richter und vier Geschworene haben die Vorwürfe gegen insgesamt mehr als 100 000 Männer und Frauen zu prüfen. In schweren Fällen können die Richter die Todesstrafe verhängen, minder schwere Fälle werden von Zivilkammern beurteilt.

Doch drei von vier Richtern, die über Kollaborateure urteilen sollen, haben schon unter dem Vichy-Regime Recht gesprochen, 900 000 Beamte haben unter Pétain gedient.

Es ist ein Problem, das Frankreich nicht zuletzt mit Deutschland teilt: Wie soll man einen neuen Staat schaffen mit alten Eliten? Wie über Schuld und Unschuld richten, wenn sich die Richter

selbst schuldig gemacht haben? Zudem ist die Rechtslage schwierig.

Wenn die Delinquenten nicht eindeutige Straftaten wie Mord oder Diebstahl begangen haben, bleiben als Anklagepunkte nur „Vergehen gegen die nationale Ehre" und „Zusammenarbeit mit einer fremden Macht".

Was aber fällt darunter? War es Zusammenarbeit, für die Deutschen zu putzen? Verstieß es gegen die nationale Ehre der Franzosen, sich in einen Wehrmachtssoldaten zu verlieben?

Ob eine Frau überhaupt angeklagt wird, ob sie freigesprochen wird oder ins Gefängnis gehen muss, hängt oft schlicht davon ab, wann und wo sie angeklagt wird. Die gefällten Urteile der Gerichte wirken auf viele Franzosen ungerecht.

So wird unter anderem ein Mann hart bestraft, der amerikanische Lebensmittel verschoben hat, während ein anderer, der Mitbürger an das Vichy-Regime verraten hat, freigesprochen wird, da er ja nicht „mit einer fremden Macht zusammengearbeitet" habe.

Bis 1951 verurteilen die Richter mehr als 6700 Menschen wegen Verrats und ähnlicher Verbrechen zum Tod (etwa die Hälfte der Angeklagten in Abwesenheit). 791 Urteile werden vollstreckt.

S imone Touseau nehmen die Behörden drei Wochen nach ihrem Spießrutenlauf durch Chartres erneut fest, kurz nach ihrer Mutter. Auf die Épuration Sauvage vom 16. August 1944 folgt in ihrem Fall nun ein geregeltes Verfahren.

Diesmal aber geht es um schlimmere Verfehlungen als ihre Beziehung zu Erich Göz und das gemeinsame Kind: 1943 haben die Deutschen fünf Nachbarn der Familie Touseau festgenommen, weil sie angeblich „Radio Londres" hörten – das streng verbotene, französischsprachige Programm der BBC, über das auch de Gaulle seine Botschaften verbreitet hatte.

Einer von ihnen kam am nächsten Tag wieder frei, vier wurden in Konzentrationslager deportiert, zwei starben dort. Jetzt beschuldigen drei der Ehefrauen Mutter und Tochter Touseau: Sie hätten die Familienväter denunziert.

Bestätigt sich der Verdacht, droht den zwei Frauen die Todesstrafe.

Die Angeklagten bestreiten den Vorwurf. Doch Simones Geschichte spricht gegen sie, schließlich war sie ja die Geliebte eines deutschen Soldaten, Übersetzerin für die Wehrmacht.

Und hat sie sich nicht freiwillig zur Arbeit in Deutschland gemeldet? War sie nicht Mitglied in der PPF? Simone versucht, ihr politisches Engagement herunterzuspielen, doch eine Zeugin hat sie in Parteiuniform der PPF gesehen.

Die Franzosen wollen die Besatzungszeit schnell vergessen

Simones kleine Tochter wächst in dieser Zeit unter der Obhut ihrer Schwester und einer älteren Tante auf. Vater Touseau sitzt depressiv und handlungsunfähig zu Hause. Und Simones Verteidiger zieht das Verfahren durch zahlreiche Eingaben in die Länge, um Zeit zu gewinnen: Vielleicht sieht er voraus, dass die Strafen umso milder ausfallen werden, je mehr Monate vergehen.

Tatsächlich hat es Frankreich, so wie fast jedes europäische Land, eilig, die Vergangenheit hinter sich zu lassen. General de Gaulles Kriegsmythos von der im Widerstand geeinten Nation ist den Franzosen längst zu historischer Wahrheit geworden, jeder von ihnen scheint plötzlich Mitglied der Résistance gewesen zu sein.

Simone Touseaus Landsleute glauben nur allzu gern an diese Legende, wollen ihre eigene Niederlage und die massenhafte Kollaboration mit dem Feind so schnell wie möglich vergessen. Fast 70 000 der zwischen September 1944 und April 1945 Internierten werden ohne weiteres Strafverfahren freigelassen.

Am 28. November 1946 dürfen auch Simone und Germaine Touseau heim zu ihrer Familie, die Denunziation konnte das Gericht ihnen nicht beweisen.

Nach 26 Monaten in Lagern und Gefängnissen kehren sie zurück, zu Georges Touseau, Simones Schwester Annette und der kleinen Catherine, die inzwischen zweieinhalb Jahre alt ist.

Noch im Internierungslager hat Simone erfahren, dass sie den Vater ihrer Tochter nie wiedersehen wird: Erich Göz ist während des Krieges 150 Kilometer westlich von Minsk gefallen.

———

Im März 1947 schließt eine Pariser Zivilkammer das Verfahren gegen die junge Frau endgültig ab. Es geht nun nur noch um Simones „Vergehen gegen die nationale Ehre": als Braut eines Deutschen, als Mitarbeiterin und Sympathisantin der Besatzer.

Das Gericht entscheidet, ihr die Bürgerrechte zu beschneiden – wie insgesamt fast 50 000 Franzosen. Zehn Jahre lang darf Simone Touseau das Stimmrecht nicht nutzen, das Frauen in

Frankreich gerade erst errungen haben, sich nicht selbst zur Wahl stellen, nicht in bestimmten Berufen arbeiten (etwas als Lehrerin oder Anwältin) und nicht als Zeugin vor Gericht auftreten. Zusätzlich muss sie eine Geldstrafe von 3200 Francs zahlen, heute etwa 175 Euro.

Doch bereits vier Jahre später erhält sie ihre Rechte zurück: Die Nationalversammlung erlässt 1947 und 1951 Amnestien für die meisten verurteilten Kollaborateure. Nur 1500 Franzosen, über die schwere Strafen verhängt wurden, sitzen 1952 noch in Haft, vier Jahre später sind es nur noch 62 Männer. Eine grundlegende Aufarbeitung aller Formen von Kollaboration hat sich als zu schwierig erwiesen.

Die Familie Touseau versucht in einem Dorf, rund 40 Kilometer von Chartres entfernt, einen Neuanfang: Vater Georges findet noch einmal eine Anstellung, Simone arbeitet in einer Apotheke, während ihre Mutter sich um Catherine kümmert.

Das Mädchen ist eines von Zehntausenden französischen Kindern deutscher Soldaten. Da sie ausgegrenzt werden, versuchen viele Familien, ihre Herkunft zu verheimlichen: ein Schicksal, das sie mit schätzungsweise ein bis zwei Millionen europäischen „Besatzungskindern" teilen – in Norwegen, den Niederlanden, in Dänemark.

Nur wenige Mütter haben den Mut jener Französin, die der Lehrerin ihres Kindes entgegenhält: „Madame, nicht meine Tochter hat mit einem Deutschen geschlafen, sondern ich. Wenn Sie jemanden beleidigen wollen, sparen Sie es sich für mich auf, statt es an einem unschuldigen Kind auszulassen."

Auch Simone Touseaus Vergangenheit spricht sich im Dorf herum. Zwar heiratet sie und bekommt zwei weitere Kinder, doch kämpft sie mit Depressionen und dem Alkohol. Ihre Ehe hält nicht lange, der Mann verlässt sie mit den Kindern.

1966 stirbt sie im Alter von 44 Jahren einsam im Hôtel-Dieu, dem Krankenhaus von Chartres.

Zwei Lokalhistoriker machen 2009 das Baby mit dem dunklen Haarschopf ausfindig, das 65 Jahre zuvor in den Armen seiner gedemütigten Mutter ge-

schlafen hatte. Die Lebensgeschichte ihrer Mutter hat Catherines Kindheit und Jugend überschattet, nach wie vor ist sie überzeugt von Simones Unschuld.

Diese Bürde aber will sie nicht weitergeben: Ihren Kindern hat sie verschwiegen, wer ihre Großeltern waren. ●

Irene Stratenwerth, *Jg. 1954, ist Autorin in Hamburg.*

———

LITERATUREMPFEHLUNGEN: Philippe Frétigné und Gérard Leray, „*La tondue – 1944–1947*", Vendémiaire Éditions: Die Autoren, Lokalhistoriker aus Chartres, haben die Geschichte der Simone Touseau recherchiert. Fabrice Virgili, „*Shorn women – Gender and Punishment in Liberation France*", Bloomsbury: Das auf Englisch und Französisch erschienene Standardwerk bietet eine umfangreiche Sammlung von Fällen, Fakten, Zahlen und Hintergründen zur Selbstjustiz an Frauen in Frankreich.

Ein Erschießungskommando verbindet einem Kollaborateur vor der Hinrichtung die Augen. 10 000 angebliche Verräter werden getötet

Tod in Grenoble: Auch in anderen Ländern, etwa Belgien und Ungarn, rechnen vor allem Widerstandskämpfer nach der Befreiung mit Kollaborateuren ab, unkontrolliert quälen, töten und demütigen sie Verdächtige

WOLFS

Im Januar 1945 fliehen mehr als eine Million Ostpreußen vor der Roten Armee nach Westen. Sie verlieren Haus, Besitz – und oft auch ihre Kinder. Hunderte Kriegswaisen schlagen sich ins benachbarte Litauen durch. Eines dieser »Wolfskinder« ist die siebenjährige Liesabeth Otto ——— Text: CONSTANZE KINDEL

Erschöpfte Flüchtlinge, Straßenkinder und zwei zerlumpte Jungs auf einem Müllberg:
Nach einer UN-Schätzung trennen die Wirren des Krieges in Europa rund 13 Millionen Kinder
von ihren Eltern – viele von ihnen werden ihre Angehörigen nie wiedersehen

KINDER

Im Wald am Seeufer hat sie sich eine Hütte gebaut, im Schatten einer hohen Tanne. Ein Platz, so ruhig, als gäbe es keinen anderen Menschen auf der Welt.

Anfangs ist es nur ein Lager aus Gras und Laub, aus alten Säcken und einer Pferdedecke auf dem weichen Waldboden; später wird es ein Zuhause mit Dach und Wänden aus Brettern. Ein Ort, der nur ihr gehört. Als gäbe es die nahe Kleinstadt nicht, die bunten Holzhäuser, die Turmspitzen der weißen Kirche am Fluss. Die Hütte liegt auf einem Hügel, nur ein Pfad führt durch das Tal in die Welt hinter dem Wald.

Morgens wäscht sie sich im See, schöpft Wasser in einem alten Stahlhelm. Essen holt sie auf Bauernhöfen, Brot, Speck, Kartoffeln; erbettelt, erarbeitet, manchmal gestohlen. Wenn sie Milch braucht, schleicht sie sich heimlich in die Kuhställe.

Sie hat gelernt, Tiere lieber zu mögen als Menschen. Wenn sie Wärme sucht und Zuneigung, schmiegt sie sich im Stall an die Pferde, lässt sich von den Kühen über den Kopf lecken.

Nie geht es ihr besser als im Sommer, wenn sie tun und lassen kann, was sie will, wenn ihr Glück, ihr Leben von nichts und niemandem abhängt. Wenn sie auf der Wiese in der Sonne liegt, den Wolken zuschaut und den Lerchen zuhört und an nichts mehr denken muss. Ein Gefühl von Freiheit, für das sie keine Worte findet. Vielleicht hilft dieses Sommergefühl beim Vergessen.

In ihrer Hütte im Wald sitzen zwei Puppen, die sie aus Holzklötzen gebastelt hat, die

Augen mit Holzkohle gemalt. Sie spricht mit ihnen, als wären sie ihre Familie. Ihre Schwester, ihr Bruder vielleicht. Die Gesichter der Geschwister sind nur noch eine verblassende Erinnerung.

In diesem Sommer 1948 ist Liesabeth Otto zehn Jahre alt und lange schon allein in einem fremden Land.

In Litauen leben Hunderte Kinder wie sie. Sie arbeiten auf Bauernhöfen, sie ziehen als Bettler durchs Land, allein, zu zweit, in kleinen Gruppen. Kinder ohne Eltern, Kinder aus einem Land, das es nicht mehr gibt: Ostpreußen.

Sie sind fortgespült worden in einem Wirbel, der im Januar 1945 eingesetzt hat, mit dem Vorrücken der Roten Armee, das Hunderttausende in die überstürzte Flucht trieb.

———

Lange Kriegsjahre hindurch galt Ostpreußen als „Luftschutzkeller Deutschlands". Frauen, Kinder, ganze Schulklassen evakuierte die Regierung aus anderen Regionen hierher, in den Osten des Deutschen Reichs.

Erst im Sommer 1944 greifen britische Bomber Königsberg an. Der Gauleiter aber verbietet die Flucht, selbst Vorbereitungen dazu werden bestraft. Als sich dann im Januar 1945 die Rote Ar-

mee der Stadt nähert, ist die Eisenbahnverbindung zwischen Königsberg und Mitteldeutschland längst abgeschnitten, der Weg nach Westen versperrt.

In jenen Tagen setzen sich überall in Ostpreußen Trecks in Bewegung, mit Pferden und Wagen, beladen mit Menschen und Gepäck. Nur auf Schiffen über die Ostsee oder zu Fuß über das brüchige Eis des Frischen Haffs ist die Flucht noch möglich.

Auch Liesabeths Heimatstadt Wehlau erreicht der Krieg in diesem Januar. Das Eckhaus, das sich die Ottos mit drei anderen Familien teilen, liegt an der Straße zum Nachbardorf Paterswalde, sie wohnen hier zu viert: die Mutter Martha, die beiden Kinder aus der ersten Ehe des Vaters, Christel und Manfred, 13 und elf Jahre alt.

Und Liesabeth, die Jüngste, geboren im Oktober 1937, die nun in die erste Klasse ginge, wenn der Krieg nicht wäre.

Der Vater ist seit Kurzem als Sanitäter in einem Lazarett an der Westfront. Zum letzten Mal haben die Geschwister ihn an Weihnachten 1944 gesehen, da kam er spätabends an in Uniform und hatte einen ganzen Koffer roter Äpfel dabei, und in der Zimmerecke neben dem geschmückten Tannenbaum lehnte sein Gewehr.*

Als die Behörden am Morgen des 21. Januar 1945 die Räumung der Stadt befehlen, ziehen schon seit zwei Tagen Flüchtlingstrecks durch Wehlau, die Rote Armee ist in die Vororte eingerückt.

Es schneit heftig an diesem Sonntag, Kirchenglocken läuten Sturm, als die Familie schwer bepackt zum Bahnhof läuft, jedes Kind mit seinem eigenen Rucksack. Liesabeth hat im letzten Moment eine Puppe eingepackt. Mit dem letzten Zug verlassen sie die Stadt.

Im Hafen von Königsberg gehen Martha Otto und die drei Kinder Wochen später mit ihren Koffern und Taschen an Bord

* Bei der Schilderung der Ereignisse aus Liesabeth Ottos Kindheit stützt sich die Autorin auf Frau Ottos Erinnerungen.

Liesabeth Otto als etwa Dreijährige in Friedland, Ostpreußen. Im Januar 1945 zerstört der Krieg die Welt ihrer Kindheit

Nur wenige Stunden bleiben Liesabeths Mutter, um für die Flucht zu packen. Ihre siebenjährige Tochter steckt, wie dieses Mädchen, eilig eine Puppe in den Rucksack. So wie der Familie Otto ergeht es Millionen

eines Kohlenkahns, schwarz von Staub. Über den Seekanal Richtung Pillau fährt er in der Nacht im Konvoi mit anderen Flüchtlingsschiffen auf die unruhige Ostsee hinaus, ein Eisbrecher vorneweg.

Auf dem Meer geraten die Schiffe unter Beschuss von Tieffliegern, die Menschen schreien, die Mutter drückt Liesabeth und ihre Geschwister auf den Boden des Kohlenkahns und wirft sich über sie, während Soldaten hinten im Heck mit einem Maschinengewehr versuchen, die Flugzeuge abzuwehren.

Nur wenige Schiffe des Konvois schaffen es bis nach Danzig. Die Stadt brennt, als sie ankommen. Wehrmacht und Rote Armee kämpfen in den Straßen, sowjetische Soldaten greifen sich Mädchen und Frauen. Eine nach der anderen schleppen sie aus dem Keller, in dem die Familie Otto mit anderen Flüchtlingen kauert, und bringen sie irgendwann zurück.

Vergebens versuchen Liesabeth und ihre Geschwister, sich an die Mutter zu klammern, als die geholt wird, mit Gewehren stoßen die Soldaten die Kinder

Flüchtende an einem Bahnhof: Liesabeths Familie verlässt ihre Heimat im allerletzten Zug

zur Seite. Als Martha Otto nach langer Zeit wiederkommt, schreit sie nicht wie die anderen, sie scheint nur müde und legt sich mit dem Gesicht nach unten auf den Boden. Aus ihrem Mund läuft Blut.

Wochen später findet die Familie mit anderen Frauen und Kindern Unterschlupf in einem leer stehenden Haus in einem Vorort im Westen der Stadt.

Hier stirbt Martha Otto in den letzten Apriltagen des Jahres 1945, zwei Wochen vor Kriegsende. Ihr Leben lang wird sich Liesabeth daran erinnern, wie die Mutter in einer Zimmerecke auf dem Fußboden lag, weinte und vor Hunger schrie.

An diesem Tag schicken die fremden Frauen Liesabeth hinaus, Sauerampfer soll sie auf der Wiese vor dem Haus für die Mutter sammeln und die ersten Knospen der Lindenbäume. Als sie zurückkommt, lässt man sie nicht ins Zimmer, die Schwester steht vor der Tür und weint. Liesabeth hat keine Mutter mehr.

Christel, die Älteste, muss sich jetzt um die Geschwister kümmern. In Danzig könnten sie nicht bleiben, in den Westen kämen sie auch nicht, sagen die

Erwachsenen, sie sollten nach Hause gehen. Mit einer Gruppe von Frauen aus Wehlau machen sich die Kinder auf den Heimweg zurück nach Ostpreußen, in einem offenen Güterwaggon, den größten Teil zu Fuß.

Aber die Wohnung der Familie in der Reihenhauskolonie ist von sowjetischen Soldaten besetzt. Die Geschwister ziehen weiter auf ein Gut, auf dem die Rotarmisten Arbeitskräfte suchen. Ein Dachzimmer mit einem alten Bett und einem Ofen wird ihr neues Zuhause.

Christel und Manfred arbeiten den ganzen Tag auf den Feldern, einmal in der Woche erhalten sie ihren Lohn: einen Laib Brot und ein Stückchen Butter oder Margarine.

Zum Überleben reicht das nicht. Wenn Liesabeth nicht Holz für den Ofen sammelt oder Wasser aus dem Brunnen schleppt, sucht sie Essbares, Brennnesseln, Lindenblätter, Kartoffelschalen und Gemüsereste aus den Küchenabfällen der Soldaten. Die Kinder fangen Spatzen und eine streunende Katze, erst spielen sie mit ihr, dann legen sie ihr eine Schlinge um den Hals.

Eines Abends im Spätsommer 1945 schickt Christel die kleine Schwester los, um die wöchentliche Essensration bei den sowjetischen Streitkräften abzuholen. Auf dem Rückweg schmilzt die Butter in der kleinen Schüssel, Liesabeth leckt mit der Zunge daran, und als sie zu Hause ankommt, ist die Schüssel leer. Christel ist außer sich, sie schreit und prügelt auf die kleine Schwester ein, bis die sich losreißen kann und wegläuft.

Liesabeth versteckt sich in einem Stall hinter dem Haus und traut sich erst wieder hinaus, als die Geschwister am nächsten Morgen zur Arbeit gegangen sind.

Eine Nachbarin findet sie weinend vor dem Haus und überredet sie, Christels Wintermantel und ihre Schere zu holen: um sie einzutauschen gegen Lebensmittel, drüben im rund 70 Kilometer entfernten Litauen, wo es genug zu essen gibt für alle.

Aber schon auf dem Bahnhof von Wehlau verschwindet die Nachbarin mit

Oft schließen sich die Kriegswaisen, wie diese drei 1945 bei Berlin, zu kleinen Gruppen zusammen

dem Tauschgut. Allein läuft Liesabeth über den Bahnsteig, klettert schließlich in einen der leeren Güterwaggons, die auf den Nebengleisen stehen.

Plötzlich verriegelt jemand die Türen, der Zug rollt los.

Endlos scheint ihr die Fahrt, irgendwann schläft sie ein. Sie wacht auf, als Männer in den Waggon steigen, die eine fremde Sprache sprechen. Sie packen Liesabeth und werfen sie hinaus.

Die Kinder fürchten
DEN HUNGER
mehr als alles andere

Unten am Bahndamm bleibt sie liegen und kann nicht mehr aufstehen, Mund und Bauch brennen vom salzigen Geschmack der Körner, wohl Düngemittel, die sie vor Hunger vom Boden des Waggons aufgesammelt und gegessen hat.

Sie trinkt Wasser aus einem Bach, kriecht in ein Gebüsch, schläft wieder ein, bis fremde Geräusche und eine leise Frauenstimme sie wecken. Sie schiebt die

Zweige auseinander: Da sitzt eine Frau und melkt eine Kuh und sagt „oh Jesu", als sie Liesabeth entdeckt.

Sie gibt ihr Milch zu trinken. Das Mädchen schläft wieder ein, und als es das nächste Mal aufwacht, liegt es im Heu auf einem Pferdewagen.

Maritje heißt die Frau, die Liesabeth gefunden hat und auf dem Bauernhof ihrer Familie aufnimmt, bis sie wieder gesund ist. Die Kinder der Familie bringen ihr litauische Wörter bei.

Lange bleiben aber kann sie nicht. Maritje und ihr Mann haben Angst vor den *stribai* – den litauischen Paramilitärs im Sold des sowjetischen Geheimdiensts, die überall patrouillieren. Deutschen zu helfen, den Faschisten, den früheren Kriegsgegnern, ist den Menschen bei Strafe verboten.

———

Bleiben dürfen, eine Familie finden, die sie länger als nur ein paar Tage aufnimmt, das wird für Liesabeth in den folgenden Jahren in Litauen meist nur Wunsch sein und selten Wirklichkeit. In der ersten Zeit läuft sie einfach los und immer weiter, von Hof zu Hof, mit einem Leinenbeutel. Darin sammelt sie Lebensmittel, die sie ihren Geschwistern mitbringen will.

Im ersten Herbst versucht sie noch, aus Litauen nach Ostpreußen zurückzukehren, aber immer fahren die Züge in die falsche Richtung. Und das Gefühl, unbedingt nach Hause zu müssen, zu Christel und Manfred, vergeht allmählich. Das Leben kommt ihr dazwischen, das Überleben, das ihr alle Anstrengung abverlangt.

Sie lernt schnell. Nennt sich nicht mehr Liesabeth, sondern Maritje, nach der ersten Litauerin, die gut zu ihr war. Hängt ihren Leinenbeutel an einen Baum, bevor sie auf einen Hof kommt, und klopft mit leeren Händen an. Grüßt auf Litauisch, „laba diena", guten Tag, und macht das Kreuzzeichen, wenn sie eintritt.

All die Bauernhäuser, aus Lehm oder Holzstämmen gebaut, die Dächer mit Stroh gedeckt, ähneln einander. Drinnen große Öfen und spärliche Möbel,

Tische, Bänke, Betten, Bilder der Muttergottes an der Wand, auf dem Speicher neben dem Schornstein die Räucherkammer, der Boden meist aus gestampftem Lehm, nur selten aus Brettern.

Ein Holzboden ist ein Zeichen von Reichtum, aber zu den wohlhabenderen Bauern geht Liesabeth nur, wenn sie keine andere Wahl hat. Bei den Armen sitzt sie mit der Familie am Tisch, und wenn sie gut gearbeitet hat, sagen sie oft: „Gera mergaite", du bist ein gutes Mädchen, und die Frauen nennen sie „vaj kele", Kindchen. Die Reicheren stellen ihr dagegen oft an der Tür eine Schale auf den Boden, wie für einen Hund. Auch wenn sie den ganzen Tag für sie gearbeitet hat.

Sie hütet Schafe und Kühe und Gänse, mistet Hühnerställe aus, jätet Unkraut aus Gartenbeeten.

Wenn sie keinen Schlafplatz bekommt, legt sie sich zu den Tieren in den Stall und deckt sich mit warmem Pferdemist zu. Sie ist schmutzig und stinkt, sie hat Krätze und Läuse, an den Füßen nur Lappen, mit Kordeln umwickelt.

Aus den Kleidern, in denen sie Ostpreußen verlassen hat, wächst sie schon in ihrem ersten Winter in Litauen heraus. Die zerrissene Militärjacke, die gestopften Wollsocken, den abgetragenen Rock, den sie fortan trägt: Das alles schenken ihr litauische Bauern.

Die Tage verschwimmen, die Zeit vergeht, und irgendwann scheint es nicht mehr so wichtig, den Weg zurück zu finden. Vielleicht, denkt sie, sind Manfred und Christel gar nicht mehr da.

Vor ihre Gesichter schieben sich andere Bilder. Davon, wie sie in ihrem Dachzimmer die Katze getötet haben. Wie sie Schnecken gekocht haben und die Blätter der Linden auf dem Gutshof.

Die Angst vor dem Hunger zu Hause ist stärker als die Einsamkeit in Litauen.

Sie kommt allein zurecht. Auch wenn sie nicht begreifen kann, warum es ihr nirgendwo gelingt, sich das Bleiben zu verdienen, egal, wie hart sie arbeitet.

In ihrem zweiten Herbst schickt eine Familie sie nach ein paar Monaten wieder fort, als die Tage schon kälter werden, mitten hinein in einen ungewissen Winter. Irgendwann, da ist sie vielleicht zwei Jahre in Litauen, beginnt

DER WEG DES WOLFSKINDS

Ab 1945 ist das ehemals deutsche Ostpreußen zweigeteilt: Der Süden steht unter polnischer Verwaltung; den Norden kontrolliert die Sowjetunion, ebenso Litauen. Liesabeth Otto gelangt 1945 aus Wehlau ins Nachbarland, bis 1953 zieht sie zwischen der Grenze und der Stadt Alytus umher, meist in der Gegend von Kalvarija und Marijampole. Erst 1980 kehrt sie in die alte Heimat zurück und kauft ein Haus in Ischewskoje nahe Kaliningrad

Liesabeth, die Einsamkeit zu suchen. Zieht in den Wald, für beinahe ein Jahr, in die Hütte am See.

Längst streifen auch andere Deutsche auf der Suche nach Essen und Unterkunft durch Litauen. In den Hungerjahren nach dem Krieg machen sich immer mehr von ihnen auf den Weg in das Land auf der anderen Seite der Memel, die jetzt Neman genannt wird.

Der südliche Teil Ostpreußens steht unter polnischer Verwaltung, den nördlichen hat die Sowjetunion annektiert, die völlig zerstörte Hauptstadt Königsberg heißt ab 1946 Kaliningrad.

Und die sowjetischen Behörden gestehen nur denjenigen einen Anspruch auf die mageren Essensrationen zu, die arbeiten. Zum Sattwerden reichen die Zuteilungen nicht.

Im Winter graben die Menschen gefrorene Kartoffeln aus der Erde der Äcker. Im Frühling nehmen sie die Schwalbennester aus, die unter Stalldächern und an Dachrinnen hängen, pflücken frisch gewachsenes Gras. Sie essen Ratten, Krähen, Frösche.

Erwachsene verhungern schneller als Kinder, ihre Leichen liegen in den Straßen. Dabei steht die schlimmste Zeit, der nächste Hungerwinter, erst noch bevor.

Schon im Frühjahr 1946 erzählen sich die Menschen in Ostpreußen immer häufiger von Litauen. Für die Hungernden wird das Nachbarland zum Sehnsuchtsort: Dort, heißt es, soll es nicht nur Brot geben, sondern sogar Kuchen. So viel Essen haben die litauischen Bauern, dass sie den Überschuss auf Märkten in Ostpreußen verkaufen.

Wer Angehörige versorgen muss, ein Zuhause, eine Arbeit in Ostpreußen hat, der bricht zu Hamsterfahrten nach Litauen auf. Und wer nichts mehr zu verlieren hat, macht sich für immer auf den Weg dorthin, in ein neues Leben, in ein Land, von dem die wenigsten mehr kennen als den Namen.

Vor allem für die unzähligen verwaisten deutschen Kinder ist der Weg nach Litauen eine Reise ins Ungewisse.

Manche sind schon auf der chaotischen Flucht vor der Roten Armee von ihren Familien getrennt worden, viele zurückgeblieben, als Mütter oder ältere

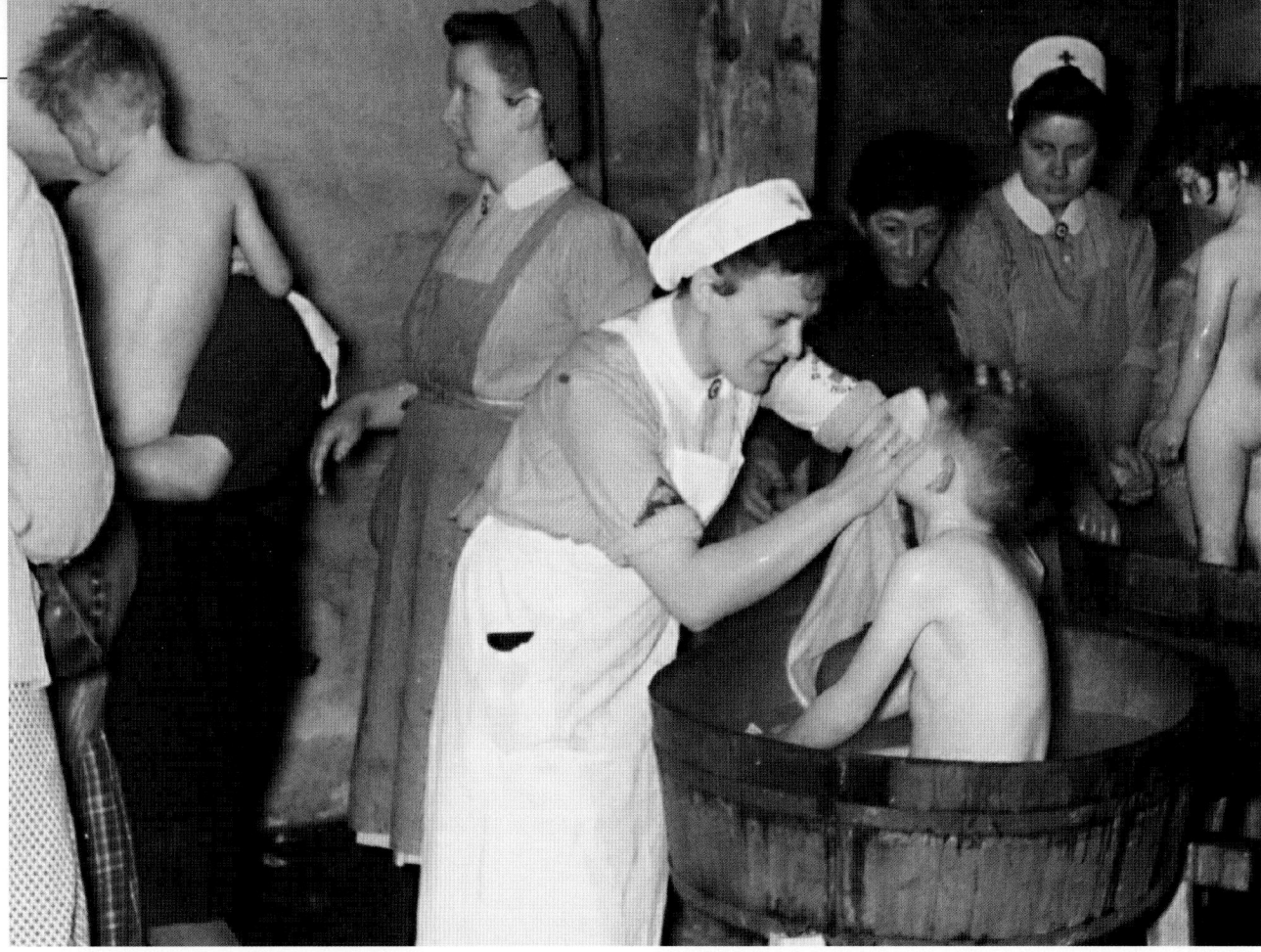

So gut wie diese Flüchtlingskinder, die Schwestern des Roten Kreuzes 1945 in einem Transitlager nahe Potsdam waschen, hat Liesabeth es nicht: Sie schläft in Ställen, trägt zerrissene Kleidung, hat Krätze, Läuse

Geschwister als Arbeitskräfte in die Sowjetunion verschleppt wurden. Andere sind die letzten Überlebenden ihrer Familien – alle übrigen sind verhungert, erfroren, erschossen, erschlagen, gestorben an Entkräftung oder an den grassierenden Seuchen, an Cholera, Typhus, Malaria.

Insgesamt, so schätzen Historiker, werden in diesen Monaten europaweit 13 Millionen Kinder von ihren Eltern getrennt. Manche werden Vater und Mutter nie wiedersehen, andere erst nach Jahren.

In Ostpreußen fahren nun viele dieser Kinder als blinde Passagiere in Zügen nach Litauen, unter Sitzen versteckt, auf den Trittbrettern, Puffern, Dächern der Güterwaggons, die beschlagnahmtes Reparationsgut als Kriegsbeute über Litauen nach Russland bringen.

Es ist eine gefährliche Fahrt, immer wieder fallen Kinder auf die Schienen und werden überrollt. Andere versuchen auf selbst gebauten Flößen, oft nur einem einzelnen Brett oder einer alten Holztür, die Memel zu überqueren und ertrinken oder erfrieren im Wasser.

Manche landen nur zufällig in Litauen, in Zügen, von denen sie hofften, sie würden nach Deutschland fahren.

„Vokietukai", kleine Deutsche, nennen die Litauer die bettelnden Kinder. Später wird man ihnen einen anderen Namen geben: Wolfskinder.

Die Wölfin lebt nicht weit von Liesabeth Ottos Hütte unter der Tanne am See. Beide gehen auf dem gleichen Weg durchs Tal, das Kind teilt sein Essen mit dem Tier, hinterlässt Brot oder Speck auf dem Pfad.

Früh am Morgen beobachten sie sich oft gegenseitig, eines Tages sieht Liesabeth die Wölfin am anderen Ende des Tals mit drei Welpen. Das Muttertier leckt ihnen die Ohren, und Liesabeth beneidet die Jungen um die Fürsorge.

Später wird es sie immer stören, dass man ausgerechnet mutterlose Wesen wie sie selbst Wolfskinder nennt.

An den Bahnhöfen trifft sie andere heimatlose Kinder. Manchmal erzählt Liesabeth dann von ihrer Mutter und davon, wie sie verhungert ist auf der Flucht. Ein paar Tage bleiben die Kinder zusammen, fast immer löst Liesabeth sich als Erste von der Gruppe und zieht alleine wieder los.

In ihrem vierten Sommer in Litauen ist ihr die Gegend um die Kleinstadt Kalvarija, wo im Wald am Seeufer ihre Hütte steht, nach und nach so etwas wie Heimat geworden.

An den Wochenenden trifft sie abends andere deutsche Kinder am Tanzplatz, da trinken sie die Reste aus den Flaschen, sammeln Zigarettenstummel und legen sich später schlafen unter der Brücke über dem nahen Fluss.

Nur anderen Wolfskindern erzählt Liesabeth von dem Schlimmsten, das ihr in diesen Jahren zustößt. Schlimmer als die Hunde, die man auf manchen Höfen auf sie hetzt, schlimmer als die Jungen, die sie überfallen, ihr einen Hitlerschnurrbart ins Gesicht malen, die Haare versengen und versuchen, sie aufzuhängen.

Das Schlimmste ist die Nacht im Herbst auf dem Hof nahe der Kleinstadt Alytus, als ein Mann in die Scheune kommt, in der sie schläft, sie packt und schlägt und vergewaltigt. Ihr dann sagt, sie solle abhauen, und wenn sie jemandem erzähle, was geschehen sei, werde er sie umbringen. Vor Schmerzen kann sie nicht gehen, bleibt liegen, bis er irgendwann wiederkommt, ihr einen Sack über den Kopf bindet. Auf einem Karren bringt er sie hinunter zur Memel und wirft sie in den Fluss.

Zwei Fischer ziehen sie aus dem Wasser, eine alte Frau pflegt sie gesund. Aber Liesabeth schweigt über das, was ihr angetan wurde, und zieht weiter, so schnell sie kann.

Einige Wochen später trifft sie deutsche Freunde am Bahnhof von Marijampole. Zusammen fahren sie zu dem Hof in der Nähe von Alytus. Liesabeth wartet mit einem der Jungen auf einem Hügel, bis unten im Tal Flammen auflodern. Die anderen haben die Scheune angezündet, gemeinsam schauen sie zu, wie sie niederbrennt: „Das ist für dich", sagt der Junge.

Liesabeth ist kaum zehn Jahre alt. Aber sie hat gelernt, sich nur auf sich selbst zu verlassen und auf andere wie sie. Sie sorgt für ihre eigene Gerechtigkeit. Wenn man sie auf einem Hof schlecht behandelt, lässt sie das Vieh im Stich und läuft weg. Oder sie rupft in den Gemüsebeeten Pflanzen aus als Rache. Manchmal klaut sie auf einem Hof Essen, Schinken oder Kuchen, um den Nächsten, bei denen sie übernachtet, ein Geschenk mitzubringen.

Vielleicht wird sie deshalb kaum noch für mehr als ein paar Tage von Familien aufgenommen. Vielleicht auch, weil sie so schmutzig ist und stinkt. Vielleicht, weil sie in ihrem ers-

ten Winter in Litauen angefangen hat, ins Bett zu machen. Vielleicht, weil sie mit zehn Jahren schon raucht. Vielleicht, weil die Bauern Angst vor den Stribai haben, die vor allem nach antikommunistischen Partisanen suchen, den Waldbrüdern.

Liesabeth begegnet den Widerstandskämpfern zum ersten Mal, als sie

Manchmal helfen

PARTISANEN

mit Essen oder Mänteln

auf einem Hof barfuß in eine Sense tritt, und der Bauer die Waldbrüder um Hilfe bittet. Nachts kommen sie auf den Hof geritten, halten ihr den Mund zu und behandeln ihren Fuß.

An der Hütte im Wald hinterlassen sie manchmal etwas Essen und Brocken von Kandiszucker. Einmal im Winter, als es schon zu schneien begonnen hat, wacht sie am Morgen unter einem riesi-

Mit 24 arbeitet Liesabeth (o. r.) in einer litauischen Ziegelei. Den Kontakt zu ihrer Familie hat sie verloren

gen Mantel auf, der über sie gebreitet worden ist.

Die Stribai sind böse, die Waldbrüder gut, man schweigt über sie und stirbt für sie, wenn es sein muss, so lernt Liesabeth es von den Bauern. Manchmal schickt man sie als Kurierin mit Zetteln zu den Partisanen, um sie vor Aktionen der Stribai zu warnen.

Alle kommen sie über den gleichen schmalen Pfad durch den Wald nahe der polnischen Grenze, wo es keine Bauernhöfe mehr gibt: die Wölfin, das Kind und die Kämpfer.

Rund 30 000 Bewaffnete verstecken sich in den Wäldern des Landes in unterirdischen Bunkern. Sie tragen Patronengurte und Armbinden in den litauischen Farben Gelb, Grün und Rot. Jahre nach dem Ende des Zweiten Weltkrieges leisten sie noch immer Widerstand gegen die Rote Armee. Sie wissen, dass sie die Sowjettruppen nicht besiegen können. Aber sie glauben, so lange durchhalten zu können, bis Hilfe aus dem Westen kommt und Litauen befreit wird.

Denn Moskau hat die besetzten baltischen Länder Litauen, Estland und Lettland der Sowjetunion einverleibt. Sie sind nicht bloß Vasallenstaaten mit kommunistischen Regierungen wie Polen oder Ungarn. Sondern „sozialistische Sowjetrepubliken".

Doch geht es in Litauen auf dem Weg in den Sozialismus nur schleppend voran, vor allem in der Landwirtschaft. Im Februar 1947 ist der erste litauische Kolchos gegründet worden, kommunistische Funktionäre drängen die Dorfbewohner, sich zu Kollektiven zusammenzuschließen.

Aber noch Anfang 1949 sind 96 Prozent aller Höfe in Privatbesitz. Die Partisanen, die sich in den Wäldern verstecken, kämpfen auch gegen die Kollektivierung der Landwirtschaft.

Und gleichzeitig lässt sich mit kaum einem anderen Mittel

der Widerstand so effektiv bekämpfen wie mit Kolchosen: Die Kämpfer sind auf die Unterstützung der Bauern angewiesen. Wer nicht mehr über Privatbesitz verfügt, kann nichts für die Partisanen abzweigen.

Auf dem Land stehen die Menschen ständig zwischen den Seiten. Nachts kommen die Waldleute und verlangen Essen, tagsüber fordern die Stribai Lebensmittel und Schnaps.

Die Paramilitärs kooperieren mit der rund um die Wälder stationierten Armee im Kampf gegen die Widerstandsbewegung. Sie schützen Behörden vor den Angriffen der Waldbrüder, und sie bestrafen die Helfer der Partisanen.

Der bloße Verdacht genügt. Die Stribai stellen Leichen von Widerstandskämpfern in den Dörfern und Städten öffentlich aus und lassen die Einwohner an den Toten vorbeimarschieren. Wer sich durch sein Verhalten als Angehöriger oder Freund verrät, den deportieren sie nach Sibirien.

Meist umstellen Bewaffnete die Höfe mitten in der Nacht, die Familien können nur Handgepäck zusammenraffen, bevor die Männer sie zum nächsten Bahnhof bringen und in Viehwaggons verladen. In Zügen werden die Vertriebenen nach Westsibirien oder Kasachstan geschickt, eine Reise von Wochen, kaum Verpflegung und Trinkwasser. Ihr Vieh und Eigentum werden beschlagnahmt, Gebäude niedergebrannt.

Der Staat sieht in den Deportationen auch ein Mittel, um die Kollektivierung der Landwirtschaft voranzutreiben. Schon im Mai 1948 sind Zehntausende aus Litauen verbannt worden, im Frühjahr und Sommer 1949 werden noch einmal insgesamt rund 80 000 Menschen deportiert. Vor allem Großbauern droht die Verschleppung.

Viele Wolfskinder verlieren durch die Deportationen ein zweites Mal ihr Zuhause. Einige von ihnen bitten darum, mit den Familien, die sie aufgenommen haben, nach Sibirien geschickt zu werden.

Auf manchen leeren Höfen der Deportierten siedeln sich Deutsche an: Mütter mit Kindern, Gruppen von Minderjährigen, Schicksalsgemeinschaften.

Tausende Deutsche leben Ende der 1940er Jahre im Land, darunter vermutlich Hunderte von Wolfskindern. Vor allem die Erwachsenen hoffen auf eine Zukunft in Deutschland. Manche bemühen sich bei den Behörden um die Genehmigung für eine Ausreise in die sowjetische Besatzungszone.

Doch nur wenige Wolfskinder können sich ein anderes Leben vorstellen. Gerade die Jüngeren haben oft Familien gefunden, die sie adoptieren, und haben kaum oder keine Erinnerungen an ihre Vergangenheit. Ältere haben mit Hilfe von Pflegefamilien oder Arbeitgebern falsche Papiere erhalten und leben mit litauischem Namen.

Die sowjetischen Behörden, die seit 1947 rund 100 000 Deutsche aus der Region Kaliningrad ausgesiedelt haben, darunter Tausende elternlose Kinder, beginnen ab 1948 auch in Litauen mit ersten Transporten, die Deutsche in die spätere DDR bringen sollen.

Viele Litauer aber glauben, dass die Fahrten in Wirklichkeit nach Sibirien

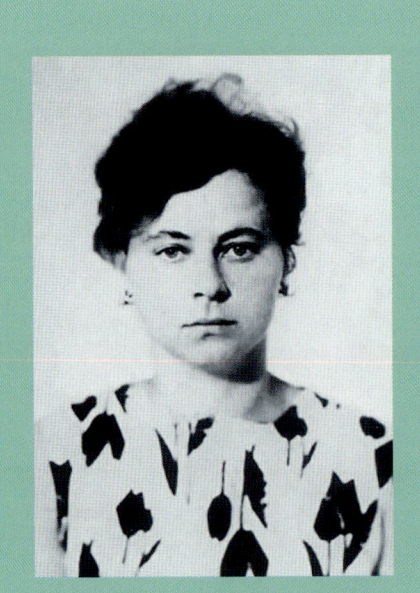

Als junge Erwachsene, hier mit 28, verschlägt es Liesabeth Otto nach Sibirien. Dort heiratet sie 1967

führen. Manche Pflegeeltern warnen und verstecken deutsche Kinder vor der Registrierung. Das Misstrauen gegenüber den Behörden ist groß.

Auch in der Gegend von Kalvarija, wo Liesabeth lebt, folgen nur wenige Deutsche dem Aufruf, sich für den Transport nach Deutschland zu melden. So ziehen die Stribai los, um sie in die Sammelstelle zu bringen.

Eines Morgens stehen sie in der Scheune, in der Liesabeth übernachtet hat. Auf dem Pferdewagen, mit dem sie von Hof zu Hof fahren und auf den nun auch Liesabeth steigen muss, sitzt bereits ein alter Mann, Deutscher wie sie.

Als sie auf einem Hof zum Essen halten, bringt die Bäuerin Liesabeth und dem Alten Brot und Milch und warnt sie: Die Stribai wollten die Deutschen nach Sibirien bringen, vielleicht töten. Weglaufen sollen sie, wenn die Männer betäubt sind von dem Mittel, das die Bäuerin in ihren Wodka geschüttet hat.

Und tatsächlich: Die Männer schlafen auf dem fahrenden Wagen ein, die Pferde laufen weiter, Liesabeth springt vom Wagen und rennt. Nie wieder wird sie sich von den Stribai einfangen lassen.

Später wird sie manchmal grübeln, wie ihr Leben verlaufen wäre, wenn sie damals auf dem Pferdewagen sitzen geblieben und mit dem Transport nach Deutschland gekommen wäre. Vielleicht hätte sie zur Schule gehen können.

Vielleicht wäre aus ihr das geworden, was sie einen „nützlichen Menschen" nennt.

Im Spätsommer 1953, da ist sie fast 16 Jahre alt, scheint plötzlich ein anderes Leben möglich. Es ist das Jahr, in dem sich Litauens Zukunft entscheidet, in dem der Staat den Widerstand der Waldbrüder bricht.

Eingeschleuste Spione haben in den vorangegangenen Jahren Verstecke und Aktionen der Partisanen verraten, ganze Gruppen sind getötet worden. Viele der Übriggebliebenen geben den bewaffneten Kampf auf, als die Behörden ihnen nach dem Tod des Sowjetdiktators Stalin im März 1953 eine Amnestie versprechen.

Auch für Liesabeth scheint sich in diesem Sommer alles zu wenden. Eine Familie nimmt sie auf, als Kindermädchen und Helferin auf dem Hof, sogar bei den Behörden wollen sie Liesabeth anmelden.

Ein anderes Leben: nicht mehr wandern müssen, nicht mehr allein sein.

Doch dann kneift ihr einer der Männer in den Hintern, als sie Schweinefutter in den Stall trägt. Liesabeth beschwert sich bei der Bäuerin. Heftige Worte fallen und Ohrfeigen.

Und in der Nacht sucht Liesabeth, was sie immer sucht, wenn sie schlecht behandelt wird: Rache. Wirft ein paar Sachen zum Überleben in eine Holzkiste, Mullwindeln, einen Topf, nimmt etwas Geld, flüchtet vom Hof. Und wird erwischt.

Vor Gericht steht sie als Maritje Klemajte. Den Nachnamen hat sie sich von einer Familie geliehen, bei der sie häufig übernachtet hat.

Dabei glaubt sie zu wissen, dass sie Otto heißt. Doch erinnert sie sich nicht sicher, ob es ihr Nachname oder der Vorname ihres Vaters ist.

Das Urteil wegen Diebstahls lautet auf fünf Jahre. Fünf Jahre in der Kinder-Arbeitskolonie in Kineschma, einer Kleinstadt an der Wolga, 330 Kilometer nordöstlich von Moskau, ein Straflager hinter Mauern und Stacheldraht, mit Wachtürmen und Hunden.

Sie lacht, als man ihr das sagt, trotzig. Und ist insgeheim erleichtert, dass sie nun nicht mehr dafür sorgen muss, den nächsten Winter zu überstehen.

Als sie im November 1955 begnadigt wird, ist sie erwachsen.

Ein halbes Leben lang wird Liesabeth Otto quer durch die Sowjetunion ziehen, nie hält es sie irgendwo länger als ein Jahr. Sie macht die Arbeit von Männern, auf Baustellen und im Wald, sitzt drei Haftstrafen ab, bringt drei

Jahrelang sucht sie nach ihrer Familie – und findet sie 1976. Vier Jahre später kauft sie sich ein Haus nahe Kaliningrad

Töchter zur Welt, von denen nur eine überlebt. Heißt nicht mehr Maritje Klemajte, sondern Maria Logwinenko.

Mehr als 30 Jahre wird es dauern, bis sie ihre Familie wiederfindet, über den Suchdienst des Roten Kreuzes in Hamburg, an den sie schließlich Anfang 1976 schreibt.

Eine Nachbarin gibt ihr die Adresse, als sie nach vergeblichen Versuchen in Moskau die Hoffnung schon aufgegeben hat. Und sie bekommt Antwort.

Vater und Bruder leben in Norddeutschland. Manfred hat Christel, die ältere Schwester, 1948 begraben, mit bloßen Händen an einem Feldweg am Stadtrand von Kaliningrad, wo sie einfach liegen geblieben war, gestorben an Hunger und Erschöpfung. Im selben Jahr ist er mit einem der Kindertransporte nach Deutschland gekommen.

Liesabeth Otto fährt zu ihrer Familie nach Wehnen bei Oldenburg. Sie bleibt mehr als ein Jahr dort, doch eine Heimat findet sie nicht.

Sie kehrt zurück in die Sowjetunion, reist schließlich im Frühjahr 1980 nach Kaliningrad und kauft ein Haus im Dorf Ischewskoje, das früher Widitten hieß, 20 Kilometer westlich von Kaliningrad. Dank des Hauskaufs kann man sie nicht mehr ausweisen, obwohl die Re-

gion noch immer militärisches Sperrgebiet ist.

Im Frühjahr 2001 erhält sie die deutsche Staatsangehörigkeit zurück und einen grünen Reisepass: Liesabeth Otto, geboren in Ostpreußen.

Liesabeth Otto-Logwinenko, 78 Jahre alt, pendelt heute zwischen Norddeutschland und Ischewskoje, wo Tochter, Enkel, Urenkel leben, und über die Vergangenheit mag sie nicht mehr sprechen, nicht rühren an den Erinnerungen, weil sie zu sehr wehtun.

Die meisten Wolfskinder haben jahrzehntelang über ihr Schicksal geschwiegen – diejenigen, die nach Deutschland zurückkehrten, ebenso wie die, die in Litauen blieben.

Erst der Zusammenbruch der Sowjetunion und die Unabhängigkeit der baltischen Staaten ändern alles. Ehemalige Wolfskinder in Litauen, von denen heute noch etwa 70 im Land leben, können zum ersten Mal offen über ihre deutschen Wurzeln sprechen; ehemalige Wolfskinder aus Deutschland können plötzlich nach Litauen reisen und ihrer Vergangenheit begegnen.

Können all diesen halb verdrängten Erinnerungen an Hunger, Kälte, Todesangst begegnen, an Verzweiflung und Verlassensein, die ihre Kindheit begleitet haben, die Alltag waren für sie wie für Millionen anderer Kinder des Zweiten Weltkriegs, die verschleppt wurden, verfolgt, vertrieben, die Eltern und Zuhause an den Krieg verloren und manchmal eine ganze Identität. ●

Constanze Kindel, *Jg. 1979, gehört zum Autorenteam von* GEO*EPOCHE. Für diesen Text stützte sie sich maßgeblich auf die Recherchen der Dokumentarfilmerin Ingeborg Jacobs, die Liesabeth Otto bei Dreharbeiten kennenlernte und sie unter anderem in dem Film „Die Eiserne Maria" porträtierte.*

———

LITERATUREMPFEHLUNG: Ingeborg Jacobs, „*Wolfskind*", List: die Lebenserinnerungen Liesabeth Ottos.

MARSCH IN DEN TOD

Während des Krieges haben viele Jugoslawen mit den Deutschen kooperiert – bosnische und kroatische SS-Freiwillige, faschistische Einheiten, royalistische Milizen. Nach der Kapitulation im Mai 1945 fürchten sich diese Kollaborateure vor der Rache der siegreichen kommunistischen Partisanen und flüchten nach Österreich. Doch ihre Verfolger holen sie ein ——— Text: RALF BERHORST

Kilometerlange Trecks aus Soldaten und Zivilisten, aus Männern, Frauen und Kindern drängen auf der Flucht vor den Partisanen nach Norden

D

Die Flucht endet auf einer Wiese. In anderen Zeiten wäre dies eine Idylle, könnte ein Ausflugsziel sein für ein Picknick: ein grünes Tal zwischen Bäumen, kilometerbreit. Bäche rauschen, in der Ferne schimmern schneebedeckte Gipfel. Am nördlichen Ende des Bergeinschnitts liegt das Städtchen Bleiburg, auf einem Hügel am Waldrand ein trutziges Schloss.

Mitten durch dieses Tal aber verläuft die Grenze zwischen Österreich und Jugoslawien. Und auf österreichischem Gebiet stehen an diesem 15. Mai 1945 britische Panzer, die Geschützrohre Richtung Wiese gedreht.

Das Tal, das ein Weg in die Freiheit sein sollte, ist zu einer Sackgasse geworden. Spitfire-Jäger fliegen tief über das Feld. Die wahre Gefahr aber geht von den umliegenden Höhen aus: Dort lagert die 3. Armee des jugoslawischen Partisanenführers Josip Broz Tito.

Vor dessen Soldaten sind in den Tagen zuvor fast 100 000 Kämpfer in das Grenzgebiet geflohen, von denen Zehntausende die Wiese erreicht haben: kroatische und bosnische SS-Freiwillige, faschistische Milizen, mit den Deutschen verbündete Soldaten, Kollaborateure.

Es sind Männer in zerschlissenen Uniformen, in grauen, gelbbraunen, blauen, schwarzen Jacken, einige mit nacktem Oberkörper. Manche suchen Schatten

Hunderttausende Partisanen haben unter dem kommunistischen Funktionär Josip Broz, genannt Tito (hier in einer Höhle auf der Adria-Insel Vis), gegen die Deutschen und deren einheimische Unterstützer gekämpft. Jetzt ist Jugoslawien fast ohne ausländische Hilfe befreit – und die Kollaborateure sind ein politisches Risiko

unter blühenden Bäumen, andere hocken auf dem Feld. Dazwischen grasen Pferde, stehen Autos und Lastwagen.

Es ist das letzte Aufgebot des faschistischen „Unabhängigen Staates Kroatien", der als Vasall des Deutschen Reiches vier Jahre auf dem Balkan geherrscht hat, nun aber geschlagen und erobert ist.

Der Zweite Weltkrieg in Europa ist seit einer Woche vorbei. Doch Tausende Männer auf dem Bleiburger Feld tragen noch immer Waffen. Sie wollen ihr Leben retten. Und das ihrer Familien, die auf der anderen Seite eines Bahndamms lagern: Frauen und Kinder, Säuglinge und Greise, erschöpft von tagelangen Gewaltmärschen.

Von den kommunistischen Partisanen ringsum haben die zerlumpten Soldaten keine Gnade zu erwarten. Zu grausam waren die Jahre der deutschen Besetzung, zu bereitwillig haben sie sich zu Handlangern des NS-Regimes gemacht, haben Kommunisten, Serben, Juden verfolgt und entrechtet, in Konzentrationslagern gefoltert und ermordet.

Den Flüchtlingen bleibt nur noch eine Chance: sich den Briten zu ergeben. Seit den Mittagsstunden verhandelt Brigadegeneral Patrick Scott im Bleiburger Schloss mit dem kroatischen General Ivo Herenčić über die Kapitulation.

Der Kroate fordert vom Briten Schutz und Asyl. Doch Scott weigert sich: Nach den Vereinbarungen der deutschen Kapitulation müssten sich die Kroaten Titos Armee ergeben.

Schließlich betritt der 24-jährige Politkommissar Milan Basta den Raum. Der Kommunist erklärt in barschem Ton, die Truppen von Herenčić seien umzingelt. Falls sie nicht bis 16 Uhr kapitulierten, würden sie vernichtet. Ergäben sie sich aber, würden die Partisanen alle Zivilisten in ihre Heimat zurückführen. Die Soldaten kämen in Kriegsgefangenenlager, wo nach internationalem Recht mit ihnen verfahren würde.

Herenčić kehrt auf das Bleiburger Feld zurück. Die Lage ist aussichtslos, vielleicht glaubt er auch Bastas Versprechungen: Gegen 16 Uhr lässt der General weiße Flaggen aufziehen.

Es ist das Todesurteil für Zehntausende. Was in den folgenden Stunden,

Tagen und Wochen im Grenzgebiet um Bleiburg geschieht, ist der vorläufig letzte Akt eines Dramas, das vier Jahre zuvor begonnen hat: mit dem deutschen Überfall auf Jugoslawien.

———

Innerhalb von elf Tagen besiegen die Wehrmacht und ihre Verbündeten damals, im April 1941, die jugoslawische Armee. Der König flieht nach London. Und der junge Vielvölkerstaat, 1918 unter anderem aus Teilen des Habsburgerreichs geformt, zerfällt.

Deutschland besetzt den Norden Sloweniens, Serbien sowie das an Rumänien grenzende Westbanat. Italien erhält Südslowenien, Montenegro, große Teile der Küste Dalmatiens sowie Inseln im Mittelmeer. Und auch die mit Berlin und Rom verbündeten Länder Ungarn, Bulgarien und Albanien okkupieren Teile des besiegten Landes.

In Kroatien und Bosnien-Herzegowina erschaffen die Deutschen den Unabhängigen Staat Kroatien – in Wahrheit nichts als eine Marionette des Deutschen Reiches. In Kroatiens Hauptstadt Zagreb regiert nun Ante Pavelić, der Anführer einer faschistischen Gruppierung namens „Ustaša" (von *ustaša*, „Aufrührer").

In den Kinos laufen vor allem deutsche Filme wie „Münchhausen", die Nürnberger Rassengesetze treten in Kraft.

Die Ustascha will ein ethnisch „reines" Kroatien und beginnt sofort damit, neben den Juden auch alle Serben in ihrem Gebiet zu verfolgen – immerhin ein Drittel der Einwohner. Zwei Wochen nachdem Pavelić an die Macht gekommen ist, töten Ustascha-Anhänger bei einem Massaker im Distrikt Bjelovar 180 serbische Bürger.

Serben ist nun der Besuch in Kinos und öffentlichen Bädern verboten, die Ehen mit Kroaten werden annulliert. Sie müssen als orthodoxe Christen ein blaues

Berlin errichtet 1941 in Teilen Jugoslawiens einen kroatischen Marionettenstaat unter der faschistischen »Ustascha« (o.)

Im besetzten Serbien machen »Tschetniks« mit der Wehrmacht gemeinsame Sache, um kommunistische Partisanen zu bekämpfen

Armband mit einem „P" für *pravoslavac* („Orthodoxer") tragen. Das bei ihnen übliche kyrillische Alphabet wird verboten.

Ustascha-Milizen zerstören orthodoxe Gotteshäuser sowie fast alle Synagogen und treiben Hunderttausende serbische Bürger außer Landes.

Sie brennen deren Dörfer nieder, töten viele Bewohner mit archaischer Gewalt, erschlagen sie mit Hämmern, Beilen oder Äxten, stoßen sie von Felsklippen oder in Höhlen, häuten sie oder verbrennen sie bei lebendigem Leib, bringen sie mit Handgranaten um.

Die Schergen verstümmeln ihre Opfer, schneiden ihnen Arme oder Beine, Nasen oder Ohren ab, stechen ihnen

Der Mufti al-Husseini wirbt 1943 Freiwillige für eine SS-Division aus zumeist bosnischen Muslimen, die gegen die Partisanen kämpfen

Die jugoslawischen Partisanen der »Volksbefreiungsarmee« (o.) streiten gegen die Deutschen, Ustascha und Tschetniks

die Augen aus; sie vergewaltigen Frauen, bevor sie sie ermorden. Manchmal zwingen sie die Opfer, ihre eigenen Gräber auszuheben.

In den Konzentrationslagern des faschistischen kroatischen Regimes sterben wahrscheinlich 200 000 Serben, Juden und Roma. Oft gibt es dort nicht einmal Baracken für die Gefangenen.

Im größten Lager Jasenovac wird jeder, der nicht arbeiten kann, sofort erschossen. Die meisten übrigen Häftlinge gehen an Unterernährung und den Folgen der Zwangsarbeit zugrunde.

Doch regt sich auch Widerstand gegen die deutschen Besatzer, deren Marionetten und Kollaborateure. Ehema-

lige Soldaten der jugoslawischen Armee schließen sich zu Banden zusammen, die sich „Tschetniks" nennen (von *četa*, „Schar"). Die größte Gruppe bilden 4000 Königstreue in Serbien, die allerdings nur einzelne Sabotageakte planen und ansonsten auf die Landung der Alliierten warten. Angriffe auf die Deutschen trauen sie sich nicht zu.

Zur gleichen Zeit schart Josip Broz kommunistische Guerillakämpfer um sich. Der Sohn eines kroatischen Bauern, der den Kampfnamen Tito führt, verbündet sich anfangs mit den Tschetniks; die werden auch von der jugoslawischen Exilregierung und Großbritannien unterstützt.

Doch die ungleiche Allianz zerbricht schnell. Und nun entsteht ein zweiter Konflikt, ein Krieg zwischen den Widerstandsgruppen. Um Tito zu bekämpfen, wechseln die Tschetniks sogar die Fronten und verbünden sich heimlich mit den deutschen und italienischen Besetzern. Sie töten vor allem Zivilisten auf möglichst brutale Weise, pfählen oder erstechen sie, schneiden ihnen die Kehle durch, damit Überlebende es nicht wagen, die Partisanen zu unterstützen.

Titos Kommunisten wiederum liquidieren Tschetniks und jeden, den sie der Kollaboration mit dem Feind verdächtigen; Großbauern, Repräsentanten der alten bürgerlichen Ordnung. Sie exekutieren Deserteure aus den eigenen Reihen und angebliche Verräter. Mitunter ist es, als kämpfte jeder gegen jeden.

Im Juni 1942 flieht ein großer Teil der kommunistischen „Volksbefreiungsarmee" aus Serbien nach Kroatien, kann sich gegen einheimische Einheiten durchsetzen und erhält dort

weiteren Zulauf: Im Jahr darauf beherrschen die Partisanen mitten im Ustascha-Staat ein Gebiet mit zwei Millionen Einwohnern. In Titos Armee kämpfen Juden, Serben, Kroaten und Slowenen unter der Parole „Brüderlichkeit und Einheit" nebeneinander gegen Deutsche, Tschetniks und Ustascha.

Zur gleichen Zeit gehen Wehrmacht und SS immer brutaler gegen die Partisanen und deren Helfer vor. Dabei setzen sie ab März 1943 auch kroatische und bosnische SS-Freiwillige ein, die sie im Ustascha-Staat rekrutiert haben.

Es sind Jahre enthemmter Gewalt. Brutaler als in jedem anderen europäischen Land unter deutscher Besatzung kämpfen auch die Besetzten untereinander.

Die Risse zwischen den Volksgruppen und Religionen (die Kroaten sind meist römisch-katholisch, die Serben orthodox, ein Drittel der Bosnier sind Muslime), die im Kunstgebilde Königreich Jugoslawien eine Generation lang mit Mühe zusammengehalten worden waren, brechen nun auf.

Und die Deutschen machen sich die alten Feindschaften zunutze. Gemeinsam mit Ustascha-Truppen und Tschetniks kämpfen sie gegen die kommunistischen Partisanen. Tito verliert Zehntausende Kämpfer; besiegen aber können ihn die Faschisten nicht.

Im November 1943 erkennen die Briten Titos Volksbefreiungsarmee offiziell als ihren Verbündeten in Jugoslawien an (die von ihnen bis dahin unterstützten royalistischen Tschetniks sind wegen ihrer Zusammenarbeit mit den Deutschen untragbar geworden). Sieben Monate später einigt sich Tito

DIE BESETZTEN MORDEN AUCH EINANDER

mit dem Chef der jugoslawischen Exilregierung in London auf ein Zweckbündnis. Über die Regierungsform ihres Landes soll erst nach dem Krieg entschieden werden.

Im Oktober 1944 befreien die Partisanen mit Hilfe der Roten Armee Belgrad, die Hauptstadt Serbiens: Dabei beweist Tito außenpolitisches Geschick – militärisch notwendig wäre die Unterstützung Moskaus vermutlich nicht gewesen, doch will er die Briten aus Jugoslawien heraushalten und holt deshalb Stalins Truppen ins Land.

Den Rest Jugoslawiens aber erobern die Partisanen fast vollständig aus eigener Kraft. Ein halbes Jahr später bricht die letzte kroatische Verteidigungsstellung südlich von Zagreb zusammen. Die Ustascha gibt die Hauptstadt auf.

Es kommt zur Panik unter den Einwohnern. Längst hat sich herumgesprochen, dass kommunistische Sondereinheiten und Geheimpolizisten in den befreiten Städten und Dörfern Rache nehmen, dass „Ehrengerichte" Tausende Jugoslawen als NS-Kollaborateure zu Haftstrafen verurteilen, zu Zwangsarbeit oder zum Tod. Und dass die Partisanen immer wieder Verdächtige aus ihren Häusern abholen und ohne Prozess exekutieren – so auch in der Küstenstadt Dubrovnik, wo die Kämpfer eines Tages mindestens 48 angebliche Kollaborateure, darunter einen Priester, auf eine Insel vor der Stadt rudern lassen und dort erschießen.

Am 6. Mai 1945 setzt sich in Zagreb ein riesiger Tross in Marsch, um die 200 Kilometer entfernte österreichische Grenze zu erreichen. Zu den Flüchtenden gehören Ante Pavelić und einige seiner Getreuen sowie Zehntausende kroatische Soldaten, bosnische SS-Männer und serbische Tschetniks. Auch Zivilisten schließen sich ihnen an, vermutlich vor allem Kroaten, die schon länger von Süden her auf der Flucht vor den Partisanen sind. Einige erhalten jetzt Waffen von der Ustascha.

Wie viele Menschen sich auf den Weg machen, wie viele von ihnen Soldaten, wie viele unbewaff-

nete Männer, Frauen, Kinder sind: Das wird später niemand mehr genau sagen können – nur, dass der Zug der Flüchtlinge unterwegs auf eine Länge von 40 bis 60 Kilometern anschwillt. Auch auf anderen Routen fliehen Kroaten, Slowenen und Serben in Richtung Österreich. Insgesamt sind es wohl 150 000 bis 200 000 Uniformierte und Zivilisten. Panzer, Artilleriegeschütze, Transportwagen, Ochsenkarren und Kutschen verstopfen die Straßen nach Norden.

Am 8. Mai kapituliert das Deutsche Reich bedingungslos. Genau um 23.01 Uhr sollen sämtliche Kampfhandlungen in Europa enden und alle deutschen und verbündeten Truppen genau dort stehen bleiben, wo sie sich gerade befinden, und ihre Waffen abgeben.

Zum einzigen Mal in seiner vierjährigen Herrschaft hat Pavelić am Tag zuvor von den Deutschen die volle Befehlsgewalt über seine Truppen erhalten.

Bei Massakern und in Lagern hat die Ustascha 200 000 Serben, Juden, Roma sowie muslimische und kroatische Oppositionelle ermordet

SIE TÖTEN FRAUEN, KINDER, GREISE

Seine erste (und letzte) Order lautet: Seine Männer sollen die Flucht fortsetzen und sich über das offizielle Kriegsende hinaus kämpfend bis nach Österreich durchschlagen. Dann taucht der kroatische Diktator unter.

Seine Generäle folgen seinem Befehl und verwickeln auf ihrem Weg die Partisanen in mehrere Gefechte. Tausende kommen um. Fünf Tage nach Kriegsende erreicht die Spitze des Zugs die Talebene vor Bleiburg. Die Kirchtürme der Kleinstadt sind bereits zu sehen. Und einige Flüchtlinge überqueren sogar die Staatsgrenze zu Österreich.

Viel weiter aber kommen sie nicht.

Denn die Kroaten wissen nicht, dass die Briten beschlossen haben, auf jener Passage der Kapitulationserklärung zu bestehen, die besagt, dass sich die Soldaten der Deutschen und ihrer Verbündeten nach dem 8. Mai nicht mehr frei bewegen dürfen – woran sich die Flüchtlinge aus Zagreb nicht gehalten haben. Nun ordnet ein britischer General an, sämtliche Jugoslawen, die auf deutscher Seite gekämpft haben, zu entwaffnen und an die Partisanen zu übergeben.

Es muss den kommandierenden Offizieren – und auch Premier Winston Churchill in London – bewusst sein, dass sie damit Zehntausende in den Tod schicken.

Als am Nachmittag des 15. Mai weiße Fahnen über dem Feld wehen, bricht Panik aus. Menschen schreien, andere singen oder beten laut. Schüsse und Detonationen hallen durch das Geprassel des einsetzenden Regens. Ustascha-Offiziere erschießen sich oder sprengen sich mit Minen in die Luft, um nicht den Partisanen in die Hände zu fallen. Einige nehmen Frau und Kinder mit in den Tod.

Manche Uniformierte versuchen, in die umliegenden Wälder zu fliehen, darunter General Herenčić.

Auf dem Bleiburger Feld übernehmen Titos Truppen die Kontrolle, unter dem Befehl von Politkommissar Basta.

In den vorangegangenen Stunden der Ungewissheit haben sich unter die Soldaten nördlich des Bahndamms auch viele Zivilisten gemischt. Bastas Männer befehlen allen Flüchtlingen, sich in Viererreihen aufzustellen, an Kontrollposten vorbeizugehen und ihre Waffen abzulegen. Sie trennen Soldaten von Zivilisten und führen einige Uniformierte ab.

Wieder fallen Schüsse: Nicht alle Kämpfer lassen sich widerstandslos entwaffnen, es kommt erneut zu einem Gefecht mit den Partisanen. Vielleicht 200 Menschen sterben so noch auf dem Feld.

Schließlich aber fügen sich alle. Ohne Anführer, ohne Ausweg, ohne Luftunterstützung, Benzin und ausreichend Fahrzeuge, zwischen Partisanen und Briten bleibt ihnen keine Wahl.

Die ersten Flüchtlinge marschieren dorthin, woher sie gekommen sind, nach Osten. Auch anderswo in Österreich übergeben die Briten in den kommenden Tagen Zehntausende Geflüchtete, die es bereits über die Grenze geschafft hatten, an die Partisanen.

Insgesamt, so schätzen Historiker, geraten 116 000 kroatische sowie 20 000 serbische, slowenische und montenegrinische Soldaten und Milizionäre in kommunistische Gefangenschaft. Dazu kommt eine unbekannte Zahl Zivilisten.

Viele von ihnen werden nun auf verschlungenen Wegen in verschiedenen Trecks durch Jugoslawien getrieben.

Einer führt von Bleiburg nach Maribor. Bereits wenige Kilometer hinter der Grenze, gerade außer Sichtweite der britischen Panzerfahrer, befiehlt Milan Basta Männern der kommunistischen Geheimpolizei OZNA, angebliche NS-Kollaborateure zu exekutieren. Sie bedecken die Leichen am Straßenrand notdürftig mit Erde oder schaffen sie mit Lastwagen zu Massengräbern.

Als der Treck Maribor erreicht, rund 80 Kilometer östlich von Bleiburg, müssen sich Tausende ausziehen, werden mit Telefondraht gefesselt und erschossen, die Toten in einem deutschen Panzergraben verscharrt. Gleichzeitig treiben die Partisanen auch Hunderte einheimische Regimegegner und deutschstämmi-

ge Slowenen in die umliegenden Berge und töten sie mit Maschinenpistolen oder Handgranaten.

„Wir verbrachten die Nacht auf den Straßen", erinnert sich später ein Überlebender. „Gegen 22 Uhr begannen die Partisanen, jeden, der ein Rangabzeichen oder eine Offiziersuniform trug, auszusortieren, und führten sie zu Orten ab, von denen sie nie wiederkehrten."

Die Übrigen müssen weiterlaufen. Am 24. Mai erreicht eine Gruppe aus Bleiburg ein Lager in einem Zagreber Vorort. 250 Gefangene werden dort mit Draht an den Händen aneinandergefesselt, auf Lastwagen gepfercht. 20 Minuten später ist von einer nahen Ziegelfabrik Maschinengewehrfeuer zu hören.

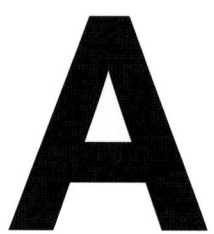

A uch die anderen Trecks enden in einem von Dutzenden Konzentrationslagern. Dort lassen die Kommunisten ihre Gefangenen arbeiten, ermorden immer wieder wahllos Einzelne oder Gruppen. Sie töten nicht nur Soldaten und Ustascha-Milizionäre, sondern auch Frauen, Kinder, Säuglinge und Alte.

Einen Teil der Menschen bringen die Partisanen in die Nähe der slowenischen Stadt Ljubljana. Dort öffnen sich, wie im benachbarten Italien, in den Wäldern tiefe Schlünde und Spalten: Karsthöhlen, in die jenseits der Grenze bereits italienische Faschisten und deutsche Besatzer Menschen geworfen haben.

Die Tötungskommandos fesseln ihre Opfer paarweise an den Händen, stellen sie an den Rand der Abgründe, exekutieren sie durch Genickschuss und stoßen sie in die Tiefe hinab. Manchmal werfen sie Handgranaten hinterher.

An mehr als 600 Orten in Slowenien werden Wissenschaftler später Gräber entdecken, in denen vermutlich Opfer aus dem Frühsommer 1945 liegen. In Kroatien werden sie 840 Massengräber identifizieren. Auch anderswo, in Ser-

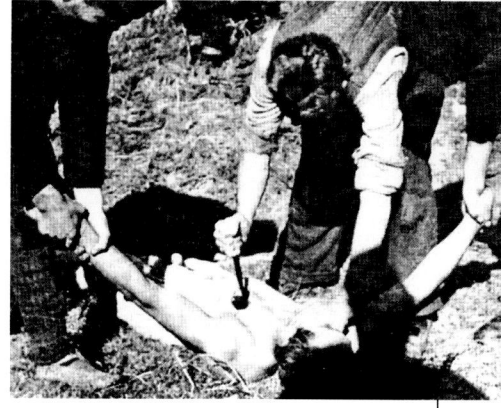

Tschetniks überfallen Dörfer, erstechen oder pfählen die Bewohner, um andere einzuschüchtern (vermutlich nachgestellte Szene)

Anfang 1945 hängen Ustascha-Soldaten wahrscheinlich kurz vor ihrem Abzug zehn Einwohner Sarajevos

Wie überall im besetzten Europa üben die Deutschen bei Widerstand Vergeltung: Erschießung serbischer Zivilisten, 1941

Bei Bleiburg müssen sich geflüchtete Kollaborateure den Partisanen ergeben. Für Zehntausende das Todesurteil

Kroaten bei Bleiburg: Die Kommunisten führen die Gefangenen zurück nach Jugoslawien – und nehmen Rache

bien, Bosnien-Herzegowina, Mazedonien und Montenegro, gibt es weitere Tötungsstätten.

Insgesamt, so schätzen Forscher, sterben bei den Morden nach Kriegsende 70 000 Menschen, davon allein 50 000, die aus der Gegend um Bleiburg nach Jugoslawien zurückgeführt wurden.

Während seine Geheimpolizei tötet, residiert Tito bereits im Königspalast von Belgrad, Hunderte Kilometer entfernt: als Ministerpräsident einer Übergangsregierung des neuen „Demokratischen Föderativen Jugoslawien". Rächen sich seine Kommandeure eigenmächtig an den Kroaten für die rund 300 000 Parti-

sanen, die im Krieg gestorben sind? Wissen sie, dass ihre Taten geduldet werden? Oder hat Tito den Befehl zum Töten gegeben? Beweise dafür gibt es nicht.

Milovan Djilas, einer seiner engsten Weggefährten, wird später sagen: „Er war sicher für eine radikale Lösung – aus pragmatischen Gründen. Jugoslawien befand sich im Zustand des Chaos und der Zerstörung. Es gab keine Möglichkeit, die 20 000 bis 30 000 Fälle zuverlässig zu untersuchen. So war es der einfachste Ausweg, sie alle zu erschießen und damit das Problem los zu sein."

Zweifellos weiß Tito von den Taten der Geheimdienste: Noch im Mai 1945 verlangt er in einer Rede, „unverantwortliche Tötungen" einzustellen.

Ob befohlen oder spontan: Die Morde helfen den Kommunisten in jedem Fall, sich die Macht im neuen Staat zu sichern. Denn die royalistischen Tschetniks und die faschistische Ustascha hätten wohl den heftigsten Widerstand gegen das neue Regime geleistet.

Doch mit willkürlichen Exekutionen lässt sich kein Staat machen: Anfang Juli 1945 gibt Tito den Geheimbefehl, sämtliche angeblichen oder tatsächlichen Kollaborateure aus der Haft zu entlassen, die älter als 35 Jahre sind und keiner Verbrechen beschuldigt werden.

In der „Volksfront", einem Mehrparteienbündnis mit Sozialdemokraten, Monarchisten, bürgerlichen Politikern sowie der Bauernpartei gibt Tito vor, sich die Macht zu teilen. Tatsächlich aber will er damit seine Gegner neutralisieren. In den Verwaltungen und Ministerien sichern sich Kommunisten die Macht.

Im November ergeben Wahlen zu einer verfassunggebenden Versammlung 90 Prozent Zustimmung für die von der KP dominierte „Volksfront": Die Wähler sind zuvor eingeschüchtert worden, 200 000 angebliche Kollaborateure wurden ganz vom Urnengang ausgeschlossen. Bürgerliche Minister ziehen sich daraufhin aus der Regierung zurück.

Tito schafft nun die Monarchie ab und erklärt Jugoslawien zu einer „föderativen Volksrepublik": Slowenien, Kroatien, Serbien, Mazedonien, Montenegro und Bosnien-Herzegowina werden zu formell gleichberechtigten Republiken. De facto aber ist Jugoslawien ein sozia-

listischer Einheitsstaat, regiert von der KP. Die miteinander verfeindeten Volksgruppen sollen nach blutigen Jahren wieder friedlich zusammenleben.

Die Tötungsaktionen der OZNA aber dauern offenbar noch immer fort – Ende 1945 herrscht Josip Broz Tito das Politbüro der KP an: „Niemand soll länger vor der Todesstrafe Angst haben." Erst dann enden alle nicht von ihm autorisierten Exekutionen.

Dragoljub Mihailović, der Anführer der serbischen Tschetniks, ein alter Widersacher Titos, kommt im Sommer 1946 vor Gericht. Er wird zum Tod verurteilt und hingerichtet.

Doch beschränken sich die Kommunisten auf wenige, aufsehenerregende Prozesse gegen sogenannte Hauptkriegsverbrecher und rühren sonst nicht an die frischen Wunden der Vergangenheit.

Tito erklärt: „Wir reichen allen Verführten über die zahllosen Gräber die Hand, wir verzeihen ihnen! Aber wir verlangen, dass sie loyale Bürger der Volksrepublik Jugoslawien werden."

———

1946 wird die OZNA aufgelöst und geht in einer neuen jugoslawischen Organisation auf. Keiner der etwa 2000 Männer, die an den Tötungen beteiligt waren, wird gerichtlich belangt, kein Kommandeur zur Verantwortung gezogen, auch Politkommissar Milan Basta nicht.

Immer wieder beschwören die Kommunisten fortan die Maxime „Brüderlichkeit und Einheit" – die alte Parole der Partisanen. In einem sozialistischen Staat sollen die Jugoslawen nach und nach vergessen, welcher Nation sie ursprünglich entstammen.

Und tatsächlich können Tito und die jugoslawischen Kommunisten lange Zeit vom Heroismus der Kriegszeit zehren, von den mythisch verklärten Erzählungen über erfolgreiche Schlachten, Fluchtmanöver und die Entbehrungen der Partisanenzeit – und das nicht nur bei ihren Anhängern. Die Menschen sehnen sich nach Frieden, wollen nach den Verwüstungen der Kriegsjahre beim Aufbau eines neuen Staates mithelfen.

Außerdem nötigt Titos selbstbewusstes Auftreten auch Nichtkommunisten Respekt ab: Weil er Jugoslawien weitgehend ohne fremde militärische Hilfe von den Deutschen befreit hat, kann er es sich leisten, eine eigenständige Außenpolitik inmitten des von den Siegermächten in Interessensphären geteilten Balkans zu betreiben – unabhängig von Moskau, aber auch von London. Denn eigentlich hatten sich Stalin und Churchill bereits während des Krieges geeinigt, später auf Jugoslawien gleichberechtigt Einfluss ausüben zu wollen.

Tito aber versucht stattdessen, ein Bündnis mit den Nachbarn Bulgarien, Albanien und Griechenland zu schmieden. Im griechischen Bürgerkrieg ergreift er Partei für die Kommunisten – und verstimmt so die Briten. Stalin verlangt, dass er seine Außenpolitik künftig mit Moskau abstimmt und sich dem Willen der Sowjetunion unterordnet.

Als Tito sich weigert, kommt es Ende Juni 1948 zum offenen Bruch: Die jugoslawische KP wird aus dem Bündnis kommunistischer Parteien ausgeschlossen. Linientreue Zeitungen und Sender im Ostblock fordern zum Sturz Titos auf. Der Staatschef ist plötzlich wirtschaftlich und politisch isoliert, kann sich aber in Belgrad an der Macht halten.

Und das Zerwürfnis mit dem Sowjetdiktator Stalin verschafft ihm weitere Anerkennung im eigenen Volk.

Nichts und niemand erinnert in dieser Zeit an die Gräber und Hinrichtungsstätten der im Sommer 1945 Ermordeten. Die kommunistische Regierung dementiert, dass es Massenexekutionen bei Kriegsende gegeben hat.

Belgrad verweigert den Angehörigen ein Gedenken an ihre Toten. Doch die Erinnerung in Kroatien bleibt wach, auch wenn Jugoslawien auf ausländische Presseberichte und Publikationen über die Massaker mit Protestnoten reagiert und sein Geheimdienst all jene überwacht und drangsaliert, die auf dem Bleiburger Feld Gedenkveranstaltungen organisieren.

Der Ustascha-Führer Ante Pavelić, auf dem Weg nach Bleiburg untergetaucht, entkommt über Österreich nach Argentinien, mit Hilfe der katholischen Kirche. 1959 stirbt er in Spanien.

Milan Basta publiziert in den 1960er Jahren ein Buch über die Ereignisse um Bleiburg, verschweigt darin aber die Massaker und Todesmärsche.

Josip Broz Tito stirbt im Mai 1980 mit 87 Jahren. Schnell wird klar, dass nur seine Person die Föderation noch zusammengehalten hat. In Serbien erhält bald eine nationalistische Bewegung Zulauf, die Tschetniks werden zu einem beliebten Motiv in Zeitschriften und Cartoons, Anhänger kaufen Wimpel, Embleme, Postkarten.

1991 erklären sich Slowenien, Kroatien und Mazedonien zu unabhängigen Staaten und setzen freie Wahlen an; bald darauf spaltet sich auch Bosnien-Herzegowina ab. Die Jugoslawische Volksarmee versucht, die Unabhängigkeit der Teilrepubliken mit Waffengewalt zu verhindern, stellt sich in dem nun ausbrechenden Bürgerkrieg an die Seite der Serben. Was 45 Jahre lang verschwiegen und verdrängt war, bricht auf.

Und wieder zerreißt Jugoslawien entlang der Volksgruppen und Religionen, töten Nachbarn Nachbarn.

In den vier Jahre andauernden, extrem brutalen Kämpfen sterben 100 000 Menschen, zwei Millionen verlieren bei „ethnischen Säuberungen" ihre Heimat. Es ist die späte Rechnung für die Gewalt während des Zweiten Weltkriegs und die Racheexzesse nach seinem Ende.

Für Gräueltaten wie das Massaker von Bleiburg. ⬢

Dr. Ralf Berhorst, *Jg. 1967, ist Autor in Berlin.*

LITERATUREMPFEHLUNGEN: Marie-Janine Calic, *„Geschichte Jugoslawiens im 20. Jahrhundert"*, C. H. Beck: hervorragende Überblicksdarstellung. Florian Thomas Rulitz, *„Die Tragödie von Bleiburg und Viktring: Partisanengewalt in Kärnten am Beispiel der antikommunistischen Flüchtlinge im Mai 1945"*, Hermagoras: erster deutschsprachiger Versuch eines jungen Historikers, die bis heute umstrittenen Ereignisse zu rekonstruieren.

WEGE DER VERZWEIFLUNG

Auswahl wichtiger Routen und Orte, vereinfachte Darstellung

→ Fluchtwege
→ Todesmärsche

† Tötungen von Flüchtlingen
✝ Regionen, in denen Massaker stattfanden

▫ Konzentrations- und Sammellager der Partisanen, zum Teil von der Ustascha übernommen

Quellen: Rulitz, Tragödie von Bleiburg; Mijatović, Bleiburška Tragedija

Vergebens haben sich die Flüchtlinge über mehrere Routen bis Österreich durchgeschlagen (braune Pfeile). Nach dem 15. Mai müssen sie in Trecks wieder zurücklaufen, werden dabei immer wieder aufgeteilt, einige Gruppen auch mit der Eisenbahn fortgeschafft (blaue Pfeile). Wer nicht bereits auf dem Marsch stirbt oder umgebracht wird, den führen die Partisanen in eines ihrer Lager

DAS ENDE DER **HOFFNUNG**

———

Die Deutschen haben das jüdische Leben in Polen praktisch ausgelöscht. Wenige Hunderttausend der 3,5 Millionen Juden des Landes überleben den Holocaust, kehren aus den Lagern, aus Verstecken, aus dem Ausland zurück. In ihren Häusern wohnen Fremde, ihr Besitz ist verteilt, ihre Familien wurden getötet. Und sie sind nicht willkommen

———— Text: KIA VAHLAND

Fassungslose Trauer: Frauen an den eilig gezimmerten Särgen der Menschen, die im Sommer 1946
Opfer eines antisemitischen Pogroms in der polnischen Stadt Kielce wurden. Tausende Polen haben ein
jüdisches Wohnhaus belagert und Dutzende Frauen und Männer erschlagen, ertränkt, gesteinigt

Wir wissen nicht, woher Regina Fisz ihre Hoffnung nimmt. Den Willen, es in ihrer Heimat erneut zu versuchen, nach allem, was geschehen ist, nach allem, was sie verloren hat. Genau genommen wissen wir nicht einmal, wer sie eigentlich ist. Wenig mehr als ihr Name wird von ihr bleiben, ihre letzte Adresse und ihr Alter: 24 Jahre. Vielleicht aber ist sie jene Frau, deren Schwester dem Holocaustmuseum in Washington später alte Fotos überlassen wird.

Dann wäre sie als eines von sieben Kindern eines Geschäftsmanns in Dębica aufgewachsen, einem Ort im Süden Polens. Die Mutter dieser Regina Fisz starb früh, die Spur des Vaters verliert sich im Holocaust. Auch mehrere der Geschwister sind ermordet worden, wo und wie, kann niemand sagen im Frühjahr 1945, als die wenigen Übriggebliebenen beginnen, aus den Lagern, aus Verstecken zurückzukehren: Einige Hunderttausend sind es von den 3,5 Millionen Juden, die 1939 in Polen lebten.

Wo hat Regina Fisz den Zweiten Weltkrieg überstanden? Vielleicht hat sie sich, wie andere polnische Juden, in ihrer Heimat verborgen, vielleicht ist es ihr auch gelungen, ein Vernichtungslager der Deutschen zu überleben. Oder sie kommt aus Sibirien heim, wohin Stalin Hunderttausende deportiert hatte.

Jedenfalls glaubt die junge Frau wohl nach der Befreiung an einen Neuanfang für sich, für ihr Land, für die Juden Polens. Sie richtet sich in der Bezirkshauptstadt Kielce in Zentralpolen ein, auf halbem Weg zwischen Krakau und Warschau, wo die Deutschen das jüdische Leben, wie überall im Land, fast vollständig vernichtet haben.

Vor dem Krieg wohnten hier 25 000 Juden, ein Drittel der Einwohner von Kielce. Sie besaßen

IN IHREN WOHNUNGEN LEBEN JETZT FREMDE

Kalksteinbrüche, Marmorwerkstätten, Forstbetriebe, Seifenfabriken und einen großen Teil der Geschäfte. Sie betrieben ein Altenheim, ein Waisenhaus, diverse Schulen, einen Friedhof. Die zentrale Synagoge war ein mächtiger Bau mit hohen Fenstern in geschmückten Fassaden.

Fast nichts davon ist mehr übrig, seit die Deutschen die Juden von Kielce enteignet, in ein Ghetto gesperrt und schließlich zu Tausenden in den Tod von Treblinka geschickt haben, dem Vernichtungslager nordöstlich von Warschau.

Die Synagoge, geschändet und als Vorratsraum genutzt, ist inzwischen ausgebrannt. Im Mai 1946 leben 163 Juden in der Stadt. Viele stammen gar nicht aus Kielce, sie sind aus befreiten Lagern hierhergelangt oder aus den ehemals polnischen Ostgebieten, die nun zur UdSSR gehören.

Oft haben sich die Heimkehrer noch in den Zügen nach Hause zu Vereinen und Gruppen zusammengetan. Es gibt nun ein Zentralkomitee der Juden in Polen, bereits im Mai 1945 haben sich auch die jüdischen Gruppen des Bezirks Kielce zu einer Konferenz getroffen.

Vor allem über ihre Bedrohung haben sie geredet, denn die osteuropäischen Überlebenden des Holocaust merken schnell: Mit der Niederlage der Deutschen sind sie noch lange nicht in Sicherheit. In den von der Roten Armee eroberten Gebieten vermischt sich das Vorurteil vom Juden, dem Christusmörder, mit jenem vom Juden, dem Bolschewiken. In Ungarn sterben in den Jahren nach dem Krieg Überlebende des Holocaust bei Pogromen, und auch in Polen ist die Lage oft bedrohlich.

In Krakau belagert eine Menschenmenge regelmäßig Freitagabend zu Sabbatbeginn die Synagoge und bewirft den Rabbiner am Pult mit Steinen. Im August 1945 ist es dort zum ersten größeren Pogrom seit Kriegsende gekommen.

In Zügen werden Juden regelmäßig Opfer von Banden und Schlägern, werden ausgeraubt, geprügelt, ermordet. Mitschüler hänseln und schlagen jüdische Kinder, ohne dass Lehrer einschreiten.

In den Wohnungen und Häusern der Zurückkehrenden leben Fremde, ihre Habe ist längst verteilt. Manche der jüdischen Überlebenden ziehen auf der Suche nach Angehörigen von Stadt zu Stadt, andere fordern ihr Eigentum nur zurück, um es zu verkaufen und mit dem Geld Polen zu verlassen: Bis Januar 1946 haben bereits rund 25 000 Juden ihrer Heimat den Rücken gekehrt, bis Juli folgen ihnen weitere 40 000.

Das Zentralkomitee richtet regionale Zentren ein, um die Überlebenden besser versorgen zu können, während sie auf die Weiterreise warten oder darauf, ihre Wohnung zurückzuerhalten. Eines dieser Zentren steht in Kielce: Hier leben die Juden dicht gedrängt in einem schmucklosen, dreistöckigen Eckhaus an der Ulica Planty 7 in der Mitte der Stadt, nicht weit entfernt vom früheren Ghetto. Auch eine koschere Küche beherbergt das Haus, dazu die jüdischen Komitees der Stadt und des Bezirks.

Auf der einen Seite reicht das Grundstück bis zu einem Bach, auf der anderen liegt ein Sportplatz, auf dem Baumaterial lagert, Eisenstangen, Holzbalken.

Drinnen im Haus, so erinnert sich später eine Frau, sitzen die Menschen auf Metallbetten, gehüllt in graue Decken, „traurig, niedergeschlagen, deprimiert". Anfang August 1945 haben antisowjetische Partisanen judenfeindliche Flugblätter in Kielce zurückgelassen. Im Oktober hat

Im Januar 1945 befreit die Rote Armee das KZ Auschwitz. Die Deutschen haben in dem Lagerkomplex mehr als eine Million Menschen ermordet. Nun hoffen die Überlebenden auf einen neuen Anfang

jemand eine Granate in das Eckhaus geworfen und mehrere Bewohner verwundet.

Trotzdem scheint Regina Fisz auf eine Zukunft in der Stadt zu hoffen. Sie bezieht mit ihrem Ehemann eine eigene Wohnung in der Nähe der Ulica Planty. Im Frühsommer 1946 bringt sie einen Sohn zur Welt: Abram.

Wenige Wochen später, in den Morgenstunden des 4. Juli, verbreitet sich in Kielce ein schreckliches Gerücht. Juden hätten Kinder entführt, sie hielten ihre Opfer im Keller ihres Zentrums fest.

Es ist eine uralte Legende, die in Europa seit dem 12. Jahrhundert immer wieder unschuldige Opfer fordert: Wie das Blut des Heilands, so erzählt man sich, würden die Juden, diese Christusmörder, auch das Blut getaufter Kinder vergießen, in Ritualmorden oder um daraus Matze zu backen,

das ungesäuerte Brot für das Pessachfest. In Polen glauben viele Menschen auch nach dem Zweiten Weltkrieg noch an diesen mittelalterlichen Mythos – erweitert durch die neuere Variante, Juden tränken Kinderblut als Medizin.

So nehmen die Nachbarn in der Ulica Planty die Gruselgeschichten, die sich auf der Straße herumsprechen, als Wahrheit.

Und als wollten sie das Gerücht bestätigen, erscheinen bald sechs Polizisten der Miliz in dem Eckhaus und nehmen einen Bewohner fest, einen Mann mit einem grünen Hut.

Vergebens spricht der Vorsitzende des Jüdischen Komitees daraufhin im nahe gelegenen Kommissariat vor: Das Haus habe überhaupt keinen Keller, es stehe viel zu dicht am Bach.

Die Miliz weigert sich, den Festgenommenen freizulassen. Stattdessen eilen ein Dutzend Beamte in die Ulica Planty. Ihnen folgen aufgeregte Einwohner von Kielce und schreien, die Juden hätten in der Nacht ein Kind ermordet.

Die Uniformierten umstellen das Eckhaus, hinter ihnen laufen weitere Menschen zusammen. Bald drängen sich Hunderte auf dem Vorplatz. Milizbeamte durchsuchen das Haus, finden tatsächlich weder Keller noch entführte Kinder – und ziehen trotzdem nicht ab.

Aus dem Haus versuchen unterdessen der Vorsitzende und sein Stellvertreter, Hilfe herbeizutelefonieren. Sie sprechen mit dem Chef der polnischen Geheimpolizei sowie mit der zuständigen sowjetischen Behörde. Doch die Verantwortlichen zögern, streiten über Zuständigkeiten.

Und die Menge wächst. Erste Steine fliegen. „Schlagt die Juden!", schreien Passanten. Als zumindest die Feuerwehr anrückt, um die Gaffer mit Wasserspritzen zu vertreiben, werden ihre Schläuche zerschnitten.

Noch ist das Geschehen in der Ulica Planty eine antisemitische Demonstration, bedrohlich, aber nicht lebensgefährlich. Noch begnügen sich die meisten Herbeigeeilten mit Parolen. Was es jetzt brauchte, wäre jemand, der die Menschen entschlossen nach Hause schickt.

Und wirklich treffen gegen 10.00 Uhr polnische Soldaten ein. Die belagerten Bewohner des Eckhauses sind erleichtert: Sie scheinen gerettet. Tatsächlich aber ist dies der Moment, als aus Gaffern Mörder werden.

Denn die Soldaten haben keine genauen Befehle erhalten. Sie umstellen das Gebäude. Statt die Menge zu zerstreuen, lassen

Neben Pogromen unter deutscher Besatzung, hier in Lemberg, wirken die Opferzahlen von Kielce gering. Doch die rund 70 Ermordeten hatten geglaubt, sie wären dem Tod entronnen

Mehr als 40 Menschen werden in Kielce verletzt, nach Stunden unter Militärschutz in die Krankenhäuser gefahren – und selbst dort noch bedroht, geschlagen und bestohlen

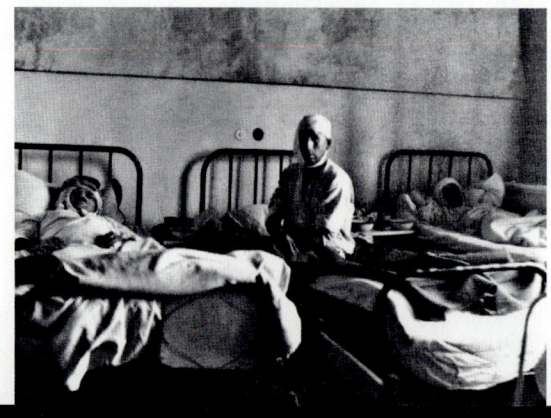

sie sich von der Stimmung aufpeitschen. Sie dringen ins Haus ein, auf der Suche nach dem ermordeten Kind. Es ist der Beginn des Pogroms.

Von dem Vorbild der Uniformierten ermutigt, stürmen jetzt auch Zivilisten in das Gebäude. Verängstigt flüchten sich die Bewohner in die Zimmer, einigen Aussagen zufolge geben sie Warnschüsse ab. Daraufhin eröffnen die Soldaten drinnen und draußen das Feuer – auf die Juden.

Die Lage wird immer unübersichtlicher. Bald ist das Treppenhaus voller Menschen. Männer und Frauen, Pfadfinder, sogar Eltern mit Kindern strömen hinein. Sie bilden ein Spalier, und wer aus den Zimmern geführt wird, den schlagen sie, die Soldaten benutzen dazu ihre Gewehrkolben.

Draußen stehen inzwischen mehrere Tausend Menschen. Sie empfangen die Herausgetriebenen mit Schlägen und Tritten, mit Bajonetten, Steinen, Knüppeln, Gewehren, mit Ziegeln und Eisenrohren vom nahen Bauplatz. „Nieder mit den Juden!", schreien sie, „schlagt sie wegen dem, was sie mit unseren Kindern anstellen!"

Ein Offizier betritt das Büro des Komiteevorsitzenden, der gerade telefoniert, auf der verzweifelten Suche nach Hilfe – und erschießt den Mann von hinten.

In der zweiten Etage ergreifen Milizbeamte zwei Mädchen, schleppen sie zu einem Balkon und werfen sie hinab.

Manche der am Boden liegenden Opfer schlagen die Menschen draußen tot, andere schleppen sie zum Bach und ertränken sie. Sie nehmen den Verletzten und Toten Uhren und Geld ab, ziehen ihnen die Schuhe aus.

Plünderer streifen durch die Wohnungen. Sie nehmen alles, was sie bei den vermeintlich reichen Juden finden: Unterhosen, Hemden, getrocknete Aprikosen, ein paar Päckchen Tee.

Etwa 90 Minuten lang tobt der Mob. Niemand interessiert sich mehr für den angeblichen Keller, niemand zögert, weil kein entführtes Kind gefunden wird. Es geht gegen die Juden, und die Juden sind schuldig, wenn nicht an diesem Verbrechen, dann sicher an einem anderen.

„Hat euch das Blut Christi geschmeckt!", schleudert ein junges Mädchen im Treppenhaus den Gepeinigten entgegen – längst ist das Morden von einem konkreten Vorwurf losgelöst.

Die Menschen lassen erst von ihren Opfern ab, als gegen 12.00 Uhr eine neue Einheit Soldaten erscheint und die Menge um das Gebäude zurückdrängt. Mit Lastwagen bringt das Militär einige Verletzte ins Krankenhaus, transportiert Leichen ab.

Doch die Unterbrechung währt nur kurz. Noch haben sich nicht alle Überlebenden aus ihren Verstecken herausgewagt, da stürmen erneut Angreifer heran: 600 Arbeiter einer Fabrik durchbrechen den Kordon der Soldaten und dringen brüllend in das Haus ein, zerren Menschen vom Dachboden und aus anderen Winkeln.

Das Morden und Plündern geht weiter. 15 bis 20 weitere Bewohner des Eckhauses sterben, während die Funktionäre im Büro des kommunistischen Parteisekretärs von Kielce noch immer über die Lage diskutieren. Auf keinen Fall will die Arbeiterpartei Gewalt gegen die mordende Menge anwenden, besonnen müsse man vorgehen, darin sind sich alle einig. Diese Meinung teilen auch zwei Minister, längst sind die höchsten Stellen im Land informiert.

Unterdessen hat der antisemitische Furor die ganze Stadt ergriffen. Zivilisten ziehen in Gruppen durch Kielce und kontrollieren Passanten, die sie für Juden halten. Menschen werden erschlagen oder gesteinigt, auch einige nichtjüdische Polen sterben auf diese Weise.

Pfadfinder helfen mit, aus den Zügen, die in der Stadt und ihrer Umgebung halten, Fahrgäste herauszuholen, die ihnen „semitisch" erscheinen. Mindestens weitere 30 Menschen werden an diesem Tag auf Bahnhöfen und in Waggons getötet.

Erst gegen 14.30 Uhr beginnen Kadetten der Geheimpolizei damit, die Menge in der Ulica Planty zu zerstreuen.

MORD IST AN DIESEM TAG EINE BEILÄUFIGE TAT

Etwa zur gleichen Zeit klopft es bei Regina Fisz an die Tür. Drei polnische Milizbeamte treten ein und durchsuchen die Wohnung nach Waffen. Die Hausherrin bietet den Männern ein Glas Wasser an. Sie plaudern miteinander. Ihr Ehemann ist nicht da, nur ein Freund des Hauses ist zu Besuch, Abram Moszkowicz. Die Milizionäre empfehlen sich und raten, hinter ihnen die Tür abzuschließen.

Regina Fisz ist trotz der dunklen Jahre nicht arm, sie kann sich eine Putzhilfe leisten. Die kommt herein, kurz nachdem die Milizbeamten gegangen sind. Frau Fisz solle schnell fliehen, sagt sie: Betrunkene im Wirtshaus prahlten bereits damit, dass sie der jungen Mutter etwas antun wollten.

Regina Fisz aber fühlt sich in ihrer Wohnung sicherer. Mehr Angst hat sie davor, draußen auf der Straße drangsaliert zu werden. So bleibt sie mit ihrem Sohn und dem Freund zu Hause und öffnet auch nicht, als jemand an der Tür rüttelt und nach ihrem Ehemann fragt.

Dann aber erscheint eine Gruppe in Begleitung eines Mannes in Polizeiuniform. Vielleicht ist einer der Milizionäre zurückgekehrt? Die Haushaltshilfe schließt auf. Vier Männer betreten die Wohnung. Sie kennen einander kaum. Einer ist Milizbeamter, einer Bäcker, einer Schuster und einer Bürodiener, keiner von ihnen ist vorbestraft.

Sie haben sich auf der Straße spontan verabredet, um die Juden aus der Wohnung zu holen.

Ihnen folgt, wie schon den Polizisten am Morgen, eine schnell zusammenlaufende Gruppe von Menschen, angetrieben von Neugier, Mordlust, Habsucht.

Die vier Männer bringen Regina Fisz mit dem Baby auf dem Arm und Abram Moszkowicz auf die Straße. Sie scheinen nicht recht zu wissen, was sie mit ihren Gefangenen anfangen sollen und treiben sie vor sich her.

Der Milizionär, ein Mann namens Stefan Mazur, trägt eine Maschinenpistole bei sich. Den

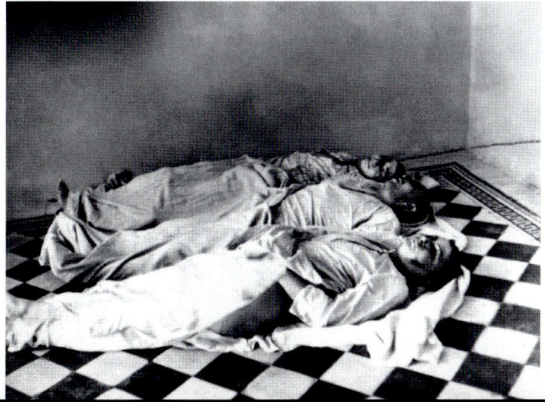

Opfer in Kielce: Nach dem Pogrom beschuldigen sich Polens kommunistische Führung und Regimegegner gegenseitig der Provokation; nach den Gründen für den Antisemitismus fragt dagegen kaum jemand

Vorschlag, die drei Juden im Garten der Miliz zu erschießen, lehnt er jedoch ab: „Man würde ja die Schüsse hören, und dann könnte alles auffliegen."

Auch auf der Straße will er seine Opfer nicht töten. Den ganzen Tag bereits sterben in Kielce Menschen, werden auf offener Straße ermordet – was hält Mazur auf? Vielleicht weiß er, dass er als Milizionär leichter zu identifizieren wäre als die anderen Mörder an diesem Tag.

Die Zuschauer werden ungeduldig, wollen Regina Fisz und Abram Moszkowicz verprügeln. „Die erledigen wir selbst", erwidern der Schuster und der Bürodiener.

Mazur hält einen Lastwagen an und erklärt dem Fahrer die Lage: Man habe Juden dabei und wolle sie umbringen, außerhalb der Stadt. Mazur hat offenbar keine Angst, der andere könnte ihn anzeigen. Er nennt auch keine Gründe. Einfach so teilt er einem Wildfremden seine Mordpläne mit, bittet um eine Mitfahrgelegenheit, um eine Mutter und ihr Baby zu töten. Weil sie Juden sind.

Und der Mann am Steuer willigt ein, gegen eine kleine Belohnung.

Während der Fahrt fleht Regina Fisz um ihr Leben. Sie streift Ringe und Ohrringe ab und gibt sie den Entführern. Bittet, man möge sie freilassen, sie werde ein hohes Lösegeld aufbringen. Sie werde Kielce verlassen und nie zurückkehren.

Am Rande eines Waldstückes stoppt der Lkw. Die Männer stecken die Köpfe zusammen und tun so, als würden sie sich beraten. Der Schuster bedeutet derweil Regina Fisz und ihrem Freund, in den Wald zu laufen – was eine Falle ist, denn so hat er es mit Mazur besprochen.

Als Regina Fisz und Abram Moszkowicz losrennen, eröffnet Mazur das Feuer. Die junge Frau bricht tot zusammen. Ihr Freund lässt im Laufen das Baby fallen. Die Mörder bilden eine Kette, um ihn aufzuhalten. Doch er kann sich ins Gebüsch retten, rennt durch den Wald und verbirgt sich in einem Roggenfeld.

Inzwischen sind die Bewohner eines nahe gelegenen Weilers herbeigeeilt, um bei dem Morden zuzuschauen. Sie sehen die tote Mutter und das Baby auf dem Boden. Mazur setzt seine Maschinenpistole an und erschießt den Säugling.

Zur Beerdigung kommen auch Vertreter der Armee und politischer Parteien, der Minister für Wiederaufbau hält eine Rede: Das Pogrom aber hat niemand von ihnen verhindert

Niemand hält ihn auf. Niemand alarmiert die Polizei. Stattdessen verscharren die Dorfbewohner auf Geheiß des Lkw-Fahrers die tote Mutter und ihr Kind.

Die Täter fahren nach Kielce zurück, verhökern Ringe und Ohrringe. Dann feiern sie den Mord mit einem Saufgelage. Am nächsten Tag geht Mazur in die Wohnung seines Opfers und schaut, was er sonst noch gebrauchen kann. Die Hausmeisterin stellt ihn zur Rede: Wer denn all die Gegenstände bezahlen werde, die gestohlen wurden? Alles dürfe mitgenommen werden, erklärt er ihr, die Juden kämen nicht zurück.

Mitglieder einer jüdischen Wohlfahrtsorganisation trauern an den Gräbern. Schon zuvor sind Tausende in den Westen geflohen – nach den Morden von Kielce glaubt kaum noch ein Jude an eine Zukunft in Polen

Mindestens 70 Menschen sind am Abend dieses 4. Juli tot. Die Ermittlungen werden später rekonstruieren, wie es dazu kommen konnte. Das Pogrom hat mit einem Ausreißer begonnen, dem neunjährigen Henryk Błaszczyk, der zwei Tage lang von Kielce aus in sein Heimatdorf verschwunden war, um die alten Freunde zu besuchen, und von dem es nach seiner Rückkehr hieß, er sei von Juden entführt worden.

Niemand kann später mehr sagen, wer sich die Geschichte ausgedacht hat. Der Junge, weil er Schläge des Vaters fürchtete? Der Vater?

Einige Tage lang kursierten ja schon Geschichten über angebliche Ritualmorde in der Stadt. Die Polizei schickte den Vater trotzdem nach Hause, als er am 3. Juli abends betrunken die Wache betrat und die Geschichte von der Verschleppung erzählte: Er solle am nächsten Tag nüchtern wiederkommen.

Von einem Nachbarn begleitet, führte er Henryk morgens allerdings zunächst in die Ulica Planty. „Heniu", fragte der Nachbar den Jungen, „war dies das Haus, in dem sie dich festgehalten haben?" – „Ja."

„Heniu, wer von denen, die hier stehen, hat dich festgehalten?" Henryk deutete auf einen Mann, der am nächsten stand, einen Mann mit grünem Hut. Es war dieser Mann, der wenig später festgenommen wurde. Und so löste der Fingerzeig eines Jungen ein Pogrom aus.

Für Fakten interessierte sich an diesem Morgen kaum jemand in Kielce, so wenig wie anderswo im Land. Das Pogrom ist das schlimmste dieser Zeit, aber es ist nur eines von mindestens einem Dutzend binnen weniger Monate: Zwischen 1944 und 1947 werden in Polen nach einer Schätzung mehr als 1500 Überlebende des Holocaust getötet.

Diese Opferzahlen scheinen zwar zu verblassen im Vergleich zu der millionenfachen Vernichtung der Juden durch das NS-Regime, doch offenbart sich in ihnen die Tragik der europäischen Juden nach dem Krieg: Jene, die davongekommen sind, kehren in eine Heimat zurück, die ihnen bestenfalls gleichgültig, schlimmstenfalls feindselig begegnet.

In Polen schlägt ihnen vielerorts offener Hass entgegen. Die Gewalt scheint kaum erklärbar: In wenigen Ländern haben ja die Deutschen so furchtbar gehaust wie im „Generalgouvernement", die Polen galten ihnen als slawische Untermenschen. Gleichzeitig hat sich kaum eine besiegte Nation so vehement gegen die Aggressoren gewehrt: In London agierte eine Exilregierung, Freiwillige kämpften als Piloten für die Briten, im Land selbst leistete die Heimatarmee Widerstand, richtete im Untergrund Schulen und Zeitungen ein. Im Spätsommer 1944 erhoben sich ihre Kämpfer in Warschau gegen die Wehrmacht.

Warum scheinen ausgerechnet die Polen nach dem Krieg das Werk ihrer Feinde fortführen zu wollen?

———

Eine einfache Antwort gibt es nicht, es spielen wohl mehrere Faktoren zusammen.

Zunächst ist ein religiös motivierter Antisemitismus in dem katholischen Land tief verwurzelt. Nicht zufällig peitschen sich die Menschen in Kielce mit der uralten Legende vom angeblichen Kindermord der Juden auf – und nicht etwa mit den Verschwörungstheorien der Nationalsozialisten. Selbst nach den Ereignissen in der Ulica Planty wollen Bischöfe nicht ausschließen, dass Juden in ihren Ritualen Blut verwenden. Ein Kirchenführer, der diesen Mythos öffentlich als Lüge bezeichnet, wird von der Bischofskonferenz gerügt.

Noch vor dem Einmarsch der Deutschen hatte sich die Lage für die polnischen Juden, die zwischen den Kriegen einige Jahre lang volle Bürgerrechte genossen hatten, wieder verschlechtert. Sie galten als Bürger zweiter Klasse, wurden diskriminiert und ausgegrenzt.

Und während der deutschen Besatzungszeit versteckten zwar viele Polen Verfolgte, und man-

JEDER ACHTE EINWOHNER HAT MITGEMACHT

che schmuggelten unter Lebensgefahr Essen in die Ghettos. Aber andere bereicherten sich an den Opfern oder nahmen die Leiden ihrer jüdischen Nachbarn gleichgültig hin. Denn brachten die Besatzer nicht auch Millionen christliche Polen um oder verschleppten sie als Zwangsarbeiter?

––––––––––––

Nach dem Kriegsende kommen die Überlebenden des Holocaust nun in ein Land zurück, in dem sie formal gleichberechtigt sind, manche sogar Posten bekleiden und in hohe Positionen aufrücken. Zwar haben viele Juden de facto unter den Behörden zu leiden, die sie diskriminieren und ihnen Arbeit verweigern, doch nach Ansicht einer großen Zahl von Polen gehörten sie trotzdem zur Obrigkeit, zu den Privilegierten. Und zur verhassten Sowjetmacht.

So vermischt sich Antikommunismus mit Antisemitismus – unabhängig davon, dass jüdische Genossen in der nun in Polen vorherrschenden kommunistischen Partei eine Minderheit sind und der Staat beschlagnahmte Synagogen nicht wieder zurückgibt. Gerüchte machen die Runde über angebliche exorbitante Entschädigungszahlungen für die Holocaust-Überlebenden, während christliche Polen hungerten.

Darüber hinaus ist durch den Holocaust eine neue Klasse entstanden: ein nichtjüdisches Bürgertum. Die Habe der ermordeten jüdischen Fabrikanten und Immobilienbesitzer ist unter den deutschen Besatzern auch an polnische Christen gegangen. Jüdischer Besitz galt sechs Jahre lang als Beute: in Polen, in allen besetzten Ländern Europas und in Deutschland sowieso.

Als ab 1946 rund 137 000 Juden aus der Sowjetunion nach Polen zurückkehren, erzählen sich viele Einheimische, dass diesen Menschen noch Hunderttausende nachfolgen werden, die ihre Häuser und Geschäfte zurückverlangen.

Tief verwurzelte Vorurteile, politische Opposition, wirtschaftliche Angst, Neid auf vermeintliche Privilegien: eine gefährliche Mischung. Dass aus ihr aber tödliche Gewalt erwächst, die zu tausendfachem Mord führt, ist wohl auf die besondere Situation in Polen zurückzuführen.

Denn auch nach der deutschen Kapitulation herrscht in Polen kein Frieden. Manche Gebiete, auch der Bezirk Kielce, sind im Sommer 1946 am Rande eines Bürgerkriegs zwischen der kommunistisch dominierten Regierung und Partisanen, die gegen Moskaus Statthalter kämpfen.

Es sind Jahre von Terror und Gegenterror, Tausende Polen verschwinden in den Gefängnissen der Geheimpolizei oder in sowjetischen Lagern. Überlandstraßen dürfen nachts nicht befah-

ren werden, die neuen Herren errichten im ganzen Land Straßensperren. Banden rauben Züge aus. Ein Menschenleben ist nicht viel wert. Und Juden sind besonders schutzlose Opfer: Kaum jemand verteidigt sie, auch die Kommunisten nicht – sie sind selbst zu unbeliebt, um sich gegen die antisemitische Stimmung zu stellen.

Im Frühjahr 1945 haben viele Polen auf ein freies, demokratisches Land gehofft. Stattdessen hat Moskau als Erstes die Grenzen des Staates nach Westen verschoben und zwei Millionen Menschen aus ihrer Heimat vertrieben. Zwar hat der Sowjetdiktator Josef Stalin den anderen Alliierten freie Wahlen in Polen zugesichert – tatsächlich aber soll das Land einen Platz einnehmen in dem Schutzkordon aus sozialistischen Satellitenstaaten, den er zwischen Deutschland und die UdSSR legt (siehe Seite 132). Wie in allen von der Roten Armee besetzten Ländern will er auch in Polen die Kommunisten an die Macht bringen.

Doch alle Repressalien aus Moskau können nicht die Beliebtheit der gemäßigt konservativen Bauernpartei schmälern, der viele ehemalige Widerstandskämpfer gegen die Nationalsozialisten angehören. Die Kommunisten zögern die Wahlen deshalb heraus und veranstalten stattdessen ein Referendum über ihre Politik. Die Volksabstimmung bereiten die Sicherheitsorgane mit brutalen „Befriedungsaktionen" vor, auch in Kielce, das als besonders antikommunistisch gilt.

Dennoch fällt das Referendum am 30. Juni 1946 längst nicht so eindeutig aus, wie es sich die kommunistische Arbeiterpartei gewünscht hat.

Überlebende des Pogroms von Kielce warten auf ihre Ausreise. Allein im Sommer nach der Gewalttat flüchten 60 000 Juden aus Polen. Sie suchen eine neue Heimat in den USA oder in Palästina

Daher manipuliert sie das Ergebnis zu ihren Gunsten. Vier Tage später stürmen die Bewohner von Kielce das Haus in der Ulica Planty.

Anders als die Berichte über den alltäglichen Judenhass dieser Jahre macht das Massaker von Kielce sofort Schlagzeilen. Ausländische Reporter, eigentlich zur Volksabstimmung angereist, eilen aus Warschau herbei. Nachdem weder die Besatzer noch Polizei oder Militär die Morde verhindert haben, will die Arbeiterpartei nun plötzlich Recht und Ordnung durchsetzen. Noch am 4. Juli werden mehr als 100 Personen verhaftet, 34 von ihnen Angehörige der polnischen Armee.

Abram Moszkowicz, der Freund der Familie Fisz, der in seinem Versteck das Morden überlebt hat, informiert den Witwer von Regina Fisz und zeigt den Milizionär Mazur an. Kinder führen den Ehemann und die Polizei zu der Stelle, an der seine Frau und sein Sohn verscharrt liegen.

Am 8. Juli werden sie mit 38 anderen Opfern auf dem jüdischen Friedhof von Kielce bestattet. Unter massiven Sicherheitsvorkehrungen und im Rahmen einer politischen Demonstration: 10 000 bestellte Arbeiter ziehen mit Transparenten durch die Stadt, „gegen Faschismus und Reaktion".

Ein Historiker schätzt, dass sich ein Achtel aller Bewohner von Kielce am Pogrom beteiligt haben – mehr als 6000 Menschen. Sehr wahrscheinlich also, dass viele der Demonstranten vom 8. Juli vier Tage zuvor noch aus deutlich anderen Gründen auf die Straße gegangen sind.

Im ersten Prozess, unter den Augen der Weltpresse, werden drei herausgegriffene Täter zu langen Haftstrafen verurteilt, neun weitere zum Tode. Auch der Milizionär Mazur gehört dazu (in einem späteren Prozess erhalten weitere 15 Angeklagte meist nur noch kurze Gefängnisstrafen oder werden freigesprochen).

Warum er denn nach Regina Fisz auch noch ihr Baby erschossen habe, wird Mazur vor Gericht gefragt. Er antwortet: „Die Mutter war sowieso schon tot, und das Kind hätte bloß geweint." Er wird von hinten getötet, als er vor dem Erschießungskommando fliehen will.

In den drei Monaten nach dem Pogrom von Kielce flüchten rund 60 000 Juden aus Polen, bis 1948 werden es insgesamt etwa 200 000 sein. Die Behörden haben diese Auswanderung bislang ignoriert, jetzt lässt die Regierung sogar Grenzübergänge öffnen. Sie will vor allem eines: das Problem loswerden. Und das Problem ist in ihren Augen offenbar nicht der Antisemitismus. Das Problem sind die Juden.

Die politischen Kräfte beschuldigen sich gegenseitig der Provokation. Die Kommunisten erklären, reaktionäre Elemente hätten die Juden in Kielce umgebracht. Feinde des gesellschaftlichen Fortschritts, Faschisten hätten die Stadtbewohner angestachelt. Die Regimegegner halten dagegen die Kommunisten und die polnische Geheimpolizei für Provokateure und Nutznießer des Pogroms. Der Chef der Bauernpartei glaubt, die Arbeiterpartei habe auf diese Weise die Aufmerksamkeit des Westens von dem umstrittenen Referendum wenige Tage zuvor ablenken wollen.

Die Frage, warum sich überhaupt Tausende Bewohner von Kielce innerhalb weniger Stunden zur Menschenhatz haben aufwiegeln lassen, stellt kaum jemand.

Und als brauchte es noch einen Beweis für die verbreitete Judenfeindlichkeit, diskutieren Arbeiter von Kielcer Betrieben in Belegschaftsversammlungen zwar über eine Resolution, die die Morde verurteilt – stimmen aber gegen sie.

Auch aus anderen Ländern Osteuropas fliehen Juden nun nach Westen. In den ersten acht Wochen nach dem Pogrom erreichen fast 100 000 von ihnen Deutschland, Österreich und Italien. Im November 1946 leben bereits mindestens 127 000 Juden in der amerikanischen Besatzungszone Deutschlands, mehr als zwei Drittel sind Polen.

Was immer sie nach dem Holocaust noch für Hoffnungen für eine Zukunft in der alten Heimat gehabt haben mögen: Sie haben sich zerschlagen. Auch im Land der Täter wollen sie nicht bleiben. Und so machen sie sich erneut auf den Weg, in die USA, nach Kanada und ab 1948 nach Israel.

Eine sichere Heimat finden so viele europäische Juden erst Jahre nach dem Krieg. Weit entfernt von dort, wo sie einst geboren wurden und wo ihre Toten begraben liegen. ●

Dr. Kia Vahland, *Jg. 1970, ist Redakteurin der "Süddeutschen Zeitung".*

LITERATUREMPFEHLUNGEN: Jan T. Gross, *„Angst. Antisemitismus nach Auschwitz in Polen"*, Suhrkamp: scharfe, in Teilen etwas vereinfachende Analyse der polnischen Judenfeindlichkeit in den ersten Nachkriegsjahren. Yehuda Bauer, *„Flight and Rescue: Brichah"*, Random House: Geschichte einer Geheimorganisation, die zahllose Holocaust-Überlebende aus Osteuropa herausschmuggelte.

EIN NEUES ZUHAUSE FINDEN SIE ERST JAHRE SPÄTER

Halb Europa scheint im Mai 1945
in Bewegung zu sein, hier deutsche
Flüchtlinge auf einer zerstörten
Elbbrücke bei Tangermünde. Die
Alliierten aber unterscheiden genau
zwischen dem ehemaligen Gegner
und seinen Opfern: Nur die erhalten
als »Displaced Persons« Hilfe

DER LANGE WEG ZURÜCK

»Displaced Persons« nennen die Alliierten die Millionen Menschen, die sich bei Kriegsende fern der Heimat wiederfinden, in Italien, Frankreich, vor allem aber im Deutschen Reich. Dorthin gespült in den Wirren des Krieges, verschleppt als Häftlinge oder Arbeiter. Hunderttausende von ihnen machen sich auf den Weg nach Hause. Ihre Äußerungen – aus Briefen, Tagebüchern und Erinnerungen – sind Stimmen aus dem Chaos

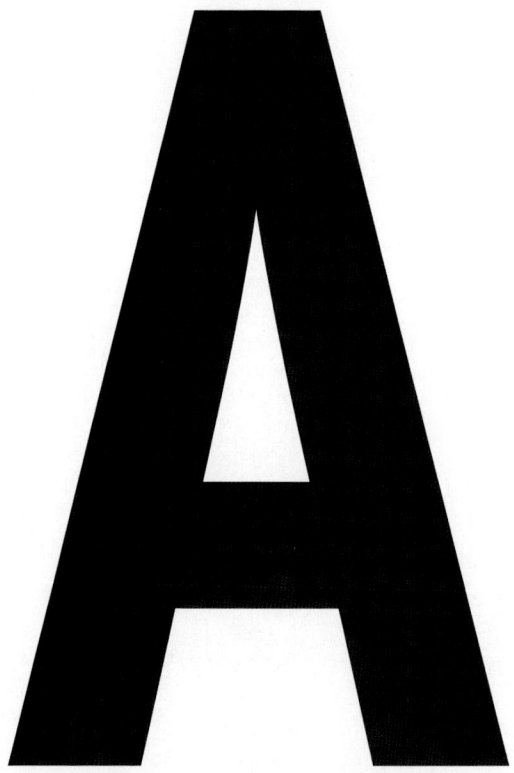

Als das Deutsche Reich im Mai 1945 kapituliert, leben auf seinem Boden rund acht Millionen Männer, Frauen und Kinder, die anderswo zu Hause sind: vor allem Insassen der befreiten Konzentrationslager, Zwangsarbeiter und ehemalige Kriegsgefangene. „Displaced Persons" nennen die Alliierten sie alle, Personen am falschen Ort.

Viele von ihnen haben Unsägliches überlebt, sind verletzt an Körper und Seele. Alliiertes Militär und Hilfsorganisationen wie die neu gegründete „United Nations Relief and Rehabilitation Administration" (UNRRA) versorgen sie mit Medikamenten, Nahrung, Kleidung und registrieren sie, damit sie in ihre Herkunftsländer heimkehren können. Der Weg zurück aber erweist sich für Tausende als Irrfahrt durch das kriegserschütterte Europa.

Uns war klar, dass es bald vorbei sein würde, da die SS-Männer und SS-Frauen mit weißen Armbinden herumliefen und weil eine weiße Flagge über dem Lager gehisst worden war. Wir wussten also, dass es dem Ende zuging. Aber wir wussten auch, dass wir nicht mehr lange durchhalten würden. Ich merkte, dass ich mit jeder Stunde schwächer wurde.

René Salt, Jg. 1929, aus Zduńska Wola (Polen), seit Anfang April 1945 im KZ Bergen-Belsen

Dann fuhren Lautsprecher durchs Lager, die in verschiedenen Sprachen mitteilten: „Ihr seid jetzt frei. Aber ihr könnt das Lager nicht verlassen, der Krieg ist noch nicht aus. Ihr bekommt zu essen und zu trinken. Verhaltet euch ruhig. Innerhalb des Lagers könnt ihr gehen, wohin ihr wollt, aber aus dem Lager dürft ihr nicht hinaus. Der Krieg ist noch nicht aus."

Madeleine Weis-Bauler, Jg. 1921, aus Esch-sur-Alzette (Luxemburg), seit Februar 1945 im KZ Bergen-Belsen

Ich ging hinaus, und jemand zeigte auf einen Panzer am Lagereingang und sagte, das sei ein britischer Panzer. Aber mich erreichte das nicht mehr, es war mir irgendwie egal. Ich war geistig so geschwächt und erschöpft, es war mir einfach egal.

René Salt

Ich dachte: „Wir sind frei. Wir sind frei, aber wozu? Um zu sterben? Wir sind frei – aber was ist das, frei sein? Wir liegen auf dem Boden, ohne Nahrung, ohne etwas zu trinken, in einem Zustand, den man nicht beschreiben kann. Man kann es nicht beschreiben! Inwiefern sind wir frei? Was ist das, frei sein? Frei wozu?"

Isabelle Choko, Jg. 1928, aus Lodz (Polen), seit Februar 1945 im KZ Bergen-Belsen

Ich war gerettet. Aber ich hatte vier lange Jahre nichts gelernt und war allein in einer fremden Welt. Schlimmer noch: Ich war ein „DP", ein Mensch ohne Heimat. Litauen, das Land meiner Kinderjahre, war jetzt ein riesiges jüdisches Massengrab. Friedhöfe sind aber kein Platz zum Leben, und ich musste mir eine andere Heimat finden.

Zwi Katz, Jg. 1927, aus Kaunas (Litauen), Insasse einer Außenstelle des KZs Dachau

Rache war nie ein Thema. Ich war, wie viele andere auch, überrascht, dass sich

Die Überlebenden der Konzentrationslager, hier Zeugen Jehovas in der Nähe von Parchim,
haben wenig mehr gerettet als das nackte Leben. Manche wollen nicht auf Hilfe warten, ziehen von
sich aus los Richtung Heimat. Ohne zu wissen, ob ihr Haus noch steht, ihre Familie noch lebt

Displaced Persons, Flüchtlinge, Vertriebene mischen
sich auf den Landstraßen Europas, auf seinen Bahnhöfen
und entlang seiner Gleise: Frauen und Kinder in Berlin

Ein US-Soldat beugt sich über einen überlebenden KZ-Häftling,
der ausgehungert zusammengebrochen ist. Tausende sterben
noch nach der Befreiung an den Folgen ihres Martyriums

Das dringlichste Problem ist zunächst die Versorgung der Displaced Persons. Dabei greifen die Alliierten unter anderem, wie hier am Rhein, auf Wehrmachtsrationen zurück

Ein bayerisches Lager für DPs: Manchen Entwurzelten dienen die Camps als Durchgangsstation, anderen als jahrelange Heimat

Für die DP-Camps nutzen die Alliierten ehemalige KZs, Kasernen, Wohnsiedlungen, aber auch einen Hamburger Park

Essenausgabe im Hof eines früheren Gefängnisses für politische Häftlinge: DPs erhalten bis zu 500 Kalorien mehr am Tag als Deutsche – als Entschädigung für die Kriegsjahre

die Überlebenden nicht sofort an den nahe wohnenden Deutschen rächten. Man hätte es verstanden, wenn die Juden in deutschen Dörfern und Städten randaliert, Deutsche angegriffen, Fenster eingeschlagen und geplündert hätten, aber so etwas kam nicht vor.

Judah N., US-Militärrabbiner

Ein US-Sergeant fragte mich, was ich mit den Deutschen tun würde, wenn es in meiner Macht läge. Ich sagte: „Ich würde alle umbringen, die älter als fünf Jahre sind. Dasselbe, was sie mit uns gemacht haben. Daran ist nichts falsch, oder?" Er sah mich an und sagte: „Nein! Wir müssen beweisen, dass es eine bessere Art zu leben gibt." Vielleicht hat er recht, und vielleicht habe ich recht. Aber der Hass, der Hass bleibt, bis man stirbt. Der Hass vergeht nicht, bis man stirbt.

Zoltan Gutman, Jg. 1925, aus Novosad* (Slowakei), 1944 nach Auschwitz deportiert

Viele DPs schließen sich zu Gruppen zusammen und machen sich auf den Weg, nach Frankreich, ins Baltikum, in die Niederlande. Hunderttausende Menschen gelangen so ohne alliierte Hilfe zurück in die Heimat.

Wir waren zu Fuß nach Polen unterwegs, waren hungrig. Da brachen die Männer in ein Lager ein, wo es Mehl gab. Daraus machten wir Fladen. Auf einer Kochstelle für zwölf Personen. Ohne Salz, ohne Backpulver, nur mit Wasser. Wir gingen zu Fuß, also schliefen wir fünf Nächte unter freiem Himmel, ehe wir zur neuen polnischen Grenze kamen. Die Straße war kurvig, sodass man weder vorn noch hinten das Ende sah, so viele Menschen waren unterwegs. Es gab ein älteres Ehepaar, das hatte so einen Wagen. Darauf haben meine Freundin und ich die Nacht durchgehockt. Das ist eine harte Schule, so etwas so jung durchzumachen.

Emilia Barteczko, Jg. 1921, aus Komarow (Ukraine), wurde 1943 als Zwangsarbeiterin nach Berlin deportiert

Genannt sind jeweils die im Geburtsjahr der Zeitzeugen gebräuchlichen Ortsnamen, gefolgt von dem Land, in dem die Orte heute liegen.

Man kann sie sehen, oft ein Dutzend, wie sie die Straßen entlangziehen, alle ihre Habseligkeiten auf einem Handwagen: einige in Lumpen, andere in den schäbigen Uniformen von einem Dutzend Armeen.

William Forrest, US-Offizier, Frühjahr 1945

Wir waren verzweifelt, unsere Familien waren vernichtet. Ich wollte ganz dringend zurück in meine Heimatstadt, um nachzusehen, ob irgendjemand überlebt hätte. Als ich nach Horodenka kam, sagte man mir, dass mein Onkel Jakob und seine Frau von einem Bauern, der die beiden verstecken sollte, ermordet worden waren. Man sagte mir, dass es keine Juden mehr in der Stadt gab und dass es gefährlich sei, hier zu bleiben. Und so begann meine Wanderung, ich verließ mein Zuhause für immer. Später erzählte mir jemand, dass es auf der anderen Seite der Grenze, in Rumänien, etwas zu essen gäbe. Wir waren so verhungert. Also gingen wir über die Grenze. Wir versuchten einfach, Tag für Tag genug Essen aufzutreiben, um uns am Leben zu erhalten. Es war ein täglicher Kampf. Wir lebten auf der Straße. Wir wurden immer wieder von der Bevölkerung angegriffen. Die Befreiung war keine große Freude. Ja, das Töten und Morden hörte auf, aber es war ein unglaublicher Überlebenskampf, Tag für Tag.

Tosia Teodora Schneider, Jg. 1929, aus Horodenka (Ukraine), 1943 deportiert

Zu Hunderten wandern die Leute in den nächstgelegenen Wald, schlagen Nutzholz. Die Gendarmerie ist oft eingeschritten, musste aber in den meisten Fällen erfolglos abziehen, weil sie sonst verprügelt oder gar entwaffnet würde.

Bericht des Bürgermeisters von Saalfelden (Österreich), 16. Dezember 1946

Wir suchten dies und jenes, was auf den Höfen, in den Hühnerställen zu finden war. Wir zerhackten es, und es wurde verschlungen, denn wir starben vor Hunger. Der Hunger ließ sich mit nichts beschreiben. Und ein paar Tage herrschte Anarchie. Jeder nahm, was er fand. Ein paar Tage verbrachten wir so, bis Vertreter der amerikanischen Armee uns zusammenlasen und ein Lager errichteten.

Boris Angelakow, Jg. 1912, aus Kritschim (Bulgarien), KZ-Häftling in Dachau

DPs bewegen sich von einem Bauernhof zum anderen, Gruppen von wenigen Personen bis zu einer Stärke von 30 bis 40, und fordern die Herausgabe von Produkten, Kleidung, manchmal sogar Schmuck und anderem persönlichen Eigentum. Die Störungen vermindern sich in dem Maße, in dem DPs in bewachten Lagern zusammengefasst werden.

Bericht der 9. US-Armee, 15. Mai 1945

Und dann haben wir uns auf den Weg gemacht, haben ein Auto, Nahrungsmittel und Benzin gestohlen. Wir sind mit französischen Fahnen durch die Gegend gefahren, und nach drei Tagen haben wir uns gesagt: „Los, wir fahren nach Westen." Wir wussten, dass man die Autobahnen benutzen kann, da waren kaum Brücken gesprengt worden. Wir fuhren mit einem Cabriolet und sind ohne Probleme 200 Kilometer weit gekommen. Und dann war da eine amerikanische Straßensperre. Sie haben das Auto behalten und uns auf Lastwagen gesetzt. Wir sind ein paar Tage da geblieben, die Zeit, die sie brauchten, um das zu orga-

Ein

neues

Zuhause

in der

Einöde

Die Heimat ist ein riesiges Massengrab

nisieren. Am 1. Mai 1945 sind wir nach Vienne zurückgekommen.

Paul Chatain, Jg. 1922, aus Vienne (Frankreich), 1943 als Zwangsarbeiter deportiert

Die Alliierten richten Camps nach einem bereits 1944 ausgearbeiteten Plan ein: Ein Norm-Lager beherbergt 3000 Menschen und wird von acht Offizieren (oder Zivilisten in vergleichbarem Rang) geleitet. Hinzu kommen sechs Fachkräfte wie Köche, Krankenpfleger und Fahrer. Hunderte Camps entstehen auf diese Weise – allerdings leben in ihnen oft mehr Menschen als geplant, gleichzeitig sind die Teams oft zu klein und müssen von besonders qualifizierten DPs unterstützt werden. Jüdische Überlebende erhalten schnell eigene Lager.

Die Amerikaner kamen zu uns und sagten, sie würden uns zu diesem ehemaligen Lager der Hitlerjugend begleiten, wenn wir noch einige Kilometer zu Fuß gehen könnten. Die, die nicht mehr dazu in der Lage waren, wurden von Lkws

abgeholt. Und dort wurden wir je nach Herkunft auf mehrere Gebäude verteilt. Wir Rumänen bekamen das Gebäude Nummer 4. Und dort hissten wir die rumänische Fahne. Jedes Land hat seine Fahne gebastelt. Ich weiß nicht mehr, wie sie das gemacht haben. Vielleicht haben sie Tücher in den betreffenden Farben von den Frauen genommen.

Zoltán Benedek, Jg. 1919, aus Turda (Rumänien), überlebte sechs Konzentrationslager

Völlig erschöpft kamen wir in dem Lager an. Mitten in der Einöde, umgeben von halb fertigen Steinbaracken, Wald und Grasflächen, sollte unser neues Zuhause sein. Das Umfeld war schockierend. Die Enttäuschung in unseren Gesichtern riesengroß. Man stellt ja keine Ansprüche, wusste man doch zu gut, wie die allgemeine Notlage nach dem Krieg war. Was wir aber im Lager Wöbbelin vorfanden, war nicht zu fassen. Unsere Baracke, Nr. 58, war ein Steinbau, kalt, Ziegelfußboden, und besaß weder Türen noch Fensterscheiben noch irgendein Möbelstück im Raum. Der Wind fegte quer durch die Baracke. In einer Ecke des Raumes stand ein gemauerter, ziegelähnlicher Ofen, niedrig, in der Mitte mit einem offenen Feuerloch versehen. Ofentüren sowie Abdeckplatten gab es nicht. Es dauerte nicht lange, da lief das Schwitzwasser von den Wänden. Die Räume waren ca. 16 Quadratmeter groß und für je eine Familie gedacht.

Liesel U., geboren um 1931

Ich hatte gedacht, dass dieser Ort hier eine schnelle Durchgangsstation für uns sein würde, eine Möglichkeit, um uns Energie und Lebenskraft wiederzubringen, aber das Wort „Lager" ließ mein Herz wieder angstvoll schlagen. In Föhrenwald wurde unsere Gruppe von der Küche zu den uns zugewiesenen Quartieren geleitet. Überlebende jeden Alters mit zerrissenen Kleidern oder KZ-Anzügen liefen an uns vorüber. Andere Überlebende, die vor uns angekommen waren, luden uns in ihre überfüllten Quartiere ein. Die erste Nacht haben wir viele Informationen über die Todeslager ausgetauscht, und wir haben auch erfahren, dass noch niemand aus dem Lager Föhrenwald irgendwo anders hin verlegt worden war. Unser Aufenthalt würde nicht morgen enden, vielleicht

auch nicht nächste Woche oder nächsten Monat – etwas, was wir nicht erwartet hatten. Wir waren sehr müde nach diesem langen, heißen und anstrengenden Tag und Abend. Sobald ich einschlief, quälten mich die grausamen Geschichten der Überlebenden aus den Konzentrationslagern. Ich konnte Nacht für Nacht nicht schlafen. Die Atmosphäre des Eingesperrt-Seins bewirkte ein ständiges Wiedererleben der Szenen aus unserer fürchterlichen Vergangenheit.

Jacob Biber, Jg. 1915, aus Maciejów (Ukraine)

Auch nachdem wir befreit waren, starben viele Menschen. Die meisten hatten Flecktyphus. Und natürlich war die Hygiene gleich null, überall waren Exkremente. Meine Nichte war bereits sehr gelb, Gelbsucht, so nahmen sie sie umgehend weg. Ich wusste nicht, ob sie lebte oder tot war.

Judith Altmann, Jg. 1924, aus Jasiňa (Ukraine), leistete in Deutschland Zwangsarbeit

Der Theatersaal in Feldafing war groß genug, um die meisten der dort lebenden DPs, etwa 2000, unterzubringen, aber weit mehr berührten uns die Kranken, die reihenweise vor der Bühne auf den Feldbetten des Krankenhauses lagen. Einige von ihnen trugen immer noch ihre gestreifte Konzentrationslagerkleidung.

Jacob Biber

Auf dem Gelände gab es eine Wasserbaracke. Für das gesamte Lager war es die einzige Wasserstelle mit nur einem einzigen Wasserhahn. Ob das braune Wasser je als Trinkwasser gedacht war, blieb umstritten. Etwas erhöht befand sich die Latrine. Natürlich ein Plumpsklo, ohne Innenwände, aber Männlein und Weiblein getrennt, so ein bisschen mit Holz abgeteilt. Und dann haben sie Chlor hineingeworfen.

Liesel U.

Der Lagerführer ist immer durch das Lager gegangen, und das passte ihm nicht und dort saß einer so irgendwie –

Im Umfeld der DP-Lager entsteht ein reger Schwarzhandel. Besatzungssoldaten, Lagerbewohner und Deutsche tauschen untereinander alle erdenklichen Güter: Kaffee, Lebensmittel, Pistolen, Orden. Auf diesem Bild verkaufen jüdische Überlebende ihre Habseligkeiten, bevor sie aus Berlin ausgeflogen werden

Die DPs erhalten in den Lagern auch Luxusgüter wie etwa Schokolade. Beim Handel arbeiten sie mit Deutschen und Besatzungssoldaten zusammen

An den illegalen Geschäften beteiligen sich auch Greise und Kinder: Schwarzmarkt in Essen, Winter 1946

US-Soldaten besprühen Neuankömmlinge in einem Camp in Dessau mit Entlausungsmitteln. Viele der geschwächten Menschen in den überfüllten Lagern leiden an tödlichen Krankheiten, etwa Typhus oder Tuberkulose

Ein Paar am Anhalter Bahnhof in Berlin: Die Alliierten schicken die meisten DPs in Zügen nach Hause

Franzosen warten in Linz auf den Flug in ihre Heimat. Fünf Millionen Displaced Persons kehren bis September 1945 in ihre Heimat zurück – doch viele Osteuropäer weigern sich, in ihre inzwischen sowjetisch besetzten Länder zu reisen

und dann hat er mit den Füßen getreten. Wir waren wie Vieh, so zusammengetrieben! Dann gab es Krach, und dann schnauzte er, er hat viel geschrien, viel geschrien, oh, da hört man von Weitem, dass er da schon ist. Man muss sich fügen, da gab's keine große Schnauze oder so was, nix sagen, nix hören und nix, so hinnehmen, ein Hinvegetieren war das.
E. B.

Nach der Befreiung, nach dem Durchmarsch der Alliierten, gab es keinen Freudenausbruch, der erste Tag der Freiheit wurde nicht gefeiert. Hunger und Schmutz. Niemand brauchte mich. Der einzige Ausweis, den ich hatte, war die Nummer auf meinem Arm. Weiterhin lebte ich, ohne einen Namen zu haben, ständig in Lebensgefahr. Der Weg ins Heimatland war verschlossen, die Rückkehr mit Risiko verbunden. In Polen herrschten die sowjetischen Okkupanten, deren Macht ich aus Lemberg, aus dem Jahr 1939, noch so gut in Erinnerung hatte. Mein Status als DP garantierte keine Rechte, gab keine Möglichkeiten. Zusammen mit einer Gruppe ehemaliger politischer Häftlinge wurde ich in einem Lager in Osnabrück untergebracht. Mehr als ein Dutzend Personen wohnte dort in einer Stube, ohne irgendetwas Eigenes zu besitzen, auf Etagenbetten schlafend und mit einer Suppe gefüttert, die nicht besser war als die aus dem Konzentrationslager. Die Versorgung der UNRRA war unzureichend. Was uns nicht fehlte, war DDT – ein Mittel gegen Ungeziefer.
Józef Szajna, Jg. 1922, aus Rzeszów (Polen), aus dem KZ Buchenwald befreit

Eines war auffallend: Alte Brotlaibe lagen auf den Fensterbrettern im Lager. Ich fragte einen der DPs: „Mosche, warum liegen hier überall alte Brotlaibe? Es gibt eine Küche. Niemand wird hier verhungern. Wenn jemand mehr haben will, kriegt er ein zweites Mal." Er antwortete: „Du verstehst einfach nicht. Wir hatten so wenig zu essen, es war der Notstand. Geht das Essen aus, dann hast du

wenigstens einen Laib altes Brot." Es war für sie wie Geld auf der Bank.
Harry B., junger US-Soldat

Die Überlebenden hatten geglaubt, die Welt würde sich darum reißen, sie hochleben zu lassen, und ihnen helfen, ihren rechtmäßigen Platz wieder einzunehmen. Nach all den himmelschreienden Exzessen der Geschichte, die ihnen widerfahren waren, hatten sie doch ein unhinterfragbares Anrecht auf Minimalforderungen. Zum Nichtstun verurteilt, zermürbte sie stattdessen das lange Warten.
Rachel Salamander, 1949 in einem Camp geboren, lebt jahrelang mit den Eltern im Lager

Die Menschen wollten Verbindungen knüpfen. Ihnen war klar: Der Vater ist nicht hier, die Mutter ist nicht hier, die Brüder und Schwestern sind nicht hier, die Frau oder der Mann ist nicht zurückgekommen. Man wollte sich an etwas festhalten. Sie wollten schnell heiraten.
Moshe Kraus, Jg. 1923, aus Užhorod (Ukraine)

Außerdem waren wir uns so einig. Wir waren so jung, und wir waren so alt. Wir hatten in unserem Leben sehr viele bittere Erfahrungen gemacht. Wir fanden so viel Gemeinsames, dass wir uns zusammentaten, um ein Nest zu bauen. Wir wollten uns ein Nest bauen, weil uns das am meisten fehlte. Wir waren so jung von unseren Familien weggerissen worden. Wir wollten ein Familiennest bauen.
Toni Dreilinger, Jg. 1926, aus Janów (Polen), aus dem KZ Bergen-Belsen befreit, heiratet 1945 ihren Mann im DP-Camp

Manche ehemalige Zwangsarbeiter nehmen das Recht in die eigene Hand. Sie müssen sich für Delikte verantworten, die von Fahrraddiebstahl bis zu Mord reichen. So verzeichnen die Besatzer in Bremen in sechs Monaten nach Kriegsende 268 Raubüberfälle durch DPs, 29 Schwarzmarktvergehen und 582 Stück gestohlenes Vieh. Damit ist ihre Kriminalitätsrate in der Regel immer noch geringer als unter den Deutschen.

Zwischen dem Tag, an dem die Polen über die Repatriierung verständigt worden waren, und dem Tag ihrer Abreise gab es viele Beschwerden vonseiten der

Jeder Tag im Land der Gegner ist eine Belastung

(deutschen; *Red.*) Bewohner der Stadt über Diebstähle, besonders von Fahrrädern. Einwohner der Stadt verlangten, dass etwas getan werde, um die mutwilligen Zerstörungen zu beenden. Gegen 20.30 Uhr kehrte ein Mann in das Lager zurück, der von Deutschen angegriffen worden war. Mehrere Männer, denen der Alkohol Mut verliehen hatte, versuchten, die Leute zu einem Rachezug für ihren Landsmann aufzuwiegeln. Verängstigte Frauen suchten die Männer zu beschwichtigen und verlangten nach Hilfe, um einen der Aufrührer zu bändigen. Als die Spannungen sehr akut wurden, wurde die Armee zu Hilfe gerufen. Eine Ausgangssperre nahm die Leute von der Straße, und die Lagerbewohner wurden im Lager zerniert.
Peter Stanne, Welfare Officer der UNRRA, im Oktober 1945

Etwa 40 Leute wohnten auf dem Fabrikgelände. Es gab einen Schwarzmarkt. Wir wussten schon, dass man dort irgendwelche Sachen kaufen und verkaufen konnte. Man klaute eine Zwirnrolle, verkaufte sie und konnte sich dann ein Brot, ein Brötchen oder so was kaufen.

Alexandra Abramowa, Jg. 1920, aus Oktjabrske (Ukraine), 1942 verschleppt

Als die Alliierten kamen, richteten sie es so ein, dass ich wöchentlich ein Paket bekam. Ich konnte das nicht allein verbrauchen, das waren sieben Kilo Zigaretten, Schokolade, Kaffee, Kakao.

Stanisław Pusz, Jg. 1924, aus Brześć Kujawski (Polen), ab 1942 Zwangsarbeiter

Seien wir realistisch. Der Appetit kommt beim Essen. Als ich erkannte, dass ich für Zigaretten fünf Pfund Butter bekommen konnte, verkaufte ich die Butter an andere DPs und bekam dafür mehr Zigaretten. So baut man ein Geschäft auf. Man nennt es Schwarzmarkt, aber es geht ums Überleben.

Myer R., geboren um 1895, ehemaliger Insasse des KZs Theresienstadt

Der Schwarzhandel war Sache der Franzosen, die Deutschen betrieben keinen Schwarzhandel. Für zwei Kilo Roggen-

brot bekam man zwei Päckchen Zigaretten oder etwa 100 Gramm Steak.

Jean Marcel Arnould, Jg. 1922, aus Rupt-sur-Moselle, Arbeitsdienst in Deutschland

Ich arbeitete für die Amerikaner. Und wir haben auf dem Schwarzmarkt gehandelt. Mit Zigaretten und Schokolade. Ich habe es einfach riskiert, denn es gab nichts zu verlieren.

Zelig Preis, Jg. 1924, aus Działoszyce (Polen), ab 1942 Zwangsarbeiter in Deutschland

Bis September 1945 befördern die Besatzungsmächte rund fünf Millionen DPs zurück in ihre jeweiligen Heimatländer. Manche müssen gezwungen werden – denn viele Osteuropäer in den Westzonen weigern sich, in den Machtbereich der Sowjetunion zu ziehen. Die Westalliierten ändern daraufhin ihre Politik: Ab Dezember 1946 bietet die „International Refugee Organization" statt der Rückführung eine Neuansiedlung an. Vor allem die USA, Australien und später Israel nehmen die Entwurzelten auf.

Der Zug war vollständig überfüllt. Es war ein Personenzug. Niemand passte mehr in die Abteile. Wir mussten also auf das Wagendach klettern, um mitzukommen. Der Zug ist zwar sehr langsam gefahren, und es war auch nicht sehr kalt. Aber es bedeutete eine höllische Anstrengung, da nicht herunterzufallen. Fünf Tage und Nächte dauerte die Fahrt, festgeklammert auf dem Wagendach. Wenn es regnete, hatten wir keinen Schutz. Trotzdem waren wir glücklich und guter Laune, weil es doch nach Hause ging. Wir dachten, jetzt fängt das Leben noch einmal von vorn an. Doch je näher wir der Grenze kamen, desto mehr sank die Stimmung. Überall zerbombte Städte. Wir wussten ja nicht, wie es zu Hause aussehen würde.

Attilio Buldini, Italiener, ab 1943 interniert

Nachdem die schreckliche Zeit vorüber war, beschloss ich, nach Chełm zurückzukehren, wo ich geboren wurde. Mein Glück beim Erreichen der Stadtgrenze war unbeschreiblich. Am liebsten hätte ich jedem zugewinkt und lauthals geschrien: „Ich lebe, ich bin am Leben. Ich bin der Hölle entronnen und bin zurückgekommen." Ja, das wollte ich – aber ich

konnte nicht. Ich blickte mich überall um, aber für mich gab es nichts mehr zu sehen. Mein altes Chełm war nicht vorhanden; die fremde Stadt, in die ich jetzt zurückkehrte, präsentierte sich als eine graue, stumme, farblose und nichtssagende Steinwüste. Meine Familie war ausgerottet, und meine Stadt war eine andere geworden. Mir war, als ginge ich über einen Friedhof: jedes Haus ein Grabstein zum Gedenken. Ich kam zu unserem ehemaligen Haus. Ich betrat den Hof und blieb stehen. Nur noch Ruinen. Kein Stein mehr auf dem anderen. Nur noch ein Schutthaufen war übrig geblieben. Ich durchstreifte weiter die Straßen, einsam und verlassen, ohne Eltern, Geschwister oder Freunde, mit denen ich die Freude meines Überlebens hätte teilen können. Der Krieg war vorbei, vorbei war aber auch mein Traum von Chełm, so wie ich es geliebt hatte; vorbei auch meine Kindheit, meine Jugend.

Lipman Sznajder, Jg. 1927, aus Chełm (Polen), überlebt mit gefälschten Papieren

Alle hatten das Gefühl, dass vielleicht doch jemand überlebt hatte. Aber wie konnten wir sie finden? Wir wollten nach Hause zurück. Aber dann trafen wir Leute aus unserem Ort, die sagten: „Ich war dort. Niemand hat überlebt, niemand ist mehr da, geht nicht hin!"

Eva Slomovitz, Jg. 1926, aus Zarica (Ukraine), Insassin des KZs Bergen-Belsen

Ich kam wieder, weil ich es nicht mehr ausgehalten habe. Es war wie in einer Geisterstadt! Das Viertel, in dem wir gewohnt hatten, war eine Geisterstadt. Man lebte nur mit seinen Erinnerungen. Man wusste, dass hier einmal ein Geschäft gewesen war, zu dem mich meine Mutter zum Einkaufen geschickt hatte. Dort war eine Bäckerei gewesen und dort etwas anderes. Aber die Menschen waren nicht mehr da! Es war kein Leben mehr dort. Alles war weg.

Joseph Podemski, Jg. 1922, aus Lodz (Polen), kehrt nach mehrwöchigem Aufenthalt in seiner Heimat ins DP-Camp Bergen-Belsen zurück

Welche Nation ist bereit, sie aufzunehmen?

Noch sind die Zonen-
grenzen des besetzten
Deutschland durchlässig,
können DPs sie ebenso
wie deutsche Flüchtlinge
in beide Richtungen
überqueren

Die meisten Rück-
kehrer reisen in
ungeheizten Güter-
waggons, oft tage-
lang: Diese Russen
brechen 1945 im
Ruhrgebiet auf

Vor allem jüdische
DPs können sich
keine Zukunft mehr in
Europa vorstellen
und wandern aus, nach
Palästina, Kanada
oder in die USA

Meine Schwester und Mutter waren in Litauen, und ich musste irgendwie da hinkommen. Da musste ich aber zuerst nach Polen. Ich fragte also, wie ich nach Polen käme, und man sagte mir, ich müsse mich als polnischer Repatriant ausgeben. Aber ich konnte nur ein Wort Polnisch. Das ist „tak". Es heißt „ja". Ich sollte einfach in dieses Büro für polnische Repatriierung gehen. Dort würden sie mich fragen, ob ich aus Polen bin. Dann sollte ich „tak" sagen, und dann würden sie fragen, woher ich bin und dann sollte ich sagen, ich sei aus Lodz. Und dann würde ich diesen Ausweis bekommen. Also ging ich ganz ruhig in dieses Büro, und ein Mann fragte mich: „Pans Polski?", also: „Sind Sie von Polen?" Da sagte ich: „Tak." Und dann: Woher kommen Sie? – „Lodz." Und dann sagte er „Zawód?". Und ich schwieg, und er schwieg, und ich starrte ihn an, und er starrte mich an. Das war zwar kurios, aber es stand jemand hinter mir, wurde ungeduldig und sagte ihm: „Sehen Sie nicht, dass er ein Schüler ist?" Und dann bekam ich einen Stempel und war polnischer Repa-

Australien sucht Näherinnen, Kanada Landarbeiter

triant. Dann ging ich zum Bahnhof und fragte, wo der Zug nach Lodz fährt. Aber der Zug war schon überfüllt. Doch ich sah jemanden auf dem Dach und dachte, das sei doch ein sehr bequemer Platz. Das war ein langer Zug, und ich sah, dass am Ende ein Frachtwaggon ist, und ich weiß bis heute nicht, wie ich während der Fahrt von einem Waggon zum nächsten hinübergesprungen bin. Ich habe diesen Frachtwaggon erreicht, da war ein kleiner Turm, wir sind da reingegangen, und nach langer Fahrt, da war es schon Nacht, bin ich in Lodz angekommen.

Zwi Katz

Polen war vergiftet. Immer wieder sagten die Menschen, dass sie das, was Hitler nicht zu Ende gebracht hatte, erledigen würden. Es hatte keinen Sinn, dort zu bleiben. Mein Bruder war bereits nach Deutschland gefahren, und wir sollten nachkommen. Wir packten ein paar Sachen zusammen und machten uns auf den Weg nach Stuttgart. Die Amerikaner wiesen uns eine Wohnung in der Rheinsbergstraße zu. Mein Bruder, meine Schwägerin, insgesamt etwa zehn Leute lebten in der Wohnung. Wir hatten ja die Lager hinter uns und waren es gewöhnt. Man hätte uns zu 20 in einer Wohnung unterbringen können, es wäre in Ordnung gewesen, solange wir frei waren.

Myer R.

Überwiegend geben diese Personen an, sie seien aus der Ukraine oder aus Polen nach der deutschen Besetzung dieses Territoriums nach Deutschland verbracht worden. Diese Personen geben jetzt einmütig ihrem Widerwillen gegen die Rückkehr in die Heimat und damit unter russische Herrschaft Ausdruck und ziehen es vor, hier zu bleiben. Der Grund für ihre Weigerung ist die Furcht, dass die Russen sie als Kollaborateure ansehen und sie entweder nach Sibirien verschicken oder ins Gefängnis sperren werden.

*Steve Kutzlo vom US-Nachrichtendienst
Counter Intelligence Corps im Herbst 1945*

Diese Leute wollen die Repatriierung nicht akzeptieren. Sie meinen, ihr Land sei von ihrem Erzfeind übernommen worden und sei für sie verloren. Die Gruppe besteht aus zwei Teilen – aus solchen, die vor der russischen Invasion ihrer Länder geflohen sind und nur unter

Zwang in Deutschland gearbeitet haben, und solchen, die bereitwillig kollaboriert haben. Diese zweite Gruppe herauszufiltern, ohne der ersten Ungerechtigkeit widerfahren zu lassen, ist so schwer, dass es in großem Maßstab noch nicht durchgeführt wurde.

Memorandum der UNRRA, April 1946

Jeden Tag hörte man ein neues Gerücht. Mal konnte man sich in Einwanderungslisten für Kanada, mal für Israel eintragen. Ich habe mich auf drei oder vier Listen eingetragen. Ich wurde zum Glück für die Ausreise nach England ausgewählt. Vielleicht, weil ich gesagt hatte, dass ich nach Amerika wollte, zu einem Onkel. Vielleicht auch nicht. Aber es war wie beim Losziehen, wie ein Lotteriespiel. So ging es die ganze Zeit.

Steven Pearl, ehemaliger KZ-Häftling

Wir wären überall hingegangen. In Australien suchten sie Näherinnen, also trugen wir uns für Australien ein. In Kanada suchten sie Landarbeiter, also trugen wir uns für Kanada ein. Wir waren bereit, überall hinzugehen, wo man Arbeitskräfte anwarb. Die Hauptsache war, dass wir dort herauskamen. Denn jeder Tag in Deutschland war eine Belastung für uns.

Eva Slomovitz

Damals gab es diese Debatte, weil wir klassifiziert werden sollten, für die UNRRA, glaube ich. Wenn man in Polen geboren war, dann war man für sie polnischer Staatsbürger. Aber wir sagten: „Nein, damit wollen wir nichts mehr zu tun haben. Unsere Erinnerungen an Polen wurden ausgelöscht." Auch Leute aus Ungarn oder der Tschechoslowakei sagten: „Wir sind keine Ungarn, Tschechen oder Österreicher. Wir sind Juden! Hitler hat uns dazu gemacht!"

*Joseph Podemski, emigriert 1949 nach Israel
und später nach Kanada*

Man bekam Unterlagen und ging zum Büro. Und wen sah man dort? Einen Arzt. Alles musste in Ordnung sein. Zuerst kam die Lunge dran, da wurde überprüft, dass die in Ordnung war. Und wenn sie etwas fanden, dass etwas nicht in Ordnung war, dann war's vorbei.

Jaromir Blaha, Jg. 1922, aus Zbůch (Tschechien), ab 1942 Zwangsarbeiter, lebte vier Jahre lang in verschiedenen DP-Camps

Es war eine schwierige, verwirrende Zeit für mich. Ich hatte meine gesamte Familie verloren, nicht nur meine enge Familie, sondern auch meine Stadt, meine Nachbarschaft, meinen Platz in der Welt.

Tosia Teodora Schneider

Wir waren befreit, aber wir blieben noch drei Jahre in Deutschland. Niemand wollte uns haben. Israel war noch unter britischer Verwaltung, Schweden nahm ein paar Leute auf. Aber niemand wollte die Überlebenden haben. Wir hatten nichts zu bieten: Wir hatten kein Geld, waren krank und brauchten Hilfe.

Lilly Friedmann, Jg. 1924, aus Čeradice (Tschechien), aus Bergen-Belsen befreit

Ich hätte nach Amerika gehen können, denn für mich hatte jemand gebürgt. Doch dann bekamen wir eines Tages Einreisepapiere für Palästina, und ich musste mich entscheiden. Da beschloss ich, dass ich in ein Land gehen wollte, wo ich nicht einer Minderheit angehörte. Das wollte ich nicht mehr, davon hatte ich genug.

Bracha Ghilai, Jg. 1929, aus Berehovo (Ukraine), überlebte die KZs Auschwitz und Bergen-Belsen

1947 kamen wir nach Israel, ich und meine Schwester. Und in Israel waren wir so fehl am Platz. Ich habe meinen Namen gewechselt. Ich habe meinen hebräischen Namen angenommen, „Zahava". Aber wenn ich zurückschaue, bedaure ich es, dass ich meinen Namen, den meine Eltern mir gegeben haben, aufgegeben habe. Manchmal habe ich mich gefragt: Warum habe ich meinen Namen gewechselt? Aber das war in einer Phase, in der man nicht so viel nachgedacht hat.

Die Zukunft ist wie ein Lotteriespiel

So sagte ich mir, ich schicke meinen Namen nach Ungarn, zusammen mit dem Holocaust. Ich habe nichts mit dem Holocaust zu tun. Ich bin eine neue Person. Ich möchte vergessen. Das war meine Strategie, das war mein Weg. Ich wollte mich an den Holocaust nicht erinnern, vor allem weil man über die Überlebenden nicht gut sprach.

Zahava Stessel, Jg. 1930, aus Abaújszántó (Ungarn), 1944 nach Auschwitz deportiert

Wir reisten auf dem Schiff wie Rinder in einem Viehtransport. Unsere Kojen bestanden aus Brettern. Wir aßen, wuschen uns und schliefen im selben Raum. Er war Wäscherei, Toilette und Essraum zugleich. Es stank. Männer und Frauen waren getrennt. 20 Frauen lebten in einer Kabine. Ich erbrach mich die ganze Reise. Als wir in Saigon anlegten, mussten wir das Schiff verlassen. Man sagte uns nicht, für wie lange. Wir fanden heraus, dass unser Schiff Munition transportierte und dass auf der Fahrt nach Saigon Feuer in einem Schiffsteil ausgebrochen war. Nach sechswöchigem Aufenthalt in Saigon legten wir ab nach Australien. Die Reise von Marseille nach Sydney dauerte drei Monate.

Marysia, ca. Jg. 1927

Von dem Moment an, in dem wir ablegten, wurden die Leute seekrank. Wir brauchten 14 Tage, um den Ozean zu überqueren, und die Leute waren die ganze Zeit krank. Dann legten wir an – und da waren wir nun in den Vereinigten Staaten von Amerika. Ich war alleine, und ich hatte keine Ahnung, wo ich hinsollte! Sie riefen meinen Namen, und sie sagten: „Setz dich dort hin und warte." Und ziemlich bald war das Schiff leer, und ich saß in einer Ecke und wartete. Ich, alleine! Und mittlerweile kamen Menschen auf mich zu, und sie sprachen mit mir, und sie sprachen Englisch, und ich hatte keine Ahnung, was sie sagten. Und sie waren nett. Sie lächelten.

Eva Baron, Jg. 1931, aus Chust (Ukraine), 1944 nach Auschwitz deportiert

Als wir in Australien ankamen, dachte ich, das Leben würde dort neu beginnen, wo es vor dem Krieg unterbrochen worden war. Mir wurde jetzt klar, dass unser Leben nicht unterbrochen wurde. Es hatte aufgehört. Ein Leben war beendet worden. In Australien begann ein neues.

Marysia

Nach Gründung der Bundesrepublik 1949 ändern die Alliierten zu Beginn der 1950er Jahre erneut ihre Politik: Künftig sollen sich die Deutschen um die Entwurzelten kümmern. Zwar unterstehen die in der BRD Gestrandeten formal dem neu geschaffenen Hochkommissariat der Vereinten Nationen für Flüchtlinge – verwaltet aber werden sie fortan von deutschen Behörden.

Aus Displaced Persons werden nun „Heimatlose Ausländer", nichts deutet in ihrem Namen mehr auf Verschleppung oder deutsche Schuld hin. Rund 230000 von ihnen leben 1953 noch in Westdeutschland, darunter auch viele nach dem Krieg geborene Kinder und seit 1945 aus Osteuropa Geflohene.

Das letzte Camp wird erst im Jahr 1959 schließen. ●

Die Historikerin Isabelle Berens hat die Beiträge recherchiert, Michael Schaper die Collage zusammengestellt.

EINE STADT
ALS GEISEL

Nach Hitlers Ende teilen die Sieger das Reich
sowie die einstige Kapitale Berlin untereinander auf,
zerstreiten sich dann aber über die Frage, was mit
Deutschland geschehen soll. Im Juni 1948 eskaliert der
Konflikt: Der Sowjetdiktator Josef Stalin will Briten,
Amerikaner und Franzosen aus den drei Westsektoren
Berlins vertreiben, die mitten in der Besatzungszone
der UdSSR liegen. Er lässt Straßen, Schienen und
Flüsse blockieren – doch die Westmächte kapitulieren
nicht, sondern starten eine »Luftbrücke«. Es ist ein
riskanter Plan: Noch nie ist eine Millionenmetropole
allein über Flugzeuge versorgt worden

——— Text: CAY RADEMACHER

Kinder stehen auf den Mauerresten eines zerbombten Hauses in Berlin. Sie schauen auf ein amerikanisches Flugzeug am Himmel. Während des Krieges haben alliierte Maschinen die Stadt zerstört – diesmal aber werden sie Berlin retten.

Berlin ist das Kraftwerk des Kalten Krieges. Hier wird jene unheimliche, die zweite Hälfte des 20. Jahrhunderts verfinsternde Auseinandersetzung, irgendwo zwischen Nicht-Frieden und Nicht-Kampf, immer wieder angeheizt. Der Kalte Krieg beginnt (auch) in Berlin, er geht hier durch mehr als eine dramatische Wendung, und er wird in dieser Stadt schließlich symbolisch enden.

In dieser fast genau vier Jahrzehnte währenden Ära ist wohl keine Zeit so entscheidend wie jene Monate zwischen Sommer 1948 und Frühjahr 1949, in denen es zur „Berlin-Blockade" kommt.

Ein einziger Mann, der sowjetische Diktator Josef Stalin, nimmt eine Metropole als Geisel. Er blockiert vom Juni 1948 an für über zwei Millionen Berliner jede Nahrungsversorgung, selbst die Milch für die Kinder kann die Sperren der Roten Armee nicht mehr passieren.

Kein Kilowatt Strom gibt es mehr für Westberlin, keine Kohle im Winter, nicht einmal Heu für jene Kühe, die in westlichen Ställen stehen. Und das soll so lange andauern, bis Berlin kapituliert, bis die westlichen Alliierten ihre Sektoren aufgeben, bis sich die ganze Stadt dem Willen Stalins unterwirft.

Doch Berlin gibt sich nicht geschlagen, und die Alliierten lassen es nicht im Stich. Über eine „Luftbrücke" wird, erstmals in der Geschichte, eine Großstadt mit Flugzeugen versorgt. Der Mythos vom „Rosinenbomber" wird geboren, aus dem nicht mehr Sprengkörper auf die Hitler-Stadt, sondern Schokoladen auf die Frontmetropole regnen.

Und der Mythos vom „Völker der Welt, schaut auf diese Stadt"-Berliner entsteht, vom verarmten, hageren, doch in den Ruinen tapfer der Diktatur trot-

zenden Zivilisten. (Und wer will sich da noch daran erinnern, dass nur wenige Jahre zuvor Berliner in braunen, grauen und schwarzen Uniformen durch das Brandenburger Tor paradiert sind?)

322 Tage lang dauert die Blockade. Dann gibt Stalin auf, zermürbt von dem wirtschaftlichen, politischen und propagandistischen Misserfolg der Aktion.

Was für ein Triumph für den Westen! Für Berlin! Und was für eine Wendemarke im Kalten Krieg.

Denn zuvor haben die vier Sieger des Anti-Hitler-Kampfes noch miteinander kooperiert, wenn auch mürrisch und misstrauisch. Die Berlin-Blockade jedoch wird zum *point of no return*: Fort-

an ist die Welt zweigeteilt, wird jeder Ort zum Schachfeld, auf dem vor allem die Spieler in Moskau und Washington ihre Figuren platzieren. Und daher ist es auch nicht verwunderlich, dass man, um die Blockade zu verstehen, den Blick zunächst auf Orte, Tausende Kilometer von Deutschland entfernt, richten muss. Denn Berlins Schicksal wird nicht an den Ufern der Spree entschieden, sondern an denen von Potomac und Moskwa.

Washington, 12. März 1947. US-Präsident Harry Truman tritt vor beide Kammern des Kongresses und hält vor den Parlamentariern eine programmatische Rede zur Außenpolitik, die schon bald

RETTUNG AUS DER LUFT

Alliierte Maschinen können die drei Westberliner Landeplätze – Tegel, Gatow und Tempelhof – nur über zwei schmale Korridore von Hamburg und Frankfurt am Main aus ansteuern. So haben es die Siegermächte vereinbart. Die Rückflugroute führt nach Bückeburg. Als Josef Stalin 1948 den Landweg aus dem Westen abriegeln lässt, werden diese Korridore zu den Lebensadern der Millionenmetropole

Am 24. Juni 1948 lässt Stalin die Bahngleise nach Westberlin sperren – offiziell wegen »dringender Reparaturarbeiten«

als „Truman-Doktrin" bekannt wird: „Im gegenwärtigen Augenblick der Weltgeschichte muss fast jede Nation zwischen zwei verschiedenen Lebensarten wählen. Die eine Art zu leben gründet sich auf den Willen der Mehrheit und zeichnet sich durch freie Institutionen, repräsentative Regierungen, freie Wahlen, Garantien persönlicher Freiheit, Freiheit der Rede und der Religion und Freiheit von politischer Unterdrückung aus. Die zweite Lebensart hat als Grundlage den Willen einer Minderheit. Sie stützt sich auf Terror und Unterdrückung."

Truman verkündet anschließend eine neue Strategie. Fortan werden die USA weltweit „freien Völkern" beistehen, sich einer Unterwerfung zu widersetzen – gemeint ist ein von der Sowjetunion gesteuerter kommunistischer Umsturz.

Das gilt auch für den Feind von gestern: Deutschland. Die USA haben mit ihren Verbündeten Großbritannien und Frankreich im Westen des ehemaligen Deutschen Reiches drei *Zonen* mili-

Um diese Straße nach Westen zu blockieren, schaufeln Arbeiter an der Sektorengrenze Trümmerschutt von Lastwagen

tärisch besetzt. Sie verwalten auch drei *Sektoren* in der ehemaligen Hauptstadt Berlin, ein vierter untersteht Moskau. Diese Sektoren liegen wie eine Insel inmitten der Sowjetischen Besatzungszone Deutschlands (SBZ).

Nachdem Truman seine Doktrin verkündet hat, ist klar: Die USA werden selbst diese winzige Exklave im Osten gegen jeden Druck Moskaus verteidigen.

Mehr noch: General Lucius D. Clay, der US-Militärgouverneur in Deutschland, schätzt vor Journalisten Berlin ganz offen als „einzigartigen Beobachtungsposten nach Sowjet-Europa" ein und als „enorm nützlichen Außenposten unserer Zivilisation". Mit anderen Worten: Berlin ist das spionierende Auge und das werbende Schaufenster des Westens mitten in Stalins Machtsphäre.

Moskau, 26. März 1948. Im Kreml empfängt Stalin Wilhelm Pieck, den Vorsitzenden der kommunistisch dominierten ostdeutschen SED, sowie weitere Spitzenfunktionäre. Der Diktator und seine Genossen besprechen ein gemeinsames Problem: Berlin. Stalin würde Clays Einschätzung vom „Beobachtungs- und Außenposten" wohl unterschreiben – eben deshalb ist Westberlin für ihn

ja ein Ärgernis, nämlich ein vorgeschobener Posten der rivalisierenden Supermacht USA.

Für Pieck und seine Genossen sind aber nicht die Amerikaner das Hauptproblem: sondern die Sozialdemokraten.

In ganz Berlin haben im Oktober 1946 die einzigen freien Wahlen über Zonengrenzen hinweg stattgefunden – und die SED hat, trotz massiver Hilfe der östlichen Besatzungsmacht, katastrophal verloren. Nicht einmal jeder fünfte Berliner hat für die allseits verhasste „Russenpartei" gestimmt, fast die Hälfte hingegen für die SPD. Und im Herbst 1948 stehen erneut Wahlen an.

Kaum etwas weiß man heute über die Gedanken des bereits wahnhaft misstrauischen, alternden Stalin. Welche Motive hat er damals, welche Pläne treiben ihn um? Nur wenige Dokumente oder Augenzeugenberichte überliefern Interna aus dem Kreml für diese Zeit. Doch Wilhelm Pieck macht sich regelmäßig Notizen nach Besprechungen, so auch unmittelbar nach diesem Treffen. Sie werden Jahrzehnte später für die Forschung zugänglich.

Demnach gestehen die Ostdeutschen, dass sie die kommende Wahl wohl nur dann gewinnen würden, wenn man

Für US-Militärgouverneur Lucius D. Clay ist die Blockade eine Schlacht um Berlin – mit einer Luftbrücke will er sie gewinnen

die Alliierten aus Berlin vertreiben könnte. Ohne die Westmächte wäre man in der Lage, die Wahlen zu manipulieren, und die SED säße, wie sonst schon überall in der sowjetischen Besatzungszone, endlich auch in der alten Reichshauptstadt an den Hebeln der Macht.

Darauf Stalin: „Lasst uns einen gemeinsamen Versuch starten – vielleicht können wir sie hinausdrängen!" Offenbar hat der Herrscher des Kremls zu diesem Zeitpunkt schon längst die Blockade beschlossen. Kühl kalkuliert er eine neue Art von Krieg ein – einen Krieg ohne einen einzigen Schuss.

Sollte die Rote Armee die Kanäle, Eisenbahnlinien und Straßen zwischen Westdeutschland und Westberlin blockieren, könnten sich die Amerikaner den Zugang in die Stadt nicht mit Gewalt erkämpfen, denn die nach 1945 größtenteils demobilisierte US Army ist dazu viel zu schwach. Kein Panzer würde rollen. Andererseits: Würden die Amerikaner dann gleich Atombomben werfen? Nur um die in Ruinen liegende Hitler-Stadt Berlin zu halten?

Solange die Rote Armee zwar die Wege blockiert, aber nicht auf die Amerikaner schießt, werden die Gegner auch nicht feuern, weder konventionell noch nuklear: Das ist Stalins Vabanquespiel.

Er will auf die Amerikaner und die mit ihnen verbündeten Briten und Fran-

zosen nicht schießen lassen, er will sie langsam erwürgen. Blockiert er die Versorgungswege nach Berlin, so das Kalkül, dann wird die Situation dort in wenigen Wochen so unhaltbar, dass die Westmächte abziehen müssen. Die Sowjetunion wäre den lästigen US-Vorposten los, die SED hätte freie Hand in der Stadt.

„Die Ausräucherung der Westmächte wird nicht leicht", warnt Wladimir Semjonow einen Monat nach dem Kreml-Treffen. Semjonow ist Politkommissar der SMAD, der Sowjetischen Militäradministration in Deutschland, und damit einer der beiden mächtigsten Statthalter Stalins im Land.

Vermutlich plant der Diktator die Berlin-Blockade für den Herbst 1948, nach einer sorgfältig orchestrierten diplomatisch-politischen Eskalation.

Und so kommt es zunächst auch: Am 20. März 1948 verlässt der sowjetische Vertreter den Alliierten Kontrollrat, das formal oberste Gremium der Siegermächte, in dem die vier Militärgouver-

neure gemeinsam über die Belange des besiegten Deutschland bestimmen. Und vom 16. Juni 1948 an sitzt auch kein sowjetischer Abgesandter mehr in der Alliierten Kommandantur, dem Berliner Äquivalent zum Kontrollrat.

Fortan existiert keine alle vier Sektoren übergreifende alliierte Verwaltung mehr. Das werde „das Ansehen der Westmächte in Deutschland und Europa weiter untergraben", vermutet Semjonow. Weshalb ein sowjetischer Rückzug das westliche Prestige schädigen sollte, bleibt allerdings sein Geheimnis.

Alle acht Minuten landet in Tempelhof eine Maschine, Arbeiter verladen die Fracht in Lastwagen. Täglich kommen so mehrere Tausend Tonnen in die Stadt, darunter sogar Heu für Rinder, Spezialzucker für Imker und 15 VW-Käfer-Streifenwagen für die Polizei

Nachtschicht: Die Sowjettruppen greifen die alliierten Flugzeuge nicht an – denn das käme einer Kriegserklärung gleich

Klar ist jedenfalls, dass Stalin sich schon zu diesem Zeitpunkt fatal verkalkuliert hat. So rechnet er unter anderem damit, dass der Westen in seinen Zonen eine neue Währung einführen wird, was Westdeutschland wirtschaftlich eng an die USA koppeln würde – aber er erwartet dies erst für den August 1948.

Doch schon am 18. Juni teilen ihm westliche Diplomaten mit, dass man die D-Mark in Umlauf bringen werde, und zwar bereits zwei Tage später.

Schock. Konfusion. Stalin ist überrumpelt. Soll die unter US-Regie eingeführte D-Mark auch in der SBZ gelten? Unmöglich!

Per Dekret lässt er die neue Währung im Osten für illegal erklären. (Und schon Tage später werden die ersten Berliner, die D-Mark in der Tasche haben, von Polizeistreifen im Osten verhaftet.)

Eilig erfindet die SMAD stattdessen eine Ost-Mark – indem sie einfach die alten deutschen Reichsmarkscheine mit einem Coupon bekleben lässt.

Trotzdem ist der 20. Juni 1948 der Tag der Währungsreform. In Westdeutschland bekommen die Menschen erstmals die neue D-Mark ausbezahlt.

Daraufhin kommt es zu Tumulten im Neuen Stadthaus, wo die 1946 gewählten Berliner Stadtverordneten tagen. Ein von der SED organisierter Demonstrationszug belagert das Gebäude, die von einem SED-Mann geführte Gesamt-Berliner Polizei bleibt tatenlos. Die SPD-Abgeordnete Jeanette Wolff, eine Jüdin und KZ-Überlebende, wird geschlagen und als „Volksverräterin" beschimpft.

Aber am Ende sind die wenigen SED-Parlamentarier die Einzigen, die gegen die Einführung der „Separatisten-Mark" stimmen. (Ein symbolischer Akt, denn letztlich bestimmen in Berlin ja die Siegermächte über die Währung.)

In Westberlin haben die Besatzer immerhin, aus Rücksicht auf den besonderen Status der Vier-Mächte-Stadt, die neuen Scheine zusätzlich mit einem „B"

gestempelt – Zeichen dafür, dass Westberlin zwar den Westalliierten untersteht, aber staatsrechtlich nicht zu den Westzonen zählt.

Eine juristische Finesse, die Josef Stalin nun auch nicht mehr besänftigen kann. Er will zurückschlagen. Und zwar früher als ursprünglich geplant.

Donnerstag, 24. Juni 1948. In der Nacht kappt der Berliner Energieversorger Bewag auf Befehl der SMAD die Stromversorgung aus zwei im Osten gelegenen Kraftwerken in den Westen der Stadt.

Am Morgen bringt die im Osten erscheinende „Tägliche Rundschau" auf Seite eins (aber eher unauffällig) die Meldung: „Störung an der Eisenbahnstrecke Berlin–Helmstedt".

Auch die Autobahn nach Helmstedt wird, so begründet es die SMAD, wegen „dringender Reparaturarbeiten" sofort gesperrt. Und auf den Wasserstraßen sind es die Schleusen, die auf einmal „repariert" werden müssen.

Die Westberliner Bevölkerung erfährt im Laufe des ersten Tages nach und nach von der so beiläufig eingeleiteten Blockade: aus dem Radio, über Mundpropaganda – und aus einer Rede ihres

designierten Oberbürgermeisters. Im Hertha-Stadion am Gesundbrunnen spricht Ernst Reuter vor 70 000 Bürgern, die eigentlich gekommen sind, um für die Währungsreform zu demonstrieren.

Doch nun muss der SPD-Politiker berichten, dass Stalin den Berlinern mit Hunger droht. „Das ist Erpressung und Verbrechen gegen die Menschlichkeit", empört sich Reuter und verkündet: „Berlin wird nicht drankommen! Wir werden uns mit allen Mitteln, über die wir hier verfügen, bis zum Äußersten gegen den Machtanspruch wenden, der uns zu Sklaven, der uns zu Heloten einer Partei machen will."

So beginnt die Berlin-Blockade – ohne eine formale Erklärung der Sowjetunion –, und so wird sie auch all die Monate weitergehen.

Es ist kein offizieller Akt, der etwa mit einem Regierungsdekret einsetzt. Die Blockade bleibt stets ein über die Zeit immer perfider ausgewähltes Bündel aus Schikanen, die meist mit technischen Problemen begründet werden und manchmal mit Währungsfragen – so akzeptiert die Post der SBZ beispielsweise keine Sendungen mehr, die mit westlichen Briefmarken frankiert sind.

Andererseits haftet der Blockade lange Zeit etwas Improvisiertes, Hastiges, Unausgegorenes an. Denn sie sollte ja eigentlich später verhängt werden, nur die Währungsreform treibt Moskau zur übereilten Aktion. So erreichen noch vier Tage nach Blockadebeginn sieben Frachtkähne mit 1200 Tonnen Ladung unbehelligt Westberlin. Und zur gleichen Zeit fleht der Berliner SED-Vorsitzende seine sowjetischen Beschützer bereits an, den Milchboykott wieder aufzuheben. Denn der trifft vor allem die Kinder, und das wiederum ist verheerende Propaganda für den Osten.

Wegen der fehlenden Stromversorgung aus dem Osten hat jeder Haushalt in Westberlin jetzt nur noch zweimal pro Tag je zwei Stunden Strom. Bald müssen im Westen U- und Straßenbahnen zwischen 18.00 und 6.00 Uhr stillgelegt werden, um Energie zu sparen. Schaufenster und Leuchtreklamen erlöschen.

In den folgenden Tagen sinkt auch der Gasdruck, da das Gas aus der immer knapper werdenden Kohle gewonnen wird: Westberlin wird zur kalten, düsteren Stadt. Die Westberliner Behörden schließen das Strandbad Wannsee, weil

Weil es an Kohle fehlt, verbrennen die Berliner alles, was sie kriegen können – auch die Sitzflächen dieser Parkbänke. Trotzdem müssen viele frieren. Selbst in Krankenhäusern bleibt während des Winters 1948/49 in den meisten Zimmern die Heizung kalt

die Wasserpumpen abgestellt werden. Und in Krankenhäusern werden Röntgenaufnahmen (die viel Strom verbrauchen) nur noch in Notfällen genehmigt.

Wie weit sich Josef Stalin in dieser Zeit persönlich einmischt, ist vollkommen unklar. Selbstverständlich geschieht nichts gegen seinen Willen. Aber bestimmt er auch die Details? Sicher ist, dass die SMAD unter Semjonow und dem Militärgouverneur Marschall Sokolowskij relativ autonom entscheiden darf. Semjonow und Sokolowskij sprechen, an allen Moskauer Ministerien vorbei, auf einer speziellen Funktelefonverbindung direkt mit dem Diktator. Und was dort genau beschlossen wird, ist bis heute unbekannt.

Bevor der Winter kommt, sollen auf Befehl der Stadtkommandanten in der belagerten Stadt mehr als 100 000 Kubikmeter Brennholz geschlagen werden. Mit Äxten und Sägen fällen die Berliner auch Bäume im Grunewald in der Nähe von Charlottenburg

Wahrscheinlich aber werden Semjonow und Sokolowskij dem Sowjetdiktator mitteilen, General Clay habe verkündet, die Amerikaner ließen sich nur durch einen Krieg aus Berlin vertreiben.

Für den britischen Außenminister Ernest Bevin kommt ein Zurückweichen in Berlin ebenfalls nicht infrage. Als Reaktion auf die Krise gestattet Großbritannien den Amerikanern am Tag nach Beginn der Blockade, atomwaffentragende Bomber auf der Insel zu stationieren – „um zu zeigen, dass wir es ernst meinen", wie Bevin verkündet.

Selbst die Franzosen, die schwächste Besatzungsmacht, sichern Berlins Politikern zu, dass sie bleiben werden.

US-Präsident Truman schließlich denkt ebenfalls nicht eine Sekunde daran, Berlin aufzugeben: Er steckt mitten im Wahlkampf. Und eine Umfrage hat ergeben, dass 80 Prozent der Amerikaner dafür sind, die Stadt zu halten.

Als ahnte Clay die Wünsche seines Oberbefehlshabers voraus, setzt er einen kühnen Plan in die Tat um, ohne vorher in Washington nachzufragen.

Samstag, 26. Juni. Auf dem Flugplatz Tempelhof im US-Sektor landet eine Transportmaschine. So unauffällig beginnt ein militärisches Unternehmen mit dem Codenamen „Operation Vittles",

das rasch unter einer ganz anderen Bezeichnung berühmt wird: „Luftbrücke".

Seit November 1945 dürfen Flugzeuge nur auf drei „Luftkorridoren" Berlin anfliegen, auf schmalen Routen über der SBZ. Eine alliierte Luftsicherheitszentrale überwacht den Verkehr. Dort werden, über alle Krisen hinweg, bis zur Auflösung der Zentrale 1990 sowjetische und westliche Militärs Seite an Seite arbeiten – keine Chance also, dass sich westliche Maschinen auf anderen als den erlaubten Kursen der ehemaligen Reichshauptstadt nähern könnten.

Clay will seine Soldaten und die mehr als zwei Millionen Westberliner nun über diese Korridore versorgen. Denn würde er versuchen, mit Konvois oder gar Panzern in die Sowjetische

Besatzungszone einzudringen, könnte er damit einen Krieg provozieren.

Der US-General nutzt stattdessen die entscheidende Schwäche der Gegenseite: Da es eine Blockade offiziell ja gar nicht gibt, sondern es sich bloß um „Reparaturen" der Land- und Wasserwege handelt, weicht er einfach in die Luft aus, wo solche Reparaturen nicht als Vorwand dienen können. Die Rote Armee könnte die Amerikaner dort nur aufhalten, indem *sie* den ersten Schuss abgibt und so einen Krieg auslöst.

Clay ordnet die Operation Vittles an, noch ehe er das Weiße Haus informiert – würde die Rote Armee am 26. Juni tatsächlich schießen, gerieten die einzige Atommacht und die größte Landmacht der Welt in einen fatalen

Ackerbau in der Großstadt: Eine Frau gießt Gemüse und Tabakpflanzen, nur wenige Schritte entfernt rattert eine Straßenbahn vorbei. Die Eingeschlossenen können sich nicht allein auf die Lebensmittel verlassen, die über die Luftbrücke in die Metropole kommen. So legen sie überall in Berlin Beete an, wie hier in Wilmersdorf. Und im Botanischen Garten wachsen nun auch Kartoffeln

Konflikt, ohne dass der Präsident in Washington das auch nur gewusst hätte.

Zu Clays (und der Berliner) Glück schießt kein Rotarmist an diesem Tag – und Truman deckt seinen General, als er später am Tag von der Luftbrücke erfährt: Er ordnet an, alle in Europa verfügbaren Transportflugzeuge in den Dienst des *air lift* zu stellen – und erhebt so Clays improvisierte Notmaßnahme in den Rang einer offiziellen Staatsaktion.

Zwei Tage später teilt der Präsident in einem Gespräch mit seinen wichtigsten Beratern seine strategische Entscheidung mit, die das Schicksal Berlins prägen wird: „We are going to stay, period."

Und das Kabinett in London hat zu Beginn der Blockade ebenfalls die Versorgung aus der Luft beschlossen.

D

Die US Air Force setzt anfangs rund 70 C-47-Transportflugzeuge ein, die Briten 17 baugleiche „Dakotas". Jede dieser zweimotorigen, knapp 20 Meter langen Maschinen trägt ungefähr drei Tonnen Fracht. Die kurz danach genutzten viermotorigen C-54 schaffen immerhin fast zehn Tonnen.

Die amerikanischen und britischen Offiziere, die neben Tempelhof das Flugfeld Gatow im britischen Sektor ansteuern lassen, haben zwar keine Erfahrung mit einem so großen Air Lift, doch sie lernen mit jedem Flug – und sie sind kreativ bis zur Waghalsigkeit: So werden schon nach wenigen Tagen in die C-47 760 Liter Treibstoff weniger hineingepumpt, dafür kann jede Maschine eine halbe Tonne Fracht mehr mitschleppen. Die Briten buchen zivile Chartermaschinen hinzu. In den Luftkorridoren werden unterschiedlich schnellen Maschinen verschiedene Flughöhen zugewiesen, damit der Verkehr sich nicht staut.

Andere Ideen werden dagegen nicht umgesetzt – etwa der Vorschlag, die für die Stromerzeugung wichtigen Kohlen mit noch zu bauenden Riesenluftschiffen zu schleppen. Oder sie aus den Schächten schwerer B-29-Bomber abzuwerfen. Die herabregnenden Transportsäcke, so zeigt ein Test bei Frankfurt, platzen beim Aufprall – und es dauert dann sehr lange, die verstreuten Brocken aufzusammeln.

Dank der immer besseren Organisation landet bald alle acht Minuten eine C-47 in Tempelhof. Die Kohle ist nun in Säcken verstaut, die im Rumpf verzurrt werden, damit sie während des oft genug unruhigen Fluges nicht verrutschen und die Maschine nicht in ein gefährliches Ungleichgewicht bringen. Deutsche Arbeiter (der Job ist begehrt, denn neben dem Geld bekommen sie täglich eine warme Mahlzeit) schleppen binnen weniger Minuten Kartoffeln und Kohle, Margarine und Medikamente heraus.

Die Flugzeuge werden nach und nach unter anderem 53 000 Meter Uniformtuch, eine Tonne Waffen und Munition sowie 15 VW-Käfer-Streifenwagen für die Westberliner Polizei hereinbringen; dazu Spezialzucker für die Bienenvölker der Berliner Imker und Heu für die 8947 Rinder auf dem Stadtgebiet, Papier für die Zeitungen sowie knapp viereinhalb Tonnen frisch gedruckte Geldscheine für die Banken.

Bereits Mitte Juli 1948 werden an Schönwettertagen – wenn die Piloten auf Sicht sehr dicht hintereinander fliegen und landen können – mehr als 2000 Tonnen täglich über die Luftbrücke in die Metropole kommen. (Sobald Wolken aufziehen, müssen die Sicherheitsabstände vergrößert werden, und damit verringert sich die Zahl der Flugzeuge, die täglich die Korridore passieren.) Doch Clays Experten rechnen aus, dass sie diese Menge fast verdoppeln müssen, um Berlin halten zu können.

Freitag, 2. Juli. In der Hauptwerkstatt der Berliner Feuerwehr im Ostberliner Stadtteil Weißensee sind einige Einsatzfahrzeuge aus westlichen Wachen repariert worden. Sie dürfen auf Befehl der SMAD nicht zurückgebracht werden.

Montag, 5. Juli. Auf dem Großen Wannsee landet zum ersten Mal ein „Sunderland"-Wasserflugzeug, das auf der Elbe gestartet ist. Das bauchige britische Flugboot hat 3,5 Tonnen Fleisch an Bord, das mit Lastkähnen ans Ufer gebracht wird. Später werden die Sunderlands vor allem die täglich benötigten 19 Tonnen Salz liefern – denn die empfindliche Mechanik und Hydraulik konventioneller Frachtmaschinen wird durch das (aus Säcken hier und da herausrieselnde) Salz angegriffen; die für Nordsee und Atlantik konzipierten Wasserflugzeuge hingegen sind korrosionsgeschützt.

Für die Berliner Kinder ist die Luftbrücke ein Spektakel: Sie beobachten die landenden Maschinen und spielen wie hier mit Modellflugzeugen die Versorgung nach. Mit etwas Fantasie wird dabei aus ein paar Backsteinen der Flughafen Tempelhof

Mittwoch, 7. Juli. In Westberlins Krankenhäusern wird der Äther knapp; Chirurgen können nur noch im Notfall operieren. Medikamente organisieren die Ärzte in Selbsthilfe, etwa durch Kleinanzeigen in der Zeitung: „Zur Heilung einer 27-Jährigen, die an Kehlkopftuberkulose erkrankt ist, benötigt das Neuköllner Krankenhaus dringend 120 g Streptomycin. Meldungen an Professor Zadek, Neukölln."

76 000 Berliner werden bis Ende Juli 1948 an Tuberkulose erkrankt sein, mehr als 3000 von ihnen das Jahr nicht überleben. Angeblich leidet jeder dritte Erstklässler unter Tbc.

Woche für Woche sterben durchschnittlich 40 Säuglinge an diversen Krankheiten. Immerhin bleiben Kinder-, Geburts- und Frischoperierten-Stationen trotz Kohlenmangels beheizt.

Donnerstag, 8. Juli. Westberlins 70 Blindenhunde erhalten kein Fleisch mehr aus den Abdeckereien im Osten. Nun muss ihr Futter eingeflogen werden – und die Luftbrücke wird genau an diesem Tag auch ohne Schusswechsel gefährlich: Über dem Taunus stürzt eine C-47 ab, drei Piloten sterben. Es werden nicht die letzten Toten bleiben.

Sonntag, 18. Juli. Keine Rohstoffe, kaum Energie, kein Zugang mehr zu den Märkten: 2430 Westberliner Unternehmen haben bereits aufgegeben und die Produktion eingestellt. Die Stadtverwaltung registriert mehr als 35 000 neue Arbeitslose. Die Gesamtzahl der Beschäftigungslosen wird bis zum folgenden Frühjahr auf 156 000 ansteigen.

Der Magistrat beschließt, 50 000 Berliner für die „Enttrümmerung" (das Freiräumen zerstörter Grundstücke) einzustellen. Eine teure Arbeitsbeschaffungsmaßnahme, die Westberlin nicht aus Steuereinnahmen bezahlen kann.

Die Exklave wird nun zur finanziellen Bürde der neu gegründeten westdeutschen Länder, die wertvolle Lebensmittel nach Berlin liefern und zugleich den defizitären Etat der schwer gebeutelten Stadt mitfinanzieren müssen.

Und niemand weiß, wie hoch die Kosten ausfallen werden, denn ein Ende der Blockade ist unabsehbar.

Donnerstag, 22. Juli. AEG Turbine, eines der größten Unternehmen Westberlins, erhält weiterhin Strom aus dem Osten – denn die hier produzierten Großmaschinen werden in Kraftwerken der SBZ dringend benötigt. Doch nun verbieten die Alliierten deren Ausfuhr.

Nach und nach verschärft sich damit eine Gegenblockade des Westens. Keine Maschinen, keine Waren, überhaupt kein Handel mehr mit dem Osten!

Ludwig Erhard, der Direktor der westdeutschen Verwaltung für Wirtschaft, protestiert bei Clay gegen diese Entscheidung, denn sie schadet west-

Vom Himmel regnet es Schokolade

deutschen Ex- und Importen. Doch der General bleibt hart und verbietet sogar ein Konzert der Berliner Philharmoniker im Ostteil der Stadt.

Tatsächlich wird die ostdeutsche Wirtschaft durch die Gegenblockade wohl schwerer getroffen als die westdeutsche durch Stalins Einkesselung. Nun erweist sich die Berlin-Sperre auch für die UdSSR als teure Aktion. Der führende SED-Funktionär Walter Ulbricht schmäht Westberlin als den „Brückenkopf, von dem aus der Stoß gegen die Wirtschaft der Sowjetischen Besatzungszone geführt werden soll".

Samstag, 24. Juli. Die SMAD erlässt den Befehl Nummer 80: Von nun an dürfen sich Westberliner für Lebensmittelkarten auch im Osten registrieren lassen.

Die Alliierten haben dieses System der Kriegszeit im Mai 1945 übernommen. Jedem Bürger stehen Karten zu, die in Zehn-Tage-Einheiten eingeteilt sind. Mit Coupons, die sie herausschneiden müssen, erhalten die Menschen in den Läden penibel aufgeführte Mengen Vorräte, die je nach Alter, Arbeit und

anderen Kriterien unterschiedlich ausfallen. Ein in der Industrie schuftender „Schwerstarbeiter" soll mit seinen Karten 2905 Kalorien täglich bekommen, ein „Normalverbraucher" muss sich mit 1605 Kalorien begnügen.

Doch oft sind Kartoffeln zerdrückt, werden Brot oder „Nährmittel" wie Hafergrütze gestreckt. Oder die Waren werden gar nicht „aufgerufen", sind also nirgendwo erhältlich. Eine Unsicherheit, die körperlich und geistig zermürbt.

Berlin ist längst eine Stadt der Erschöpften, selbst Alltägliches kostet Kraft. Zwar sind schon wieder mehr als 7000 Privatautos zugelassen, doch die haben kaum Benzin. Da U- und Straßenbahnen die Hälfte des Tages nicht mehr fahren, lebt die Metropole, deren Fläche achtmal so groß ist wie die von Paris, im langsamen, Kräfte zehrenden Takt der Fußgänger.

Mit dem Befehl Nummer 80 wollen Sowjetoffiziere und SED-Kader nun eine Abstimmung mit den Füßen provozieren.

Ihr Kalkül: Immer mehr Berliner aus dem unterversorgten Westen werden das Angebot annehmen, sich im Osten registrieren zu lassen – und damit die westliche Herrschaft destabilisieren.

Nach einigen Wochen sind die ersten Zahlen absehbar: Rund 21 000 Westberliner haben Ost-Karten beantragt, nur gut ein Prozent aller Einwohner. Ein klares Votum für den Westen.

Montag, 26. Juli. Ein Konvoi mehrerer Lastwagen voller Lebensmittel hält am Platz vor dem Bahnhof Zoo. Einige Händler in Westdeutschland haben ihn auf eigenes Risiko losgeschickt – und zwar auf Nebenstrecken durch die SBZ. Da die Rote Armee nicht jede Landstraße Brandenburgs wegen „Reparaturarbeiten" sperren kann, ist diese beschwerliche Route offiziell weiterhin frei.

Die „Blockadebrecher" (wie die Berliner diese Geschäftemacher schon bald nennen) verkaufen ihre Waren gegen harte D-Mark.

Die Aktion ist derart profitabel, dass in den nächsten Monaten immer wieder Konvois nach Berlin fahren. Manche Lastwagen werden unterwegs von Rotarmisten beschlagnahmt, die meisten jedoch erstaunlicherweise nicht

– ein Zeichen dafür, dass die Landblockade nicht undurchdringlich ist.

Andere Blockadebrecher nutzen die unübersichtliche Ruinenwüste, um zu Fuß oder mit dem Fahrrad auf Schleichwegen Vorräte vom Umland in die Stadt zu bringen. Oder sie stecken ihre Waren einfach in Pakete, die sie an brandenburgische Postämter in der Nähe der Berli-

Im Verlauf der Blockade sperren Volkspolizisten die meisten Straßen und Brücken zwischen Ost- und Westteil der Stadt

ner Stadtgrenze schicken und von dort aus zu Fuß in die Westsektoren tragen.

Sonntag, 1. August. Die SED richtet ein „Postzeitungsamt" ein. Es wird nach und nach den Verkauf von Zeitungen aus westlichen Sektoren im Ostteil verbieten. Allerdings können viele Berliner diese Zensur recht einfach sabotieren. So werden in Lesezirkelmappen Westzeitungen unauffällig zwischen Ostblätter wie das „Neue Deutschland" geheftet. Diese Mappen liegen in Geschäften und bei Friseuren aus.

Mittwoch, 4. August. Der Botanische Garten im Westen öffnet sein wiedererrichtetes Gewächshaus, wo so exotische Pflanzen wie Bananenstauden gedeihen. Auf der Freifläche davor werden Kartoffeln angebaut, um die Versorgung der Stadt zu verbessern.

Donnerstag, 5. August. Ostberlin soll unbedingt günstiger dastehen als der

Westen! Daher befiehlt die SMAD den Länderverwaltungen von Thüringen, Sachsen und Brandenburg, 51 000 Paar Schuhe und 10 000 Paar Handschuhe nach Ostberlin zu liefern. Sofort.

Samstag, 7. August. Der neue Westberliner Polizeipräsident Johannes Stumm bezieht seine Zentrale im amerikanischen Sektor. Doch sein vom Magistrat abgesetzter Vorgänger, das im Osten residierende SED-Mitglied Paul Markgraf, bleibt mit Unterstützung der sowjetischen Besatzer im Amt. Damit ist die Ordnungsmacht der Stadt geteilt: in eine Ost-Einheit, die bald „Volkspolizei" genannt wird – und in die neue Westpolizei, die von der Sowjetkommandantur offiziell nicht anerkannt wird.

Montag, 16. August. In einem Luftkorridor rast ein sowjetisches Jagdflugzeug auf einen britischen Transporter zu. Die beiden Maschinen trennen nur noch 30 Meter, als das Kampfflugzeug abdreht.

Donnerstag, 19. August. Razzia am Potsdamer Platz! Dieser Ort ist Berlins „fünfter Sektor": Im Zentrum der Stadt stoßen hier amerikanische, britische und sowjetische Zonen aufeinander, ohne dass irgendeine Barriere diese Grenzen markiert. Die kriegszernarbten Blocks von Deutschlandhaus und Columbushaus werfen Schatten auf das Muster unzähliger Straßenbahnschienen, an fast allen Ecken führen düstere Niedergänge zu U- und S-Bahn-Stationen: Wenn es einen idealen Ort für einen Schwarzmarkt gibt, dann hier.

Der Schwarzmarkt ist ein Produkt des Mangels, ein illegaler Basar, auf dem verkauft und getauscht wird, was es auf den Rationierungskarten zu wenig oder gar nicht gibt, von Butter und Medikamenten bis zu Schuhen und Nähmaschinen.

Da es vielen Berlinern kaum möglich ist, mit den offiziellen Rationen zu überleben, sind sie gezwungen, das wenige, was sie aus den Ruinen gerettet haben, auf den Potsdamer Platz oder einen der vielen anderen schwarzen Märkte zu tragen. Wer nichts zu tauschen hat, muss mit hohen Beträgen in West- oder Ost-Mark bezahlen (deren Wechselkurs zu-

einander sich zwischen 1:4 und 1:6 einpendelt) oder mit Zigaretten.

Die Schieber sind die Könige dieser Schattenwelt – Händler und Schmuggler, die auf heimlichen Wegen den Markt versorgen, etwa wenn sie Piloten der Luftbrücke bestechen, Schokolade oder andere Waren aus den eingeflogenen Beständen abzuzweigen.

Auf manchen Schwarzmärkten haben sich die Schieber zu Banden organisiert; der Bahnhof Zoo und der Wittenbergplatz etwa sind in der Hand der „Immergrün"-Bande, zu der 290 Männer gehören. Eine andere Gruppe stiehlt Lastwagen und fährt auf Nebenwegen bis nach Brandenburg, um dort Rinder auf den Weiden zu schlachten und das Fleisch unter der Hand zu verhökern.

Gegen 18.30 Uhr startet die Volkspolizei an diesem Donnerstag eine Razzia auf der Ostseite des Potsdamer Platzes: Uniformierte erscheinen plötzlich, stürmen los – und versuchen, jeden zu verhaften, der ihnen als Schieber oder als Kunde verdächtig erscheint.

Doch es sind ja nur wenige Schritte bis zum amerikanischen Sektor ...

Die Menge flutet in die Sicherheit des westlichen Bereichs, die Volkspolizisten verharren an der Grenze. Und dann fällt irgendjemandem auf – vielleicht einem wütenden Schieber, der bei der Flucht einige Waren verloren hat, vielleicht einem erschöpften Bürger, der sich um ein paar Gramm ertauschten Zuckers betrogen sieht –, dass nur sehr wenige Volkspolizisten dort stehen.

Ein Stein fliegt. Noch einer. Und immer weitere werden geworfen. Da verlieren die Ostberliner Beamten die Nerven und ziehen ihre Pistolen. Zwei Dutzend Mal feuern sie direkt in die Menge, über die Sektorengrenze hinweg. Zurück bleiben mindestens sechs Verletzte.

Als Zeichen ihres Triumphes über das NS-Regime haben die Sowjettruppen ein riesiges Stalin-Porträt auf dem einstigen Prachtboulevard Unter den Linden errichtet. In Ostberlin ist die Lage kaum besser als im Westen. Denn Briten, Franzosen und Amerikaner haben bald nach Beginn der Blockade jeden Handel mit der Sowjetzone gestoppt. Deshalb fehlt es dort nun etwa an Großmaschinen für die Kraftwerke

Es ist nicht das erste Mal, dass Volkspolizisten, Rotarmisten oder sowjetische Geheimagenten die Sektorengrenze missachten. Und es ist auch nicht die erste Schwarzmarktrazzia, bei der geschossen wird. Doch was zuvor kaum Aufsehen erregt hätte, wird im August 1948 zu einem Politikum.

Der US-Militärkommandant in Berlin gibt der Blockade die Schuld für die Eskalation an der Sektorengrenze: Sie zwinge die Berliner zum Besuch der illegalen Märkte.

Die sowjetische Seite dagegen sieht faschistische Kräfte am Werk: „Junge Männer in schwarzen Hosen und hohen Stiefeln" hätten die Ostberliner Polizei mit Hilfe amerikanischer Militärpolizisten angegriffen.

Berlins Schwarzhändler aber zeigen sich von dem Schusswaffengebrauch der Vopos wie von dessen politischen Folgen

völlig unbeeindruckt und gehen weiter ihren profitablen Geschäften nach.

Freitag, 20. August. Auf dem Bethaniendamm in Kreuzberg (US-Sektor) überfallen gegen 13.45 Uhr mehrere Rotarmisten drei deutsche Westpolizisten und verschleppen sie nach Ostberlin.

Erst nach drei Tagen werden die Beamten wieder freigelassen. Eine Begründung für diesen Angriff gibt es nicht, doch werden in den nächsten Tagen fünf weitere Polizisten entführt.

Samstag, 21. August. Der US-Pilot Gail Halvorsen wirft während des Landeanflugs auf Tempelhof Schokolade an selbst gebastelten Fallschirmen für die Berliner Kinder ab. Schnell machen es ihm einige Kameraden nach. Irgendwann kommt unter den Bewohnern der Stadt daher der Spitzname „Rosinenbomber" auf –

ein US-Colonel erwähnt den Begriff jedenfalls schon am 3. Dezember 1948 in einem Memo für General Clay.

Und die SED verteilt ungefähr zur gleichen Zeit ein Flugblatt mit einer schon verzweifelt klingenden Propaganda gegen die immer populärer werdenden alliierten Flieger: „Gestern Phosphor, heute Rosinen, morgen Atombomben."

Freitag, 27. August. Schießerei zwischen GIs und einem Offizier der Roten Armee. Ein sowjetischer Militärjeep rast in der Nähe des Potsdamer Platzes durch den US-Sektor. Zwar hat er das Recht, durch Westberlin zu fahren, doch ist dieser Wagen viel zu schnell. US-Militärpolizisten wollen den Fahrer anhalten und ermahnen, langsamer zu fahren. Doch als der Rotarmist die Stoppzeichen sieht, gibt er erst recht Gas. Es kommt zu einer Verfolgungsjagd zwischen dem

Jeep und einigen Militärpolizisten auf Motorrädern. Sowjetsoldat wie Amerikaner schießen, treffen aber glücklicherweise niemanden; allerdings stürzt ein GI vom Motorrad.

Der russische Fahrer bringt sich schließlich hinter der sowjetischen Sektorengrenze in Sicherheit.

Montag, 6. September. Fast alles in Berlin ist bereits geteilt, nur die Stadtverordnetenversammlung nicht. Zwar haben die gewählten Abgeordneten sehr wenige Kompetenzen – wichtige Entscheidungen fällen die Besatzungsmächte –, doch haben Berlins Parlament und die „Magistrat" genannte Regierung durchaus Einfluss auf die Verwaltung, von der Polizei bis zum Wohnungsamt. Außerdem ist es als Zeichen für Deutschlands Erneuerung wichtig, dass in der ehemaligen Reichshauptstadt wieder Politiker demokratisch bestimmt werden.

Bis zu diesem Tag. Denn nun dringen von der SED zusammengerufene

Schläger in das im Osten liegende Neue Stadthaus ein und sprengen die Sitzung. Rangeleien, Rufe, eine Tür geht zu Bruch, ostdeutsche Volkspolizisten sehen tatenlos zu; schließlich geben die Abgeordneten auf und fliehen.

Ziel der SED ist es, die für den Herbst 1948 geplanten Wahlen (deren Termin noch nicht feststeht) zu verhindern, indem sie das Parlament lahmlegt. Denn die Blockade wird die westlichen Alliierten vor der Wahl nicht mehr aus Berlin vertreiben, das ist inzwischen klar. Die SED-Funktionäre können jetzt nur noch

versuchen, die Aktivitäten ihrer demokratischen Rivalen zu sabotieren – und in ihrem eigenen Gebiet den letzten Widerstand auszuschalten.

Man werde „den Ostsektor reinigen von gegenrevolutionären Kräften", hat Wilhelm Pieck ein paar Tage zuvor einem Offizier der Roten Armee versprochen, und es werde „Absetzung von Posten, Verhaftungen" geben.

Donnerstag, 9. September. Der Platz vor dem zerschossenen Reichstag ist ein Menschenmeer. 250 000 Berliner mögen dort stehen, vielleicht auch 300 000.

Die demokratischen Parteien haben zu einer Protestveranstaltung gegen die Sprengung der Stadtverordnetenversammlung aufgerufen, und eine unfassbare Menge strömt zusammen, eine der größten Kundgebungen, die das an Paraden und Demonstrationen nicht gerade arme Berlin bis dahin je erlebt hat.

Es spricht der SPD-Politiker Ernst Reuter – der schlimmstmögliche Feind der SED und deren Schutzmacht.

Denn Reuter, schon 1912 Sozialdemokrat, war im Ersten Weltkrieg als Kriegsgefangener in Russland. Dort erlebte er die Oktoberrevolution mit, wurde begeisterter Bolschewist – und 1921 erster Generalsekretär der KPD, wo er sich gegen Pieck durchsetzte. Doch nach einigen Monaten stürzte er durch eine Intrige, wurde aus der KPD ausgeschlossen, trat wieder der SPD bei. Die NS-Zeit hat er im Exil überlebt.

Dies ist kein Politiker, den die SED als ehemaligen Nationalsozialisten schmähen könnte.

Bereits 1947 ist Reuter von der Stadtverordnetenversammlung zum Berliner Oberbürgermeister gewählt worden, doch damals hat Marschall Sokolowskij sein Veto eingelegt und verhindert, dass er das Amt antreten konnte. Bei der anstehenden Wahl aber wird ihn die SPD nun erneut nominieren.

Reuter hält an diesem Tag eine der bedeutendsten Reden der deutschen Nachkriegsgeschichte: pathetisch, leidenschaftlich, so ganz anders als das blutleere Gerede der SED-Apparatschiks Pieck oder Ulbricht.

Schlau erklärt er Berlins Schicksal zum Schicksal des Westens: „Ihr Völker

Während der Luftbrücke kommt es immer wieder zu tödlichen Unglücken. 86 Menschen sterben bei Abstürzen oder auf den völlig überlasteten Flughäfen. Im August 1948 geht dieses amerikanische Flugzeug in Flammen auf, die vierköpfige Crew kann sich retten

der Welt! Schaut auf diese Stadt und erkennt, dass ihr diese Stadt und dieses Land nicht preisgeben dürft, nicht preisgeben könnt!"

Doch es sind nicht bloß diese Sätze, mit denen Reuter seine Zuhörer aufpeitscht (und die in die Geschichtsbücher eingehen). Er greift seine ostdeutschen Gegner auch frontal an: „Die Handschellen, die sind in Wirklichkeit das Symbol dieser erbärmlichen Kümmerlinge, die für 30 Silberlinge sich selbst und ihr Volk an eine fremde Macht verkaufen wollen."

Kein Wunder, dass am Ende der Veranstaltung gegen 18.00 Uhr etliche Tausend Zuhörer zum Brandenburger Tor ziehen. Es sind ja bloß ein paar Schritte vom Reichstag dorthin – doch es ist zugleich ein Weg hinein in den sowjetischen Sektor.

Auf dem Brandenburger Tor weht die Rote Fahne. Nun stürmen Demonstranten das Monument, einigen gelingt es, bis auf das Dach zu klettern und die Rote Fahne vom Mast zu reißen.

Die Demonstranten jubeln – und die Volkspolizisten und Rotarmisten schießen. Mehr als 200 Menschen werden verletzt. Ein Junge stirbt noch auf dem Weg ins Krankenhaus.

Er ist 15 Jahre alt.

Am Ende dieses Tages ist endgültig klar, dass die SED oder die Sowjetunion weder durch Propaganda noch durch materielle Anreize wie Lebensmittelkarten jemals populär werden.

Sie können die Berliner nicht überzeugen, sie können nur mehr versuchen, ihren Willen zu brechen. Noch hat die Blockade wenig ausgerichtet. Aber der Winter kommt ja erst – und langsam wird der Preis, den der Westen zahlen muss, schmerzhaft hoch.

Mittwoch, 29. September. Hamburgs Bürgermeister Max Brauer (SPD) ist, wie andere westdeutsche Länderchefs auch, besorgt wegen der hohen Kosten der Blockade. So stehen allein beim Westberliner Energielieferanten, der ja einen erheblichen Teil der Kohle teuer einfliegen lassen muss, Einnahmen von 8,6 Millionen D-Mark Ausgaben von 21 Millionen gegenüber. Max Brauer schlägt nun öffentlich vor, dass wöchentlich

»Schaut auf diese Stadt!«: Ernst Reuter, später Oberbürgermeister, ist die Stimme des Widerstands gegen die Blockade

20 000 Berliner ausgeflogen werden sollen, um Westberlin nach und nach zu leeren. Seine Stadt beispielsweise könne 5000 Menschen aufnehmen.

Ein Eklat. Für General Clay ist Brauers Äußerung Defätismus im Kampf um Berlin – und er bietet dem Hamburger Bürgermeister sein eigenes Flugzeug an, damit der sich doch bitte einmal persönlich an die Spree begeben und

Sturm auf das Brandenburger Tor

sich dort umsehen solle. Brauer bleibt an der Elbe.

Am selben Tag stoppt ein ostdeutscher Personenzug kurz am Bahnhof Zoo. Da stürzen Menschen heraus: Es sind Ostberliner, die von den Sowjetbehörden für den Uranbergbau im Süden ihrer Besatzungszone zwangsverpflichtet worden sind. Die Flüchtlinge tauchen im Westen unter.

Mittwoch, 6. Oktober. Kohle kommt mit den Flugzeugen, aber wie sollen die Berliner diese Kohle in ihren Öfen anzünden? 100 000 Kubikmeter Holz, so befehlen es nun die westlichen Stadtkommandanten, müssen vor dem Winter in Westberlin geschlagen werden.

Der Forstmeister protestiert: Auf diese Weise werde man zwar für acht Wochen Anfeuerholz bekommen, müsste anschließend aber eine Generation lang wiederaufforsten. Die Menge wird daraufhin zwar um zwei Drittel gesenkt, doch ab Mitte Oktober fallen die Bäume, etwa im Grunewald.

Dienstag, 19. Oktober. Auf Befehl Nummer 53 der Polizei des Landes Brandenburg gegen „Hamsterer und Schieber" wird von der Volkspolizei und der sowjetischen Besatzungsmacht ein „Ring um Berlin" gelegt. Polizisten sollen in den Bahnhöfen alle Reisenden durchsuchen und ertauschte Waren, etwa Kartoffeln, beschlagnahmen.

Zudem lässt die SMAD 70 Straßensperren in der Stadt und im Umland errichten, um Personen- und Lastwagen auf dem Weg nach Westberlin besser zu kontrollieren.

Diese Posten werden kurz darauf winterfest gemacht, ein Indiz dafür, dass die Blockade noch lange andauern wird. Alle aus Westdeutschland eintreffenden Briefe und Pakete werden nun systematisch von anderen Sendungen getrennt, um sie leichter zensieren zu können.

Für die Eingeschlossenen ist der „Ring" ein schwerer Schlag. So sind im September 1948 beispielsweise 38 500 Tonnen Kartoffeln über die Luftbrücke eingeflogen worden. Im gleichen Zeitraum haben Hamsterer, so schätzt es zumindest der Berichterstatter des „Neuen Deutschland", 36 000 Tonnen Kartoffeln aus Brandenburg geholt.

Auch ist es bislang noch möglich gewesen, mit der S-Bahn im 20-Minuten-Takt von Westberlin etwa nach Potsdam zu fahren. Dort haben Bürger, ganz legal, Braunkohlebriketts kaufen können, den Zentner zu 18 Ost-Mark. Wer seine D-Mark zuvor schwarz zum Kurs 1:6 getauscht hat, konnte das Heizmaterial auf diese Weise für weniger als drei D-Mark pro Zentner erwerben. Doch

Der Pilot fliegt die Fracht nach Berlin, der Arbeiter lädt sie aus – gemeinsam haben sie eines der vielen Luftbrückenteams gebildet. Ende August verabschieden sich Briten und Westberliner voneinander. Josef Stalin hat zwar bereits im Frühjahr 1949 die Blockade beendet, die Luftbrücke aber haben die Alliierten noch mehrere Monate lang aufrechterhalten

fortan ist es unmöglich, einen Sack Briketts an den Kontrollen der Volkspolizei vorbeizuschmuggeln.

Oder auch nicht. Denn immer wieder ziehen nun Menschen kurz vor den Bahnhöfen die Notbremse – und entkommen aus dem haltenden Zug, bevor die Polizisten herangeeilt sind.

Besser organisierte Hamsterer werfen ihre Warensäcke während der Fahrt aus dem Zug und lassen sie von Komplizen einsammeln. Lastwagenfahrer durchbrechen innerhalb Berlins nun häufig die Kontrollen. Die Volkspolizisten schießen, doch zumeist erreichen die Fahrzeuge noch den rettenden Westsektor.

Manchmal muss es aber auch gar keine Gewalt sein: Ein paar strategisch günstig platzierte Kohlen oder Holzscheite, die von den Beamten „requiriert" werden, um ihr Wachhäuschen zu heizen, beschleunigen die Kontrollen. Und der eine oder andere Grenzübergang ist

nachts geöffnet, da es an Lampen fehlt. Wäre die Schranke abgesenkt, würde es die ganze Zeit zu Unfällen kommen.

Samstag, 23. Oktober. Für den Dichter und Dramatiker Bertolt Brecht und seine Frau Helene Weigel, die nach 15 Jahren Exil wieder in Ostberlin leben, findet im Klubhaus des Kulturbundes in der Jägerstraße ein Empfang statt. Am gleichen Tag hält der Philosoph Bertrand Russell im British Information Centre am Lehniner Platz einen Vortrag über „Wissenschaft und Zivilisation". Die geteilte Stadt ist – viel mehr wohl noch, als General Clay vermutet hat – für beide Blöcke zum Schaufenster ihrer konkurrierenden Systeme geworden.

Wer will, kann an einem Abend in der Städtischen Oper in der Kantstraße (West) eine Neuinszenierung von Mozarts „Così fan tutte" bewundern und nur wenige Tage später und wenige Kilome-

ter weiter in der Jägerstraße (Ost) einem Vortrag des Schriftstellers Arnold Zweig lauschen. Und wer zu Hause bleibt, zu dem kommt die Kultur angerollt: Zwar besitzt längst nicht jeder Berliner ein Radio (und ist zudem ja meist der Strom abgestellt), doch der RIAS – der „Rundfunk im Amerikanischen Sektor" – schickt Lautsprecherwagen los, die mit dem Programm die Straßen beschallen.

Montag, 1. November. Die Lebensmittelrationen im Westen werden leicht erhöht. Einem „Normalverbraucher" stehen nun pro Tag 400 Gramm Brot, 50 Gramm „Nährmittel", 40 Gramm Fleisch, 30 Gramm Fett, 40 Gramm Zucker, 400 Gramm Kartoffeln und fünf Gramm Käse zu.

Das sind nach wie vor sehr bescheidene Rationen – doch die Erhöhung ist psychologisch wichtig, denn sie zeigt den Berlinern, dass die Luftbrücke hält.

Freitag, 5. November 1948. Die erste Maschine landet auf dem neu errichteten Flugplatz Tegel im französischen Sektor. Mit dem dritten festen Landeplatz in Berlin wird die Versorgung deutlich erleichtert. Bald bringen die Rosinenbomber durchschnittlich 8000 Tonnen täglich herein, weit mehr als das einst von Clays Experten errechnete Minimum.

Alliierte Pioniere und deutsche Bautrupps haben den Flugplatz in nur viereinhalb Monaten aus dem Boden gestampft.

Montag, 15. November. In Ostberlin öffnen die ersten „Freien Läden", so in der Frankfurter Allee. Hier werden, staatlich autorisiert, Waren ohne Rationskarten verkauft, zum Beispiel eine Tafel Schokolade für mindestens 18 Ost-Mark, ein Paar Herrenschuhe für 300 Ost-Mark. Kurz darauf folgen auch „Freie Restaurants", etwa das „Borchardt" in der Französischen Straße, wo das Wildragout mit Kartoffelklößchen 11,70 Ost-Mark kostet.

Da der Durchschnittsverdienst des Ostberliners bei 200 Ost-Mark liegt, ist klar, dass sich kaum jemand diese Preise leisten kann. Ziel sind Westberliner Kunden und deren Geld – und das erfolgreich: Die „Freien Läden" des Ostens führen zu einer Krise des Schwarzmarkts im Westen. Die Schieber am Potsdamer Platz oder vor dem Bahnhof Zoo müssen die 100-Gramm-Tafel Schokolade für 8,50 Ost-Mark verschleudern, um mit der neuen legalen Konkurrenz mithalten zu können.

Sonntag, 5. Dezember. Wilhelm Piecks Albtraum wird wahr, zumindest in Westberlin. Unter Aufsicht der Alliierten finden in den drei Westsektoren Wahlen zur Stadtverordnetenversammlung statt.

Der Strom wird an diesem Tag bereits um 15.30 Uhr eingeschaltet, um Wahllokale zu beleuchten. Auch sichern Polizisten die Orte, weil man Angriffe von SED-Trupps fürchtet. Doch die Ostpartei beschränkt sich auf Boykottaufrufe.

An der Wahl beteiligen sich 83,6 Prozent der stimmberechtigten Menschen in diesen Zonen, die SPD holt fast zwei Drittel der Stimmen. Zwei Tage darauf wird Ernst Reuter zum Oberbür-germeister von Berlin gewählt, sechs Wochen später ziehen die Stadtverordneten in ihr neues Domizil: das Schöneberger Rathaus. Berlin hat nun zwei Regierungen, die beide die Macht in der ganzen Stadt beanspruchen, denn fünf Tage zuvor hat sich im Osten bereits der SED-Funktionär Friedrich Ebert von einer „Außerordentlichen Stadtverordnetenversammlung" zum Oberbürgermeister wählen lassen.

Doch auch an diesem Wahltag werden die Berliner daran erinnert, wie prekär ihre Situation noch immer ist. Wieder einmal stürzt ein Frachtflugzeug ab, eine amerikanische Maschine, die Kohlen bringen sollte. Drei Tote.

Montag, 6. Dezember. Ein Volkspolizist beobachtet auf dem Teltowkanal zufällig einen Flößer, der riesige Rundhölzer durch das Wasser stakt. Als er den Mann anspricht, treibt der sein Holz rasch ans gegenüberliegende Ufer, das im amerika-nischen Sektor liegt. So stoßen die Autoritäten im Osten auf einen Schmuggel, den der westliche Magistrat schon seit einiger Zeit organisiert: Bauholz aus dem Umland wird zu Flößen gebunden und nach Berlin geschickt. Das ist so langsam und so absurd auffällig, dass gerade dies lange keinen Verdacht erregte und niemand die Flößer je kontrolliert hat.

Dienstag, 7. Dezember. Je kälter die Tage, desto wagemutiger die Kohlenklauer. Das Brennmaterial wird in Westberlin, nachdem es aus den Flugzeugen geladen worden ist, mit Lastwagen oder Zügen weitergeschafft. Zwischen den Bahnhöfen Witzleben und Westend fällt an diesem Tag ein 18-Jähriger zwischen die fahrenden Waggons, ein Rad trennt seinen linken Arm ab.

Andere Berliner suchen in den Ruinen nach Brennholz, was nicht weniger gefährlich ist. Einer stürzt vom Dach der Synagoge in der Fasanenstraße und stirbt, ein anderer wird in einem Keller in der Bernauer Straße verschüttet.

Ein Westberliner Unternehmen stellt als neues Heizmaterial „Branda-Platten" vor: Kunstbriketts, zusammengepresst aus 60 Prozent Kohlenstaub und 30 Prozent Sägespänen, verklebt mit zehn Prozent Teer. Das Produkt ist teuer (200 Platten mit 80 Kilogramm Gewicht kosten 23 D-Mark), hat weniger Brennwert als ein Braunkohlebrikett und erzeugt extrem giftige Abgase.

Mittwoch, 15. Dezember. Die britischen Wasserflugzeuge landen nicht mehr in Berlin, weil die Havel zuzufrieren droht.

Samstag, 25. Dezember. Weihnachtsfeier der US-Besatzungsmacht im Titania-Palast. Mehrere Minister aus Washington sind zu Gast, der Komiker Bob Hope und der Komponist Irving Berlin treten auf. Für die US-Regierung ist das Ausharren in der Stadt zu einer Prestigefrage geworden, und jeder soll es sehen.

Den deutschen Mitarbeitern auf den Flughäfen haben die westlichen Alliierten – Gegenblockade hin oder her – kurz vor Weihnachten als Geschenke offiziell 59 400 Flaschen Schnaps in der sowjetischen Besatzungszone gekauft, für gut drei Millionen Ost-Mark.

Wie groß die Dankbarkeit in Westberlin ist, zeigt diese Rotkreuzhelferin einem britischen Piloten mit einem Kuss und Blumenstrauß

Mittwoch, 29. Dezember. Volkspolizisten durchsuchen seit einiger Zeit immer häufiger Reisende in der U-Bahn und beschlagnahmen Waren sowie D-Mark-Scheine und Westzeitungen, sobald die Züge über Ostberliner Gebiet rattern. An diesem Tag sind Passanten am U-Bahnhof Bernauer Straße darüber derart wütend, dass sie die Türen eines Wagens von innen blockieren und einen eingeschlossenen Volkspolizisten verprügeln. Der Beamte kann erst im Westen entkommen.

Einige Tage darauf prangert der „Tagesspiegel" in einem Zeitungsbeitrag die ostdeutschen „Banditenpolizisten" in den S- und U-Bahnen an und veröffentlicht ihre Namen und Adressen.

Samstag, 1. Januar 1949. Alliierte Spezialisten entwickeln den Plan, das von der Roten Armee 1945 weitgehend demontierte Kohlekraftwerk West mithilfe der Luftbrücke wieder aufzubauen. Es könnte den westlichen Sektoren Strom liefern.

Das Problem ist die riesige Kesselanlage: Selbst das stabilste bei der Luftbrücke eingesetzte Frachtflugzeug kann nur Teile von 9,6 Meter Länge und 2,28 Meter Durchmesser sowie einem Einzelgewicht von fünf Tonnen aufnehmen. Die gesamte Kesselanlage des Kraftwerks wiegt 310 Tonnen. 195 Tonnen lassen sich in transportfähige Komponenten zerlegen. Aber der Rest?

Zwar fliegen britische Maschinen später Kraftwerksteile ein, doch stößt die Luftbrücke hier an ihre Grenzen: Bis zum Ende der Blockade wird es nicht mehr gelingen, das Kohlekraftwerk vollständig in Transportflugzeuge zu verfrachten. Es wird erst im Dezember 1949 vollendet.

Montag, 31. Januar. In der „New York Times" erscheint ein Interview mit Josef Stalin. Der Diktator gibt sich in seiner Antwort auf eine Frage zur Berlin-Blockade recht nachgiebig – und vor allem fehlt seine Forderung, die Währungsreform in den westlichen Besatzungszonen rückgängig zu machen. Bis dahin haben der Kremlherr und seine Gehilfen die unterschiedlichen Währungen im Westen und Osten stets als Mittel zur Spaltung Deutschlands scharf kritisiert. Nun erwähnt er die D-Mark nicht mehr.

Für die Sowjet-Kenner im US-Außenministerium ist dies ein von Stalin sorgfältig platzierter Hinweis darauf, dass er bereit ist, die Blockade zu beenden.

Philip C. Jessup, ein US-Diplomat bei den Vereinten Nationen in New York, nimmt daraufhin heimlich Kontakt zu seinem sowjetischen Kollegen Jakow Malik auf.

Mittwoch, 23. Februar. Volkspolizisten riegeln die Sektorengrenze zu Neukölln an mehreren Stellen mit Betonsperren und Gräben ab. Einige Tage zuvor haben sie bereits die Lohmühlenbrücke zwischen Neukölln und Treptow mit Eisenpfählen blockiert.

Bis zum 19. April werden nach und nach die meisten Straßen und Brücken zwischen West- und Ostberlin gesperrt. Schließlich bleiben nur noch vier Kontrollposten, an denen Fahrzeuge passieren dürfen: Unter den Linden, Leipziger Straße, Brunnenstraße, Köpenicker Straße. Das ist zwar noch keine Mauer, aber doch eine deutliche Teilung der Stadt.

Karsamstag, 16. April. Amerikaner und Briten organisieren eine „Easter Parade", um zu demonstrieren, was die Luftbrücke inzwischen leisten kann.

Im Verlauf von 24 Stunden registrieren die Berliner Flughäfen 1364 Flüge und 11 654 Tonnen Fracht – so viel wie nie zuvor und niemals wieder.

Dienstag, 26. April. Die sowjetische Nachrichtenagentur Tass und das amerikanische Außenministerium deuten jeweils in kurzen Meldungen ein Ende der Blockade an.

Tatsächlich einigen sich die Diplomaten Jessup und Malik in den folgenden Tagen auf einen Kompromiss. Ende Mai wollen sich die Außenminister der vier Siegermächte zu einer Konferenz in Paris treffen.

Stalin besteht nun nur noch darauf, dass zumindest bis zu diesem Zeitpunkt kein westdeutscher Teilstaat offiziell gegründet wird, damit aus der Konferenz kein Affront für die Sowjetunion wird.

Und er bittet sich die Aufhebung der Gegenblockade aus, denn die schadet der Ostwirtschaft inzwischen mehr als die Blockade der Westwirtschaft.

Donnerstag, 5. Mai. Die Vertreter der vier Siegermächte geben in New York in einer gemeinsamen Erklärung das baldige Ende der Blockade bekannt – und die westlichen Alliierten verzichten höflich darauf, an die angeblichen technischen Schwierigkeiten zu erinnern, die doch vor fast einem Jahr die Abriegelung ausgelöst haben sollen.

Donnerstag, 12. Mai 1949, 0.00 Uhr, die Grenzen sind wieder offen, und auch die Straßensperren zwischen den Sektoren sind geräumt! Gleich in der ersten Minute des neuen Tages rollen 27 Lastwagen von Westdeutschland aus über den Grenzübergang Helmstedt-Marienborn in die sowjetische Besatzungszone.

Die Rotarmisten lassen den Konvoi anstandslos passieren. Die Autobahn ist nun offiziell „repariert" – und ebenso die Bahnverbindung. (Bereits um 5.35 Uhr trifft der erste Zug aus Westen am Berliner Bahnhof Charlottenburg ein.)

Nach einer umständlichen und langsamen Fahrt erreicht der Konvoi um 14.35 Uhr Westberlin. Die Sperre ist beendet, die Millionenmetropole kann wieder auf ganz normalen Wegen mit ganz normalen Waren versorgt werden.

Die Ladung des ersten (britischen) Lastwagens, der Berlin erreicht, besteht aus: Gurken.

Die Berlin-Blockade ist eines der größten politischen, diplomatischen, propagandistischen und sogar ökonomischen Debakel, die Josef Stalin je erlitten hat, zumindest ist es wohl seine größte Niederlage im Kalten Krieg.

Der Sowjetdiktator muss nicht nur sein deutschlandpolitisches Maximalziel begraben: Statt eines vereinten, abgerüsteten, der UdSSR freundschaftlich verbundenen Deutschland bekommt er nun ein geteiltes Land, dessen größerer Teil

Nach 322 Tagen und mehr als 270 000 Hilfsflügen öffnen die sowjetischen Behörden am 12. Mai 1949 die Grenzen: Die Bürger der Stadt können wieder durch die Ostzone nach Westdeutschland reisen. Dieser Bus wird bei seiner Abfahrt nach Hannover von den Einwohnern bejubelt. Die West-Alliierten haben im Kampf um Berlin gesiegt. Doch der Kalte Krieg hat gerade erst richtig begonnen

der Sowjetunion feindlich gegenübersteht. Auch das Minimalziel – zumindest ganz Berlin unter seine Kontrolle zu bringen – scheitert spektakulär.

40 Jahre später, als die auch durch die Berlin-Blockade betonierte Ordnung des Kalten Krieges endlich kollabiert, wird der ehemalige US-Außenminister Henry Kissinger seinen langjährigen sowjetischen Kollegen Andrej Gromyko, fragen, warum denn Stalin um alles in der Welt 1948 Berlin blockiert habe.

Gromykos Antwort ist eine rein militärische Spekulation: Der Diktator habe geglaubt, dass die Amerikaner niemals wegen Berlin die Atombombe gezündet hätten. Und jeden westlichen Landkonvoi hätte die Rote Armee zusammengeschossen. Aber über Stalins möglicherweise weitergehende politische und strategische Pläne kann selbst der frühere Außenminister nichts sagen.

Für den Westen ist die Blockade ein Glücksfall, vor allem für die Deutschen und die US-Führung.

Für die Deutschen, weil während der Auseinandersetzung um Berlin aus dem Hitler-Volk in der Hitler-Stadt gleichsam über Nacht tapfere Verbündete werden, die sich furchtlos und zugleich, wie beruhigend, ganz zivil und ohne Waffen der Roten Armee widersetzen.

Und für die US-Führung, weil die Blockade ein Schock für alle Westeuropäer ist, ein Menetekel: Was dort geschieht, das droht uns auch!

Ohne den Würgegriff um Berlin hätten sich, so ist zu vermuten, die meisten Europäer wohl kaum so bereitwillig und bedingungslos innerhalb der NATO unter die Vormacht der USA begeben.

Die Luftbrücke wird noch bis zum 30. September 1949 weitergeführt, nur zur Sicherheit, bis endgültig klar ist, dass die Sowjetunion die Land- und Wasserverbindungen nicht erneut blockiert.

Insgesamt waren es 277 569 Flüge mit mehr als 2,1 Millionen Tonnen Fracht (davon gut 1,4 Millionen Tonnen Kohle). Über 60 000 Menschen sind mit

den Rosinenbombern eingeflogen worden, 168 000 mit ihnen hinausgelangt.

Doch immer wieder sind Maschinen abgestürzt, und auf den vollkommen überlasteten Flughäfen ist es zu schrecklichen Unfällen gekommen.

32 Amerikaner sind gestorben, 38 Briten, je ein Australier und ein Südafrikaner sowie 14 Deutsche: Piloten, Soldaten, zivile Angestellte.

322 Tage, 277 569 Flüge, 86 Tote. ●

Bei allem Pathos: **Cay Rademacher,** *Jg. 1965, Autor im GEO EPOCHE-Team, wünschte, dass Politiker in heutigen Krisen so reden könnten wie Ernst Reuter während der Blockade.*

———

LITERATUREMPFEHLUNGEN: Volker Koop, *„Tagebuch der Berliner Blockade"*, Bouvier: die Blockade, Tag für Tag nacherzählt. Wolfgang J. Huschke, *„Die Rosinenbomber"*, Berliner Wissenschafts-Verlag: Würdigung der Luftbrücke, so umfassend, dass man damit die Routen nachfliegen könnte.

DEM MANGEL ZUM TROTZ

Noch am Tag vor der Eröffnungsfeier malen Helfer Hinweisschilder. Mehrere US-Städte wollten die Spiele ausrichten. Viele Athletenverbände aber hätten die weite Reise nicht bezahlen können, und so wurde London schließlich das Großereignis zugesprochen

London gilt vielen in Europa als Symbolstadt für den Sieg über die National-sozialisten. Auch deshalb beschließt das Internationale Olympische Komitee, die Spiele des Jahres 1948 – die ersten nach dem Krieg – an die britische Kapitale zu vergeben. Doch dort freut sich kaum jemand auf das Sportfest. Denn die gezeichnete Metropole kämpft noch mit den Folgen der deutschen Bombenangriffe

——— Text: MARION HOMBACH

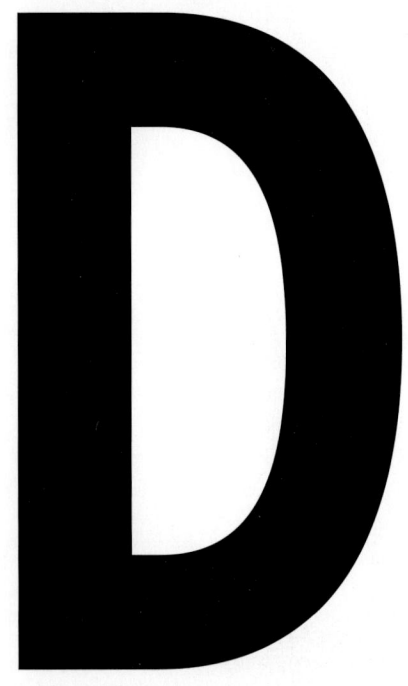

D

Die Zeremonie ist festlich und bescheiden zugleich. Auf den Rängen des Londoner Wembley-Stadions drängen sich mehr als 80 000 Zuschauer, die Frauen in bunten Kleidern, die Männer im Hemd, manche mit geknoteten Taschentüchern auf dem Kopf zum Schutz vor der Sonne. Sie sitzen auf gemieteten Kissen und trinken Limonade an diesem heißesten Tag seit fast 40 Jahren.

Unten im Stadionrund marschieren die Athleten aus 59 Nationen ein, darunter die Amerikaner selbstbewusst und entspannt in eleganten blauen Blazern mit weißen Hosen oder Röcken und weißen Hüten, die Inder in hellblauen Jacken und gleichfarbigen Turbanen, die Pakistanis in Grün.

Die britischen Männer haben von ihrem olympischen Komitee eine Uniform erhalten, schwarzes Jackett, weiße Hose, „schlecht sitzend mit einer Krawatte bis zur Hälfte der Brust", wie ein Ruderer mäkelt. Die Frauen haben ihre Kleidermarken für blaue Jacken und weiße Baumwollkleider ausgegeben und tragen eigene Schuhe und Strümpfe.

Zwölf Jahre liegen die letzten Olympischen Sommerspiele zurück, 1936 in Berlin als vermeintliche „Spiele des Friedens" ausgerichtet von einem Regime, das die Welt anschließend in einen verheerenden Krieg stürzte. Nun finden sich an diesem 29. Juli 1948 wieder mehr als 4000 Sportler zusammen, um dem olympischen Ideal zu folgen und friedlich ihre Kräfte zu messen.

Verglichen mit der pompösen Berliner Inszenierung der Nationalsozialisten, fehlt dieser Eröffnungsfeier jeder Prunk. Zwei kurze Ansprachen bilden das Rahmenprogramm, dazu etwas Musik. Als die Eröffnungsfanfare verklungen ist, entlassen Pfadfinder aus Weidenkörben 2500 Brieftauben, von Züchtern aus ganz Großbritannien, aus Frankreich, Belgien und Luxemburg geliehen.

Der einstige olympische Gruß der Athleten – erhobener rechter Arm, leicht nach außen gereckt – ist gestrichen: Er gleicht zu sehr dem Hitlergruß.

Den Fackellauf (der 1936 seine Premiere hatte) haben die Briten dagegen beibehalten: 21 Schuss Salut künden von der Ankunft des Feuers, zwölf Tage zuvor im griechischen Olympia entzündet und von 3590 Läufern quer durchs verheerte Europa getragen.

Eine Blaskapelle und ein großer Chor intonieren „Non Nobis, Domine", die Hymne dieser 14. Olympischen Sommerspiele: eine Ode, deren Text von Großbritanniens Nationaldichter Rudyard Kipling stammt und zu Gottesfurcht und Bescheidenheit mahnt.

„No hoopla, please", fasst eine Reporterin die Einstellung der Briten zu diesen Spielen zusammen: bitte kein Tamtam. Und so heißen die Spiele inoffiziell schon bald die „Austerity Games", die Spiele der Entbehrung. Denn für die Briten ist dieses Sportereignis ein großer Kraftakt.

Im Luftkrieg der Deutschen gegen die britische Hauptstadt sind allein 1940 und 1941 etwa 14 500 Tonnen Bomben auf London niedergegangen, haben Eisenbahnsta-

Mit Flächenbombardements auf London hatten die Nationalsozialisten während des Krieges versucht, Großbritannien zu Friedensverhandlungen zu zwingen. Zahlreiche Blindgänger liegen noch 1948 unentdeckt in der Stadt. Hier evakuieren Polizisten ein Viertel für die Entschärfung einer Bombe

tionen, Brücken, Straßen, Fabriken, Kirchen, Bürohäuser, Wohnblöcke zerstört. Knapp 30 000 Einwohner kamen ums Leben, weitere 50 000 wurden verletzt.

In den drei Jahren seit Kriegsende haben die Briten begonnen, die ersten der rund 220 000 zerstörten Häuser im Großraum London zu ersetzen und viele der 1,3 Millionen beschädigten Gebäude zu reparieren. Doch nach wie vor fehlt Wohnraum, und über die Ruinen der Stadt ranken blühende Weidenröschen.

Großbritannien ist nahezu pleite, der Krieg hat ein Viertel des Volksvermögens vernichtet, darunter Häuser, Fabriken, Maschinen.

Das Land muss weitaus mehr Waren einführen, als es im Ausland verkauft, und die USA, die ihre britischen Verbündeten während des Krieges großzügig unterstützten, haben ihre Hilfe kurz nach dem Kriegsende eingestellt.

Zwar erhält London seit Mitte 1948 Leistungen aus dem Marshall-Plan, dem US-finanzierten Unterstützungsprogramm für den Wiederaufbau Westeuropas. Doch das hilft nicht annähernd bei der Finanzierung der immensen Kosten für die Verwaltung des Empire und die Stationierung der britischen Soldaten in Übersee – zumal die im Juli 1945 gewählte linksgerichtete Labour-Regierung einen Wohlfahrtsstaat aufbauen will, der die Briten besser im Alter, gegen Krankheit oder Arbeitslosigkeit absichern soll.

———

Um dieses Programm umzusetzen, hat die Regierung die Eisenbahn, die zivile Luftfahrt, das Telefonnetz sowie Elektrizität und Gas verstaatlicht. Gleichzeitig fehlt es an Geld, um die Industrie zu modernisieren, die Straßen, Eisenbahnen (andererseits investiert London allein 100 Millionen Pfund in die Entwicklung einer eigenen Atombombe).

Der ungewöhnlich kalte Winter 1946/1947 und eine Währungskrise im August 1947 haben die wirtschaftliche Lage noch verschlimmert.

Und so geht es vielen Briten nun schlechter als während des Krieges: Die Wochenration eines Erwachsenen beträgt rund 370 Gramm Fleisch, 170 Gramm Butter, 227 Gramm Zucker, gut

Mit einer Kampagne will die britische Regierung die Arbeiter zu größeren Anstrengungen motivieren – um die Schäden des Krieges schneller zu beseitigen

Als 1947 die Planungen für die Spiele beginnen, herrscht in London noch Hunger. Vielen Menschen geht es schlechter als während des Krieges. Für ihre kargen Rationen müssen sie manchmal stundenlang anstehen

Von den 220 000 im Bombenkrieg zerstörten Häusern haben die Londoner 1948 erst wenige wiederaufgebaut. Überall klaffen Brachen, wo Wohnblöcke standen

Arbeiter bringen ein Schild vor dem Wembley-Stadion an,
der wichtigsten Sportstätte der Spiele. Die davor gelegene Straße
haben deutsche Kriegsgefangene gebaut

Mehr als 80 000 Menschen kommen zur Eröffnungsfeier
ins Stadion – und machen die Zeremonie so zum größten
europäischen Sportfest seit dem Kriegsende

Für die mehr als 4000 Athleten stehen Kleinbusse samt Fahrerinnen bereit.
Es ist eine der wenigen Annehmlichkeiten, die London den Sportlern bieten kann.
Schlafen müssen sie in notdürftig hergerichteten Kasernen oder in Schulen

einen Liter Milch, ein Ei. Auch Brot und Kartoffeln sind zeitweise rationiert, außerdem Kleidung und Benzin. Kurz: Kaum jemand freut sich auf die Spiele.

———

Dass London ausgerechnet in dieser Situation Olympiastadt geworden ist, hat ein einzelner Mann entschieden: Sigfrid Edström, der schwedische Präsident des Internationalen Olympischen Komitees.

Als sich im November 1944 der Zusammenbruch des nationalsozialistischen Deutschland abzeichnete, sprachen sich die führenden Vertreter der britischen Olympia-Vereinigung dafür aus, die ersten Spiele nach dem Krieg in London auszutragen – schließlich hatten die Wettbewerbe schon 1944 an der Themse abgehalten werden sollen und waren nur wegen des Krieges ausgefallen.

Wenige Wochen nach Kriegsende entsprach Edström diesem Wunsch. Allerdings hatte er weder das Olympische Komitee noch die Stadt London oder die britische Regierung offiziell gefragt. Sie alle aber fügten sich – wohl weil die Stadt als Symbol für den Sieg über Hitlers Deutschland angesehen wurde.

Neben der britischen Kapitale gab es zwar weitere Interessenten: Stockholm sowie Baltimore, Los Angeles, Minneapolis und Philadelphia. Doch den Anblick des unzerstörten und vergleichsweise wohlhabenden Schweden wollte Edström den Sportlern aus dem Rest Europas wohl nicht zumuten, und die Reise in die USA hätten sich viele Athleten nicht leisten können.

So stolpert London Spielen entgegen, für die es schlecht gerüstet ist. Adelige aus dem britischen Oberhaus und andere Persönlichkeiten der Gesellschaft beginnen die Spiele zu planen, ehrenamtlich. Viele sind ehemalige Sportler, zum Teil Olympioniken: 100-Meter-Sprinter, Hürdenläufer, Fechter, Cricket- oder Tennisspieler, Golfer.

Normale Briten aber interessieren sich kaum für die Spiele. Zwar strömen sie in die Stadien, um bei Fußballspielen, Windhundrennen oder Cricketduellen ein paar Stunden lang ihre Sorgen zu vergessen. Olympia aber gilt ihnen als internationales Ereignis, das eher zufällig in Großbritannien abgehalten wird.

Zudem steht nicht einmal die Politik geschlossen hinter den Plänen: Während die Labour-Regierung mit den Spielen vor allem aus den USA Besucher und dringend benötigte Devisen ins Land locken will, halten die konservativen Tories das Vorhaben für überflüssig.

Die Zeitung „Evening Standard" beginnt sogar eine Kampagne mit dem Ziel, die Spiele wieder abzusagen: „Das durchschnittliche Maß an britischem Enthusiasmus für die Spiele reicht von lauwarm bis ablehnend. Es ist noch nicht zu spät, um ausgesprochene Einladungen höflich wieder zurückzunehmen."

Und die BBC fordert die Regierung schriftlich auf, die Veranstaltung zu garantieren, damit sie nicht unnötig Reporter und Sendezeit bereithalte.

Am Ende rettet die Angst der Regierung vor einem Gesichtsverlust die Spiele. Die einstige Großmacht Großbritannien hat im August 1947 den Kern ihres Weltreichs verloren, als sie ihre Kolonie Indien in die Unabhängigkeit

entlassen musste. Eine Absage, so fürchten die Minister, wäre in dieser Situation für das Ansehen des Landes verheerend.

Und so ringt sich das Kabinett dazu durch, das Projekt Olympia zu unterstützen. Geld gibt Labour den Organisatoren zwar nicht, stellt aber unter anderem Schlafräume und Busse zur Verfügung.

Medaillen können Großbritanniens Sportler nach Jahren des Krieges und des Mangels allerdings kaum erwarten, stattdessen will das Land mit Gastfreundschaft und einer perfekten Organisation seine Gäste beeindrucken.

Da sich London den Bau eines olympischen Dorfes nicht leisten kann, denkt das Organisationskomitee kurz

darüber nach, die Sportler auf Schiffen unterzubringen, die auf der Themse ankern – so wie es die Krone 170 Jahre zuvor mit Sträflingen getan hat. Doch dann gibt der Staat lieber Kasernen und Schulen im Großraum London frei.

Auch für neue Sportstätten fehlt das Geld. Reparaturen werden unter anderem von Sponsoren finanziert, der Eigentümer des Wembley-Stadions zahlt persönlich für eine Aschenbahn rund um das Fußballfeld. Deutsche Kriegsgefangene bauen eine Straße vom Stadion zur Bahnstation.

Schweden und Finnland spenden Holz, die Schweiz Geräte für die Turner. Immer wieder kommt es zu Verzögerungen, denn Rohstoffe sind knapp: Mal fehlt Farbe, mal Zement, mal genehmigt das Bauministerium zwölf Eisenträger für den Boxring nicht.

Vier Wochen vor der Eröffnungsfeier droht den Spielen dann trotz aller Bemühungen das Aus. Am 24. Juni 1948 riegelt die Sowjetregierung Westberlin ab (siehe Seite 94). Daraufhin stornieren Tausende Touristen ihre Tickets, vor allem aus den USA. Ein zentraler Teil der Finanzierung droht wegzubrechen.

Eilig umwerben die Organisatoren nun die eigenen Landsleute, die bis dahin nur wenige Karten gekauft haben. Im letzten Moment gelingt es, die meisten Tickets abzusetzen (zum Teil werden sie verschenkt) – und pünktlich zum Beginn der Spiele mithilfe verstärkter Pressearbeit auch die Gastgeber für das Fest zu begeistern.

Nach und nach treffen nun die Athleten ein, so das Team aus Neuseeland, das fünf Wochen mit dem Schiff unterwegs war und dessen Gewichtheber an Bord ihre Kollegen gestemmt haben, dessen Sprinter beim Training über Liegestühle gesprungen sind.

Oder die Argentinier, die für ihre Pferde einen eigenen Hufschmied mitgebracht haben.

Die Gäste kommen unter, wo immer sich Platz findet, unter anderem in Privatwohnungen, wie jene drei Jamaikanerinnen, die bei einer Familie in Wembley wohnen.

3590 Läufer tragen das olympische Feuer von Griechenland aus durch das vom Krieg versehrte Europa. Am 28. Juli 1948, einen Tag vor der Eröffnung der Spiele, erreicht es England in der Hafenstadt Dover (oben)

1600 Sportler beziehen frisch renovierte Baracken der Armee. Mehrere Männer schlafen in einer Stube, Handtücher haben sie selber mitzubringen.

Die täglichen Mahlzeiten sind zwar möglichst an die Nationalität der Wettkämpfer angepasst, ein Chinarestaurant beliefert die Chinesen, ein indisches die Inder, es gibt aber eher kleine Portionen: Sie entsprechen den Rationen für britische Schwerarbeiter – ein Kompromiss, um nicht den Neid der immer noch auf Lebensmittelmarken angewiesenen Bevölkerung zu wecken.

Damit London die Gäste überhaupt verpflegen kann, spenden Dänemark, Irland und die Niederlande gut 170 000 Eier sowie 100 000 Kilogramm Obst und Gemüse, 100 Kilo Käse, 250 Kilo Zucker, 900 Kuchen. Die Tschechoslowakei schickt 20 000 Flaschen Mineralwasser, Ungarn Paprika sowie 20 000 Zitronen und China Bambussprossen in Öl.

Einige britische Athleten erhalten Zusatzrationen von heimischen Milch-

lieferanten und Metzgern sowie Essenspakete aus aller Welt. Das US-Team ernährt seine Sportler mit eigens importierten 5000 Steaks, 15 000 Schokoladenriegeln und täglichen Fluglandungen von Obst und Mehl aus Los Angeles.

Die für das französische Team bestimmte Wagenladung Bordeaux des Weinguts Mouton-Rothschild trifft dagegen wegen Schwierigkeiten mit dem Zoll erst zur Abschlussfeier ein.

K

Kurz nach der Eröffnung beginnen die Spiele mit der Qualifikation der Hochspringer. Insgesamt kämpfen die 4104 Athleten in 17 Sportarten und 136 Disziplinen zwei Wochen lang um 408 goldene, silberne oder bronzene Medaillen, in

der Leichtathletik, im Schwimmen, Reiten, Ringen, Turnen.

Viele Sportler aber sind noch von den gerade zurückliegenden Kriegsjahren und den Entbehrungen gezeichnet: Der algerische Läufer Alain Mimoun hat als Soldat in der französischen Kolonialarmee fast ein Bein verloren. Als Training musste ihm vor den Spielen der tägliche einstündige Lauf quer durch den Pariser Bois de Boulogne zu seiner Arbeit und zurück ausreichen. Nun gewinnt er über 10 000 Meter die Silbermedaille.

Richard Webster, jahrelang britischer Rekordhalter im Stabhochsprung, war dagegen als Soldat im Krieg und konnte nicht trainieren: Er verfehlt die Qualifikation für die Endrunde.

Manche Wettkämpfer aber haben in den Jahren zuvor weitaus Schlimmeres durchgemacht, und dass sie diese Schreckenszeit überlebt haben und nun bei Olympia antreten, grenzt an ein Wunder.

Den französischen Schwimmer Alfred Nakache etwa haben die Deutschen Anfang 1944 nach Auschwitz verschleppt, seine Frau und seine kleine Tochter ermordet. Mit einem Mitgefangenen hat er dort in einem Löschwasserbecken heimlich Bahnen gezogen.

Abgemagert aus dem Konzentrationslager befreit, gelangt er in London über 200 Meter Brust immerhin bis ins Halbfinale.

Der britische Boxer Jim Halliday war in einem japanischen Kriegsgefangenenlager interniert und musste beim Bau der Burma-Siam-Eisenbahn schuften, einem Projekt der Japaner, bei dem 15 000 Gefangene an Hunger und Cholera starben. Halliday gewinnt die Bronzemedaille im Leichtgewicht.

Zum Star der Spiele wird die Niederländerin Fanny Blankers-Koen. Die 30-jährige zweifache Mutter holt viermal Gold: im 100- und 200-Meter-Lauf, über 80 Meter Hürden und in der 4-x-100-Meter-Staffel.

Allerdings nehmen allein in den Leichtathletikdisziplinen 40 Medaillenkandidaten nicht an den Spielen teil. Zwar darf das noch immer besetzte Österreich ebenso

4104 Athleten kämpfen in London in 17 Sportarten um Medaillen. Viele von ihnen haben wegen des Krieges seit Jahren nicht mehr regelmäßig trainiert oder ausreichend gegessen. Und manche haben entsetzliche Gräuel durchlebt – etwa als Gefangene in deutschen Konzentrationslagern

Sportler entsenden wie das Spanien des faschistischen Diktators Francisco Franco – Deutschland und Japan aber sind als ehemalige Kriegsgegner nicht bei Olympia zugelassen. Der deutsche Spitzenturner Helmut Bantz, Kriegsgefangener in Großbritannien, trainiert stattdessen die Mannschaft der Gastgeber.

Die Sowjetunion hingegen ist eingeladen, schickt jedoch keine Athleten, möglicherweise, um sich angesichts eines schlechten Trainingsstands nicht zu blamieren, vielleicht aber auch wegen der Berlin-Krise. Auch Rumänien sagt vermutlich auf Druck des Sowjetdiktators Josef Stalin ab.

Aus den anderen Satellitenstaaten der UdSSR dagegen dürfen Sportler nach London reisen. So gewinnt der tschechische Langstreckenläufer Emil Zátopek Gold über 10 000 Meter und Silber über 5000 Meter und wird zu einem der erfolgreichsten und beliebtesten Sportler der Spiele.

Und als das Treffen der Sportler zu Ende geht, rühmt selbst die britische Presse die gelungene Organisation, die würdevollen Zeremonien und die Harmonie zwischen den Teilnehmern. Erst jetzt schreiben die anfangs so kritischen Journalisten mit Zufriedenheit und Stolz über die erfolgreichen Spiele.

Eine gut erledigte Aufgabe, heißt es in einem Kommentar: „a task well done". Und, mit britischer Untertreibung: Wir haben es nicht allzu schlecht gemacht – „We did not do too badly".

Großbritannien, so scheint es, hat sich über Olympia ein wenig mit seiner Lage versöhnt. Und obwohl das Land in der Medaillenwertung nur den zwölften Platz erreicht, dürfen sich seine Bewohner am Ende so fühlen, wie sie es sich in den Jahren der Austerität am meisten wünschen – als Sieger. ⬢

Dr. Marion Hombach, Jg. 1975, ist Autorin in Berlin.

LITERATUREMPFEHLUNGEN: Janie Hampton, „The Austerity Olympics", Aurum Press: gut lesbare und anekdotenreiche Darstellung der ersten Nachkriegsspiele. Bob Phillips, „The 1948 Olympics", Sports Books: fundierte Lektüre, die ausführlich auf die sportlichen Wettkämpfe eingeht.

Die Niederländerin Fanny Blankers-Koen siegt im 100-Meter-Lauf. Sie gewinnt insgesamt vier Goldmedaillen in den Sprintwettbewerben

Mit dem Sieg über 10 000 Meter beginnt der Tscheche Emil Zátopek seine große olympische Karriere. Während er in seine Heimat zurückkehrt, nutzen andere Sportler aus den sowjetischen Satellitenstaaten den Aufenthalt im Westen zur Flucht

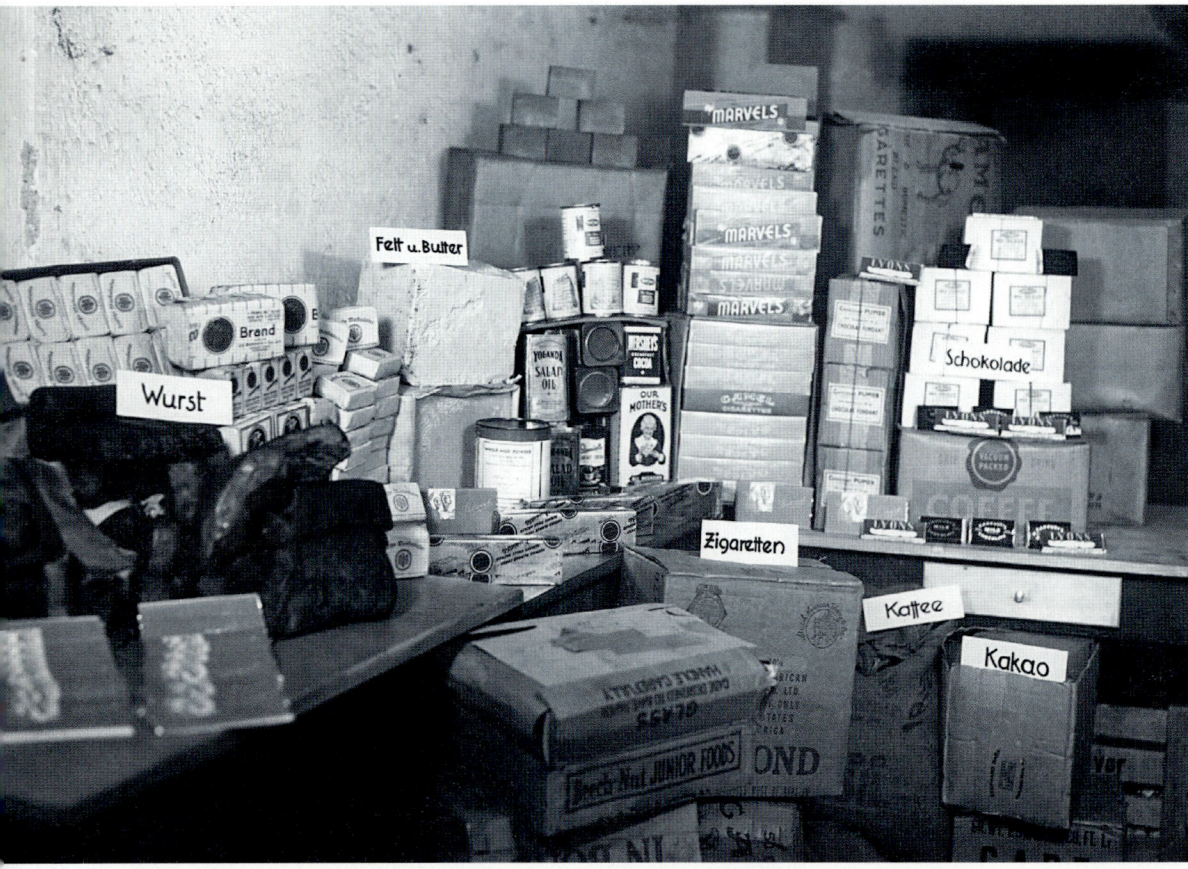

Kaffee, Zigaretten, Kakao: Viele der beschlagnahmten Waren dieses Schwarzhändlers stammen aus den USA. Denn auch Besatzungssoldaten schmuggeln (um 1946)

IM REICH DER SCHIEBER

Nach dem Krieg sind die Deutschen hungrig und Lebensmittel knapp. Nur auf dem Schwarzmarkt gibt es alles zu kaufen. Bald steigen professionelle Schieber in das lukrative Geschäft mit der Schmuggelware ein. Den Nachschub schaffen manche aus dem Ausland heran – und riskieren dabei ihr Leben

—— Text: HAUKE FRIEDERICHS

Im Laden gibt es Lebensmittel nur
gegen Bezugsschein und Bargeld. Auf der
Straße zahlen die Menschen mit
Schmuck oder Zigaretten (Schwarzhandel in Hamburg)

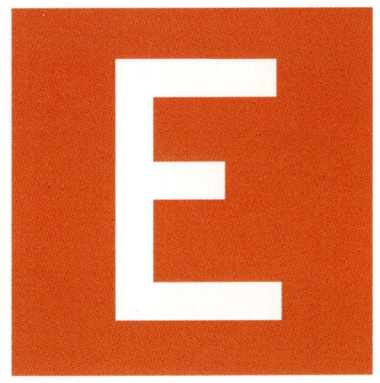

E s ist eine gute Nacht für die beiden Schmuggler: trocken, eiskalt, menschenleer. Um ein Uhr nachts fahren sie in ihrem Radpanzer durch einen Wald am Nordrand der Eifel – mitten auf dem Gleis einer verlassenen Eisenbahnstrecke.

Konzentriert lenkt Hans Breuer, 25, das sieben Tonnen schwere Fahrzeug über die Schienenschwellen. Hinter ihm sitzt Lorenz Kreitz, 24.

Er soll den Panzerwagen und dessen kostbare Fracht mit spezieller Ausrüstung gegen die Zöllner verteidigen, die hier in der belgisch-deutschen Grenzregion Schleichhändler jagen. Auch heute, in der Neujahrsnacht 1953.

Vor einer Stunde haben die Menschen im nahen Aachen und in den Eifeldörfern der Umgebung auf den Jahreswechsel angestoßen, Silvesterraketen in den Himmel geschossen, Böller gezündet. Dafür aber hatten Breuer und Kreitz keine Zeit.

In ihrem Wagen liegen drei Tonnen grüne Kaffeebohnen, verpackt in großen Jutesäcken. Beste Ware, die nun in dem Panzerfahrzeug heimlich über die Grenze rollt, unverzollt. Breuer und Kreitz arbeiten für den belgischen Schmuggler François Toussaint-Elsen, der Großkunden in Köln und rund um Krefeld beliefert.

In der Nähe von Düsseldorf warten bereits Komplizen auf den Rohkaffee, der in Deutschland geröstet werden soll.

Während andere Schmuggler möglichst unauffällig, leise und schnell unterwegs sind, setzt Toussaint-Elsen auf eine andere Methode. Er hat auf die Türen des mit Stahlplatten geschützten Panzerwagens einen weißen Stern malen lassen, das Logo der US-Streitkräfte. Die Fahrzeuge der Besatzungsmächte dürfen deutsche Beamte nicht kontrollieren.

Auf dem Schwarzmarkt betreiben nicht nur zwielichtige Gestalten ihre Geschäfte, sondern auch normale Bürger. Illegale Handelsplätze waren in Berlin schon am Ende des Krieges ein gewohnter Anblick. Im Frieden breitet sich die Schattenwirtschaft vor allem in den Metropolen weiter aus, wo die Anbieter versuchen, Bücher und Schmuck gegen Lebensmittel oder andere dringend benötigte Waren einzutauschen

Bei Personenkontrollen wie hier in Berlin nehmen Polizisten Hunderte Schwarzmarkthändler fest. Meist sind es die kleinen Schieber und deren Kunden – die großen Schmuggler halten sich vom Straßengeschäft fern

Aber wird der Zoll darauf hereinfallen? Wenn das nicht funktioniert, so hat ihr Chef entschieden, dann sollen die Männer einfach alle Sperren durchbrechen.

Als sie bei Roetgen, einem Dorf östlich der Grenze, das Gleis verlassen und auf eine zweispurige Landstraße einbiegen, haben die zwei den gefährlichsten Abschnitt ihrer Strecke eigentlich hinter sich gebracht. Sie haben Belgien verlassen und Deutschland erreicht.

Die Fahrt über die Schwellen hat sie durchgerüttelt, nun liegt endlich eine richtige Fahrbahn vor ihnen. Und bislang hat sich kein Zöllner blicken lassen.

Durch eine schmale Öffnung starrt Breuer auf die Straße vor sich. Eine 16 Millimeter dicke Stahlplatte vor der Frontscheibe soll Schüsse abfangen. Auch die Seiten und das Heck sind gepanzert, die Reifen schusssicher.

Der Lichtschein der abgeblendeten Scheinwerfer reicht nur wenige Meter weit. Er erfasst große Nadelbäume, die am Rand der Fahrbahn wachsen. Steil steigt die Straße an, "Himmelsleiter" nennen sie die Menschen in der Eifel.

Um 1.10 Uhr explodiert plötzlich eine Leuchtkugel am Himmel. Über dem Panzerwagen wird es hell. Zwei Zollposten haben die Schmuggler entdeckt und Alarm gegeben. Breuer flucht, er zieht seinen Sehschlitz weiter zu und tritt das Gaspedal durch.

Nur wenige Meter weiter sieht er die Beamten. Vermutlich haben sie von einem Informanten einen Tipp bekommen. An einem alten Gasthaus haben sie die Fahrbahn mit einer "Igelkette" gesperrt, an der zahlreiche Stahlspitzen zum Aufschlitzen von Reifen hängen.

"Halt!", rufen die Männer, doch Breuer denkt nicht daran, zu bremsen. Er sieht, wie die Zöllner ihre Gewehre heben und feuern. Projektile prallen auf Stahl.

Der Radpanzer fährt an den Fahndern vorbei und über die Igelkette hinweg. Seine Spezialreifen, die aus zahl-

Der Belgier François Toussaint-Elsen betreibt Schwarzhandel in großem Maßstab: Legal kauft er Rohkaffee aus Südamerika oder Afrika, Helfer schmuggeln die Ware nach Deutschland. So umgeht Elsen die dortige Sondersteuer und erzielt hohe Gewinne (Urlaubsfoto, 1952)

reichen Luftkammern bestehen, bleiben intakt. Kreitz öffnet nun eine kleine Luke am Heck, aus der er nach und nach 500 "Krähenfüße" auf die Fahrbahn wirft, gebogene und aneinandergelötete Nägel.

Er sieht, wie zwei Beamte zu einem Motorrad mit Beiwagen rennen, das vor

dem Gasthaus steht. Sie steigen auf und rasen den Schmugglern hinterher. Dahinter folgen zwei Zollwagen. Aus den Autos heraus feuern die Beamten weiter auf den Panzerwagen.

Die Verfolger versuchen, den Krähenfüßen auszuweichen, sie fahren Sla-

Ob in Unterröcken, Kinderwagen oder wie hier in einem Lkw-Reifen: Um die Zollbeamten zu täuschen, verstecken Schmuggler ihre Kaffeebohnen an allen erdenklichen Orten. Wer mehrmals festgenommen wird, dem drohen drei Monate Gefängnis

waren streng rationiert. In Berlin erhielten die erwachsenen Einwohner im Mai 1945 pro Tag 200 Gramm Brot, 25 Gramm Fleisch, jeweils zehn Gramm Zucker und Salz und 400 Gramm Kartoffeln. Das reichte zum Überleben kaum aus. Auch Schuhe und Kleidung gab es – wenn überhaupt – nur mit Bezugschein zu kaufen.

Wer in der Nähe zum Ausland wohnte, versuchte oft, durch einen Besuch jenseits der Grenze an Lebensnotwendiges zu gelangen: Die Menschen wagten sich auf Schleichwegen ins Nachbarland, um dort an Waren zu kommen, die sich auf dem heimischen Schwarzmarkt gut eintauschen ließen.

Das Schmuggeln gehörte in der Nachkriegszeit zum täglichen Überlebenskampf – auch in der armen Eifel, wo im Verlauf der Gefechte zwischen US-Armee und Wehrmacht zahlreiche Dörfer und Felder zerstört worden waren. Im Tausch etwa gegen Bleirohre und Kupferkabel aus den Ruinen zerbombter Gebäude erhielten Schleichhändler aus den Eifeldörfern und aus Aachen in Belgien unter anderem echten

lom. Kreitz wirft daraufhin eine Kette, an die lange Nägel geschweißt sind, aus der Luke hinaus.

Als er seinen Arm dabei ausstreckt, treffen ihn zwei Kugeln.

Dann kracht es draußen laut. Der Vorderreifen des Motorrads wird zerrissen, als es über die Stahlspitzen der Kette rollt. Der Fahrer verliert die Kontrolle, die Maschine prallt gegen eine Mauer und rast in einen Graben.

Ein Wagen des Zolls bremst, Beamte springen heraus, helfen den Verletzten. Nur das zweite Fahrzeug verfolgt die Schmuggler weiter.

Breuer lenkt sein Gefährt von der Straße weg, fährt querfeldein. Mit einer Walze vor dem Kühler drückt der Panzerwagen Hecken zur Seite und bahnt sich seinen Weg. Verschwindet in der Nacht. Der holprige Boden bremst den Zollwagen: Er ist nicht geländegängig.

Nun erst entspannen sich Breuer und Kreitz ein wenig – so jedenfalls wird es 20 Jahre später einer der beiden

Schmuggler einem Journalisten erzählen. Vor ihnen liegen nur noch wenige Kilometer. Sie fahren auf ihr Versteck zu.

———

Der Vorfall in der Neujahrsnacht 1953 ist ein Höhepunkt in einem Konflikt zwischen Schmugglern und Zöllnern, der schon bald nach der deutschen Kapitulation im Mai 1945 begonnen hat.

Denn vor allem an der Westgrenze des besetzten Deutschland entwickelte sich der Schleichhandel nach dem Krieg zum Massenphänomen. Anfangs ging es den meisten Schmugglern nicht um Profite, sondern um die Linderung ihrer Not. Lebensmittel blieben knapp und

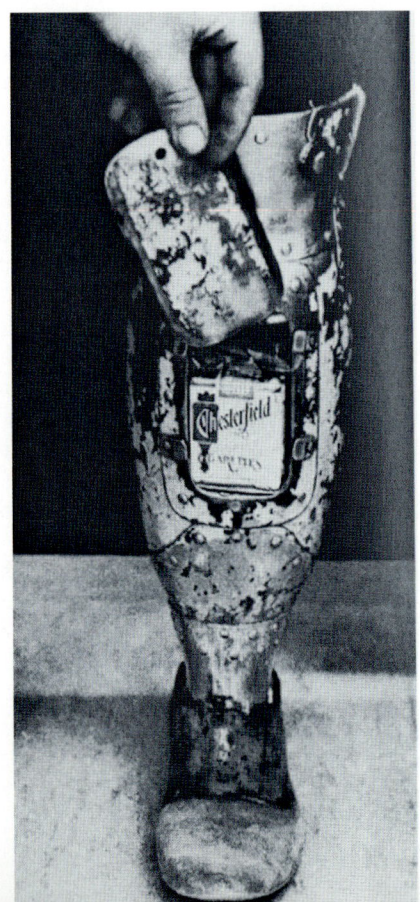

Der Träger dieser Prothese, wohl einer von Millionen von Kriegsversehrten in Deutschland, hat sein Kunstbein mit einem Geheimfach versehen, in das eine Zigarettenschachtel passt

Bohnenkaffee. Den verkauften sie oder tauschten ihn auf den Schwarzmärkten gegen Kleidung, Essbares oder Medikamente.

Deutschland – 1953

Im Konflikt zwischen Schmugglern und Zöllnern wird echtes Kriegsgerät eingesetzt. François Toussaint-Elsen etwa kauft Panzerfahrzeuge, lässt sie mit Stahlplatten verstärken und mit dem Stern der US Army bemalen – um Fahnder zu täuschen

Kaffee war in Deutschland in den Nachkriegsjahren ein Luxusgut, unerschwinglich teuer für die meisten und doch ein Symbol für einen Neuanfang. Im Krieg hatte es fast nur Muckefuck gegeben, eine dünne Plörre, fad im Geschmack.

Nun sehnten sich die Menschen nach echtem Bohnenkaffee, woher er kam, war gleichgültig. Nur bezahlbar musste er sein, und da kamen die Schmuggler ins Geschäft. Insgesamt brachten sie jedes Jahr rund 30 000 Tonnen illegal über die deutsche Grenze – das war mehr, als verzollt eingeführt wurde.

Ende 1945 registrierte das Hauptzollamt Aachen den ersten Fall von Kaffeeschmuggel. 1947 gab es bereits 7561 Anzeigen, zwei Jahre später mehr als 50 000. Zollexperten schätzten, dass sich gut 200 000 Menschen in der Region an dem Schattenhandel beteiligten. Die „Aachener Nachrichten" kommentierten: „Es gibt nur eine – allerdings radikale – Lösung: Die Städte Aachen, Eschweiler und Stolberg mit einem Stacheldrahtzaun zu umgeben und zu einem Gemeinschaftsgefängnis zu erklären."

Die Schmuggler schlichen sich durch Wälder und Sümpfe nach Belgien, wanderten oft Dutzende Kilometer über die hügelige Eifel. Die Alliierten hatten den Deutschen die Ausreise in die Nachbarländer nach dem Krieg verboten. Der Grenzübertritt ohne schriftliche Genehmigung der Militärregierung stand unter Strafe – und fand dennoch tausendfach statt. Selbst der Aufenthalt und das Durchqueren der in Grenznähe eingerichteten Sperrzonen war ohne Sondererlaubnis strafbar. Erst nach und nach erhielten die Bürger Passierscheine, etwa um Verwandte zu besuchen.

Fast jeder, dem es gelang, legal nach Belgien zu kommen, brachte unverzollte Ware von dort mit, versteckt in Kinderwagen mit doppelten Böden, in Geheim-

SOGAR DIE ZÖLLNER SCHMUGGELN

fächern von Prothesen, den Verkleidungen von Autotüren, in Schläuchen von Lkw-Reifen, Tanks von Motorrädern oder in Strümpfen und Unterröcken. Oft gaben Reisende bei einer Zollkontrolle einige Waren an und hielten nur Kaffee und Zigaretten geheim.

Größere Mengen Kaffee verbargen Eisenbahner in Lokomotiven. Andere Schmuggler nutzten Leichenwagen oder Mistkarren, um den Zoll zu täuschen.

Auch belgische Soldaten gehörten zu den Schleichhändlern – denn die deutschen Zöllner durften Militärtransporte der Besatzungsmächte ja nicht kontrollieren. Oft mussten sie den Schlagbaum für alliierte Jeeps und Lkw heben, obwohl sie ahnten, dass darin Kaffee, Zucker und Zigaretten verstaut waren.

Selbst deutsche Zöllner brachten heimlich Kaffee über die Grenze – oder ließen sich von den Schiebern schmieren. Sie schauten dann weg, wenn ganze Gruppen über die Grenze huschten.

Die meisten Menschen schmuggelten für den Eigenbedarf oder um ihre Familie durchzubringen. Reich wurden damit nur sehr wenige Großschieber. Zu ihnen gehörte der Belgier François Toussaint-Elsen. Der ehemalige Polizist heuerte 1947 bei einem erfahrenen Schleichhändler an und lernte von ihm alle Tricks. Mit drei Kaffeetouren nach Deutschland verdiente Toussaint-Elsen mehr als zuvor in einem Monat.

Ab 1948 scharte der 25-Jährige eine eigene Bande um sich. Schon bald setzte er sieben Autos ein und beschäftigte gut ein Dutzend Fahrer. Darunter Hans Breuer und Lorenz Kreitz.

Auch viele Kinder und Jugendliche schmuggeln entlang der Grenze zwischen Belgien und Deutschland – und gehen mitunter große Risiken ein. Als ein 14-jähriger Junge 1947 bei einer Kontrolle flieht, trifft ihn ein Kopfschuss. Er ist der Sohn eines Zollbeamten

Neujahr 1953: Nachdem es den beiden gelungen ist, ihre Verfolger abzuschütteln, fahren Breuer und Kreitz den Panzerwagen in ein Versteck, eine Garage in der Stadt Stolberg.

Sie gehört einem Leutnant der belgischen Armee, der mit den Schmugglern zusammenarbeitet. Hier laden mehrere Männer den Kaffee auf einen Lkw um. Andere Fahrer bringen die Fracht anschließend nach Düsseldorf, wo Geschäftspartner von Toussaint-Elsen auf sie warten.

Während Kreitz seinen verletzten Arm versorgt, fährt Breuer den Panzerwagen in einen Wald östlich von Stolberg und tarnt ihn mit Tannenzweigen. Dann kehren die zwei nach Belgien zurück und kassieren ihren Lohn: Kreitz erhält für die Schmuggelfahrt 1500 D-Mark, Breuer als Chauffeur sogar 2500 D-Mark – das ist mehr als zehnmal so viel, wie ein Zollbeamter im Monat verdient.

Zudem dürfen die beiden 200 Kilogramm des geschmuggelten Kaffees auf eigene Rechnung verkaufen. Auf dem Schwarzmarkt.

Die Schattenwirtschaft ist schon während des Kriegs entstanden, als viele Menschen versuchten, der staatlichen Rationierung der Waren zu entgehen. Nach der Kapitulation weitete sich der illegale Handel wegen der schlechten

Versorgungslage immer weiter aus. Vielerorts bildeten sich regelrechte Märkte, auf denen Schieber alles anboten, was die Menschen dringend benötigten. Mehr als 40 Prozent aller Großstadtbewohner, so eine Schätzung, waren um 1947 auf diesen Schwarzmärkten aktiv.

KAFFEEBOHNEN WERDEN ZUR ZWEITEN WÄHRUNG

In Hamburg lag die illegale Warenbörse in der Nähe der Reeperbahn. In Hauseingängen und Toreinfahrten standen Verkäufer, boten all jene Güter an, die offiziell kaum zu erhalten waren: Fleisch, Butter, Schweinefett, aber auch Feuersteine oder abgetragene Schuhe.

Händler und Käufer vertrauten immer weniger der Reichsmark, Zigaretten und Kaffee dienten als Ersatzwährung: Gegen Tabak und Bohnen ließ sich einfach alles tauschen. So war ein Fotoapparat von guter Qualität für 5000 Zigaretten zu haben, einen kleinen Diamanten bekam man für zwei Kilogramm Kaffee und 50 Zigaretten.

Ausländische Soldaten machten auf dem Schwarzmarkt gute Profite. Aus Armeedepots bekamen viele von ihnen monatlich Rationen an Zigaretten und Schokolade. Zudem konnten sie in besonderen Läden für Armee-Angehörige vergünstigte Waren hinzukaufen. Dafür erhielten sie von Tauschpartnern Schmuck, Uhren und Geld.

Die Menschen setzten sich aber nicht nur auf den städtischen Schwarzmärkten über Gesetze hinweg, um zu überleben: Sie stahlen Kartoffeln und Zuckerrüben von den Feldern der Bauern, entwendeten Kohle, wilderten in den Wäldern, sammelten Holz in Parks und Forsten, brannten schwarz Alkohol, gingen bei „Hamsterfahrten" aufs Land, tauschten bei Bauern ihre Wertgegenstände gegen Speck, Butter und Obst.

Alliierte und deutsche Behörden bekämpften den illegalen Handel mit Razzien. In Hamburg nahm die Polizei allein im März 1947 mehr als 2500 Schattenhändler fest. Doch sie erwischte vor allem die kleinen Schieber.

Erst im Sommer 1948 endete die Schwarzmarktzeit in den westlichen Besatzungszonen. Mit der Währungsreform kehrten die Waren zurück in die Geschäfte, die neue D-Mark trugen die Menschen fortan in Läden – sie brauchten den Schwarzmarkt nicht mehr, um ihre Familien zu versorgen.

Doch der Schmuggel in der Eifel nahm nun sogar noch zu. Denn die Alliierten führten zur gleichen Zeit eine Verbrauchssteuer von 30 D-Mark auf ein Kilogramm Rohkaffee und von 54 D-Mark auf ein Kilogramm Röstkaffee ein – damit waren die Bohnen siebenmal so teuer wie jenseits der Grenze in Belgien. (Der Steuersatz wurde nach wenigen Monaten zwar deutlich gesenkt, dennoch ließen sich auch anschließend noch mit jedem unverzollten Kilogramm Kaffee gut 100 Prozent Gewinn machen.)

In der Aachener Region schlossen sich einzelne Schmuggler zu großen Schieberbanden zusammen. Sie bauten Verbindungen über die Grenzen hinweg auf. So arbeitete der Belgier Toussaint-Elsen mit deutschen und niederländischen Partnern zusammen.

Die Logistik der Banden war perfekt: Der Kaffee kam aus Südamerika oder Afrika per Schiff in die belgischen Nordseehäfen, von dort wurden die 30 Kilogramm schweren Säcke mit Lastwagen ins Grenzgebiet geschafft. Anschließend fuhren Schmuggler sie in Autos und Lkws heimlich nach Deutschland – oder angeheuerte Männer packten die Säcke auf ihre Schultern und schafften sie in Gruppen von bis zu 300 Trägern über die grüne Grenze.

Doch die Wege der Schmuggler in der Eifel waren gefährlich. Sie führten durch tückische Moore, über ehemalige Schlachtfelder voller Blindgänger und durch vermintes Gelände.

Zudem lauerten Zöllner auf sie. Allein der Grenzschutz ließ fast 1000 Männer zumeist paarweise in der Gegend patrouillieren. Hinzu kamen Hunderte Beamte in den Dienststellen der Region.

An keinem anderen Grenzabschnitt der jungen Bundesrepublik waren so viele Zollbeamte im Einsatz wie hier.

Sie sind die Fußsoldaten im »Kaffee-Krieg«: Eine Gruppe von Schmugglern durchquert die Panzersperren des Westwalls. Da die Steuern für die Bohnen in Deutschland sehr hoch sind, erzielen Schleichhändler große Gewinne. Nach der Währungsreform 1948 weiten sie ihre Geschäfte aus und setzen Kolonnen mit Spähern und Ablenkungstrupps ein

Um den Gegner aufzuhalten, setzen Schmuggler wie Zöllner »Igelketten« ein, die sich mit ihren eisernen Spitzen in Autoreifen bohren und sie zum Platzen bringen

Daher liefen vor einer Trägerkolonne stets Späher, die nach den „Kaffeebullen" Ausschau hielten. Sie tarnten sich als Liebespaare oder Pilzsammler. Wenn sie auf Beamte stießen, sprachen sie laut oder gaben ein vereinbartes Signal.

Dann preschten plötzlich einige Männer aus dem Unterholz, liefen mit Säcken auf dem Rücken an den Zöllnern vorbei und flohen in mehrere Richtungen. Wurden sie gefasst, dann hatten sie in ihren Beuteln nur Heu oder Gras, angeblich Futter für ihre Kaninchen.

Damit waren die Zöllner vom Haupttrupp weggelockt, der nun ungehindert die Grenze überqueren konnte. Ihm folgte oft noch eine Nachhut, die ebenfalls mit Ablenkungsmanövern die Träger schützen sollte.

Die Beamten setzten Schäferhunde ein, die sie auf Verdächtige hetzten. Ihre Dienstvorschriften erlaubten ihnen zudem, auf Fliehende zu feuern. Und das taten sie: Mindestens 28 Schmuggler starben bis 1952 allein im Großraum Aachen; eines der Opfer war erst 14 Jahre alt. Aber auch drei Fahnder kamen in der Region ums Leben: Ein Beamter starb, nachdem ihn ein betrunkener Kaffeeträger zusammengeschlagen hatte. Ein Zöllner wurde erschossen, ein dritter verschwand für immer im Moor.

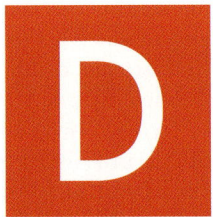

Die Zollfahndungsstelle, eine Spezialeinheit, jagte die Schmuggler inzwischen mit Geheimdienstmethoden. Die Fahnder warben Informanten an, spionierten die Schmugglerbanden aus, observierten Verdächtige, fotografierten sie heimlich und stellten so Beweise zusammen. Hunderte wurden verhaftet und abgeurteilt.

Die großen Schieber aber erwischte der Zoll nur selten. Einige dieser Kaffeekönige investierten ihren Gewinn in

Auf der Flucht vor dem Zoll hat es ein Schmuggelauto aus der Kurve getragen. Die gewundenen Straßen der Eifel sind indes nicht die größte Gefahr für flüchtende Schleichhändler: Häufig schießen die Zollbeamten auf Fahrzeug und Fahrer. Insgesamt kommen zwischen 1945 und 1952 fast 30 Schmuggler und drei Fahnder an der Grenze zwischen Deutschland und Belgien ums Leben

aufwendige Fuhrparks. Auch Toussaint-Elsen kaufte schnelle US-Limousinen. Mit diesen Wagen konnten die Schmuggler die Zöllner leicht abhängen.

Meist lenkten die Fahrer ihre Autos über abgelegene Wald- und Feldwege. Wurden sie entdeckt, gaben sie Vollgas. Rückbank und Sitze hatten sie ausgebaut – die Männer saßen auf Kaffeesäcken.

Mit Straßensperren versuchten die Zöllner, die an der Grenze durchgebrochenen Limousinen zu stoppen. Sie legten Stacheldraht und Nagelbretter auf die Fahrbahn. Die Schmuggler rüsteten ihre Wagen nun mit speziellen Reifen aus: Die hatten keinen Schlauch, der platzen konnte, sondern viele kleine Luftkammern. So rasten die Autos über Nagelbretter hinweg.

Die Antwort der Zollfahnder darauf war die über Straßen oder Wege gespannte Igelkette: Ihre zahlreichen Spitzen sollten sich in die Reifen bohren und dann im Radkasten hängen bleiben.

Und der Staat rüstete weiter auf. 1952 wurden zwei speziell ausgestattete Porsche in Dienst gestellt: Vor den Vorderreifen waren ausfahrbare Besen angebracht, deren Borsten die von Schmugglern verstreuten Krähenfüße von der Straße fegten.

Da die Zöllner oft auf die Fahrer feuerten, panzerten die Schmuggler ihre Limousinen und Lastwagen, schraubten Stahlplatten vor Motor und Scheiben. Daraufhin versuchten die Grenzbeamten, die gepanzerten Wagen mit Gräben und durch Beton verstärkte Grenzpfosten zu stoppen. Toussaint-Elsens Reaktion: Er kaufte sich mehrere amerikanische Panzerfahrzeuge – darunter den Wagen von Breuer und Kreitz.

Zwei Tage nach der Schmuggeltour auf der Himmelsleiter zum Jahreswechsel 1953 entdeckt ein Förster das versteckte Gefährt im Wald. Er alarmiert den Zoll. Die Beamten finden im Inneren einen blutigen Handschuh, den Kreitz getragen hat.

Die Ermittler erfahren über die Seriennummer des Wagens, dass er 1944 bei der Landung in der Normandie eingesetzt worden ist. Später überließ die US Army ihn den Franzosen, die den Panzerwagen dann an Belgien verkauften.

Er landete bei der 81. Nachschubkompanie, die zur belgischen Besatzungsmacht in Aachen gehört. Dort hatte ihn ein Soldat für eine Inspektion abgemeldet. Doch statt ihn dafür in eine bestimmte Kaserne zu bringen, hat er ihn an Toussaint-Elsen verkauft.

Das beschlagnahmte Gefährt muss der Kaffeekönig nun abschreiben. Dennoch hat er guten Gewinn gemacht: Allein in der Neujahrsnacht hat er 12 000 D-Mark verdient. Und schon kurz darauf kauft er für 5000 D-Mark ein weiteres Panzerfahrzeug, offenbar wieder von belgischen Soldaten.

———

Im Spätsommer 1953 aber endet das Geschäft der Profischmuggler. Am 23. August senkt die Bonner Regierung die Kaffeesteuer: Sie beträgt nur noch vier D-Mark pro Kilogramm Röstkaffee, damit ist das Getränk in Deutschland nun nicht mehr viel teurer als in Belgien.

Toussaint-Elsen sitzt da bereits im Gefängnis. Im Februar 1953 hat ihn der belgische Zoll verhaftet, später ein Richter zu vier Jahren Haft verurteilt. Auch

Auch der Zoll rüstet auf: Der »Besenporsche«, eine Sonderanfertigung, fegt die reifenzerfetzenden »Krähenfüße« der Schmuggler mit großen Bürsten von der Straße

Hans Breuer und Lorenz Kreitz stehen 1953 vor Gericht, angeklagt wegen versuchten Mordes: Der Staatsanwalt wirft ihnen vor, mit dem Einsatz der Krähenfüße den Tod ihrer Verfolger in Kauf genommen zu haben.

Sie müssen für jeweils drei Jahre ins Gefängnis und hohe Geldstrafen zahlen.

Der Schleichhandel verliert nun seine Attraktivität. Die deutschen und belgischen Kaffeekönige geben nach und nach alle auf. Und in den Wäldern der Eifel kehrt bald wieder Ruhe ein. ●

DIE KAFFEE-FRONT

Zentrum des Kaffeeschmuggels ist das Dreiländereck zwischen den Niederlanden, Belgien und Deutschland. Rund 200 000 Bürger, schätzen Zollbeamte, verdienen sich dort als Schieber etwas dazu. Tausende Tonnen gelangen zwischen 1946 und 1953 jedes Jahr ins Land – mehr, als legal importiert wird

Hauke Friederichs, Jg. 1980, hat bei seinen Recherchen auch das Aachener Zollmuseum besucht: Dort finden sich etliche Schmugglerutensilien wie etwa jene Krähenfüße, die Schmuggler aus den fahrenden Autos warfen, um Verfolger aufzuhalten.

———

LITERATUREMPFEHLUNG: Myriam Koll, Thomas Müller (Hg.), „Mokka Türc & Marihuana – Schmuggel an der Aachener Grenze", Centre Charlemagne Neues Museum Aachen: Museumskatalog mit einer fundierten Aufsatzsammlung.

Nie war Geschichte lebendiger.

Spannende Reisen in die Vergangenheit: Jetzt GEO EPOCHE lesen oder verschenken!

GEO EPOCHE lädt Sie alle zwei Monate auf eine Zeitreise in die Geschichte ein: mit gründlich recherchierten Texten und grandiosen Bildern.

Herzlichst Ihr

Michael Schaper,
Chefredakteur GEO EPOCHE

IHRE Abovorteile

1. **Dankeschön gratis**
Geschenk nach Wahl
zur Begrüßung.

2. **Jederzeit kündbar**
Nach Ablauf des
1. Jahres.

3. **Bequem**
Portofreie Lieferung
nach Hause.

4. **Wahlweise mit DVD**
Auf Wunsch mit passender
DVD zum Heftthema.

Verlag: Gruner + Jahr GmbH & Co KG, Dr. Frank Stahmer, Am Baumwall 11, 20459 Hamburg, AG Hamburg, HRA 102 257. **Vertrieb:** Belieferung, Betreuung und Inkasso erfolgen durch DPV Deutscher Pressevertrieb GmbH, Nils Oberschelp (Vorsitz), Heino Dührkop, Dr. Michael Rathje, Düsternstraße 1, 20355 Hamburg, als leistender Unternehmer. AG Hamburg, HRB 95752.

DIE OPFER DER SIEGER

Mit dem Kriegsende bringt Moskau in den von der Roten Armee besetzten Ländern kommunistische Gefolgsleute in Stellung, auch in Ungarn. Nachdem die dortige KP die erste freie Wahl verloren hat, putscht sie sich 1947 an die Macht und errichtet – wie ihre Genossen anderswo in Osteuropa – ein Terrorregime. Der Kontinent ist fortan zweigeteilt

Text: MATHIAS MESENHÖLLER

ÉDJÜK A BÉKÉT !

VILÁGIFJUSÁGI TALÁLKOZÓ · 1949.

DIVSz NDSz

Wenn kommunistische Staaten erst einmal die Nationen der Welt anführen, herrscht
Harmonie, verspricht dieses Propagandaplakat. »Wir schützen den Frieden!« heißt es darauf.
Dabei forciert die aggressive Politik der Sowjetunion den Konflikt mit dem Westen.

ERÖS PROLETÁRHATALMAT!

Recsk, Nordungarn, am Morgen des 19. Juli 1950. Etwas mehr als 30 Männer trotten in diesem Hügelland voller Laub- und Nadelwälder eine Anhöhe hinauf, um sie bewaffnete Wachleute. Auf einer Weide stoßen sie auf einen verfallenen Schafstall, in dem die Ankömmlinge fürs Erste campieren sollen.

Im Verlauf der folgenden Wochen schaffen sie hier auf einer Fläche von 1600 mal 600 Metern eine neue Welt. Eine Welt der Schmerzen, der Demütigung, des Hungers, der Kälte. Des erschöpften Todes und des verzweifelten Überlebenswillens. Ein Internierungslager.

Sie sind die ersten Häftlinge, und daher müssen sie das Lager selber errichten: fünf, später acht Holzbaracken von jeweils 140 Quadratmeter Fläche, durch deren notdürftig geschindelte Dächer Regen fällt und zugleich alle Wärme verfliegt.

Die Gefangenen ziehen auf Geheiß ihrer Bewacher einen drei Meter hohen Stacheldrahtzaun, zimmern Türme, die mit Maschinengewehren und Suchscheinwerfern ausgerüstet werden. Den Zaun entlang brennen Nacht für Nacht Lampen.

Manche der Inhaftierten, die in den folgenden Jahren hinter dem gleißenden Verhau um ihr Überleben kämpfen werden, hat eine Lächerlichkeit in die Hölle gebracht: Einige sind die Erben eines adeligen Namens; andere waren zu aufsässig für das herrschende Regime; und

einer sitzt ein, weil er eine Beule in das Auto des kommunistischen Diktators Mátyás Rákosi gefahren hat.

Vor allem aber sind hier diejenigen eingesperrt, die Rákosi als seine gefährlichsten Feinde ansieht: Gewerkschafter, Sozialdemokraten, Priester, Fabrikdirektoren, ehemalige Offiziere sowie Studenten, die bereits den Nationalsozialisten Widerstand geleistet haben und sich nun den Kommunisten nicht beugen wollen.

Es sind Männer aus allen Gesellschaftsschichten und verschiedenen ideologischen Lagern, die in erster Linie eines verbindet: dass sie die Tyrannei eines einzelnen Mannes ablehnen.

Tag für Tag, bei Schnee, Regen oder Hitze schuften sie in einem nahe gelegenen Steinbruch oder schlagen in den Wäldern Holz. Dafür steht ihnen eine dünne Suppe zu, die zuweilen ein wenig Pferdefleisch enthält.

Auf den gleichen Karren, die Abfälle und Kot fortbringen, wird modriges Brot geliefert. Eine Einheit schrubbt mit Scheuerbürsten den Schimmel von den Laiben; kein Stück soll verloren gehen.

Drei Monate haben Rote Armee und Wehrmacht um Budapest gekämpft – so lange wie um kaum eine andere Stadt. Nach dem Ende der Gefechte liegt die ungarische Kapitale in Trümmern

Wer nicht gehorcht oder den Widerwillen eines Aufsehers hervorruft, wird in ein wassergefülltes Erdloch gesperrt oder bis aufs Blut geprügelt. Viele Insassen erliegen ihren Qualen.

Recsk ist eine Müllhalde für Demokraten. Ein Symbol für den Triumph des

Stalinismus, der moskautreuen Kommunisten unter Mátyás Rákosi. Ein Sinnbild für die Niederlage derjenigen, die auf den Trümmern des alten Ungarn eine freie Gesellschaft errichten wollten.

Nur wenige Jahre zuvor war ihre Hoffnung groß gewesen, und auch die Erleichterung nach den Schrecken des Krieges. Wie wohl die meisten erwarteten sie eine zwar schwierige, aber allemal bessere Zukunft. Es kam anders.

———

Am Vorabend des Zweiten Weltkriegs ist Ungarn ein zwischen Tradition und Aufbruch gefangenes Land. Die größten Teile der Äcker, Wälder, Seen und Viehherden gehören der katholischen Kirche sowie einer winzigen Schicht von gut 200 hochadeligen Familien – während rund drei Millionen bettelarme Landarbeiter und Besitzer von Zwergparzellen kaum ihr Auskommen finden.

Die Hauptstadt Budapest ist eine moderne Millionenmetropole mit Banken, Versicherungspalästen, elektrischen Eisenbahnen, Chemie- und Textilfabriken, ausgedehnten Arbeiterbezirken, einer Bourgeoisie aus schwerreichen Industriellen und Finanzmagnaten, darunter Juden und Deutsche. Ihnen gegenüber pflegen konservativ gestimmte Offiziere, Beamte und Geistliche einen scharfen Nationalismus und wachsenden Antisemitismus.

Am Ufer der Donau steht eines der prächtigsten Parlamentsgebäude Europas – dessen Abgeordnete indes wenig zu sagen haben. Die Macht liegt bei einem Ersatzkönig, dem „Reichsverweser" genannten Staatsoberhaupt Miklós Horthy und der von ihm eingesetzten Regierung. Die Unterdrückung der Opposition ist vergleichsweise moderat, dennoch fliehen zahlreiche Liberale, Sozialdemokraten und Kommunisten, aber auch Wissenschaftler und Intellektuelle ins Exil.

Mehr als alles andere bestimmt ein Trauma die Politik: Nach dem Ersten Weltkrieg hat Ungarn zwei Drittel seines

Territoriums an die Tschechoslowakei, Rumänien und das spätere Jugoslawien abtreten müssen; mehr als drei Millionen Magyaren lebten nun jenseits der Grenzen. Vorrangiges Bestreben der Politiker ist es deshalb, zumindest einen Teil des Verlorenen zurückzugewinnen.

Aus eigener Kraft zu schwach, versuchen die Machthaber dieses Ziel mit einer Schaukelpolitik zwischen dem nationalsozialistischen Deutschland und den Westmächten zu erreichen – und scheitern. Ungarn endet als widerwilliger Verbündeter der Deutschen. Zwar erhält es dafür nach Hitlers ersten Eroberungszügen einige Territorien zurück, muss aber Soldaten stellen, die zu Hunderttausenden an der Ostfront umkommen.

Als sich abzeichnet, dass Berlin den Krieg verlieren wird, sondiert Ungarns Regierung einen Seitenwechsel. Daraufhin besetzen deutsche Truppen im März 1944 das Land, beginnen, die Mehrheit der bislang geschützten ungarischen Juden zu deportieren, und zwingen Horthy Mitte Oktober, die Macht einem faschistischen „Führer" zu übertragen.

Wenig später erobern die vorrückenden Sowjettruppen Debrecen im Osten des Landes und bringen dort Ende 1944 eine Gegenregierung aus verschiedenen Untergrundparteien ins Amt, die den Deutschen den Krieg erklärt.

Erbittert stemmen sich Wehrmacht, ungarische Armeeführung und faschistische Milizen gegen die Niederlage; es kommt zu blutigen Kämpfen, zu Terror und Gegenterror, zu Plünderungen und Vergewaltigungen. Schließlich erreicht die Rote Armee Budapest. Und mit ihr das Dröhnen der Artillerie und detonierender Geschosse, der Panzermotoren, das Rattern der Maschinenwaffen zwischen brennenden Häusern, das Rumpeln der Flüchtlingsfuhrwerke, das Schreien von Kindern. Knapp 130 000 Soldaten sterben sowie mehrere Zehntausend Zivilisten.

Dann wird es still.

Am Morgen des 13. Februar 1945 bieten die fast menschenleeren Straßen auf dem historischen Burgberg der ungarischen Hauptstadt ein gespenstisches Bild. Leichen liegen auf dem Pflaster, Trümmer, Pferdekadaver, verlassene Planwagen. An der berühmten Kettenbrücke ruht eine auf die Seite gestürzte Löwenskulptur. Kaum ein Laut ist zu hören.

Es ist ein Moment angehaltener Zeit, wie er aus vielen Städten unmittelbar nach dem Ende der Kämpfe überliefert ist: der Augenblick zwischen Krieg und Nachkrieg. Ein Atemzug, in dem die Geschichte sich zu sammeln scheint. In dem die Überlebenden noch starr ihr Glück erst fassen müssen. In dem die Zukunft weder licht noch düster ist, sondern ihre bloße Existenz unwirklich.

Rasch jedoch wagen die Menschen sich aus den Kellern der Ruinen, taumeln gerettete Juden aus ihren mit Davidsternen beschmierten Häusern – und hocken auch schon die ersten Krämer in den Tordurchgängen. Binnen Kurzem wird hier um Brot gefeilscht, um Morphium und Schweinefett, Toilettenartikel, holländischen Schnaps, Uhren und Stoffe.

Spontan beginnen die Menschen, Trümmer zu beseitigen, ein oft notdürftiger Wiederaufbau. Sie träumen von Bildung, Tätigkeit, von einem Leben frei von Gewalt und immer neuer Angst.

Mitte März 1945 befeuert eine Nachricht die Euphorie der Davongekommenen, zumal auf dem Land: Die von den Sowjetführern unterstützte provisorische Regierung in Debrecen hat eine Bodenreform erlassen; aller Großgrundbesitz wird aufgelöst, das Land überwiegend an Besitzlose und Inhaber kleinster Parzellen verteilt.

Widerstand regt sich zunächst kaum. Viele Magnaten, Politiker, höhere Beamte, Offiziere und Polizeiführer des

Rotarmisten 1945 in Budapest:
Die Sieger nehmen sich das Recht, zu plündern und zu vergewaltigen

alten Regimes sind geflohen, insgesamt rund 500 000 Menschen. Ungarn scheint frei, einen neuen Anfang zu gestalten.

Im April erlauben die Sowjetführer der provisorischen Regierung, in das vibrierende Budapest überzusiedeln.

———

Dieses Kabinett wird im Wesentlichen von vier Parteien getragen: den Sozialdemokraten; der Nationalen Bauernpartei, die sich vor allem auf ärmere Landbewohner und Provinzintellektuelle stützt; der Unabhängigen Kleinlandwirte-, Landarbeiter- und Bürgerpartei (FKGP), deren Anhängerschaft die große Mehrheit der Bauern umfasst, aber auch städtische Mittelschichten erreicht. Und von den Kommunisten, einer Splitterpartei, deren Kader lange Jahre in Horthys Kerkern oder im Exil verbracht haben, die nun aber wachsenden Zulauf findet.

Wie fast überall in Europa sind die einflussreichsten Funktionäre der KP „Moskau-Kommunisten": Sie haben den Krieg in der UdSSR überlebt, sind mit der Roten Armee zurückgekehrt und vertreten als Kern ihres politischen Glaubensbekenntnisses unbedingte Treue zum Sowjetführer Josef Stalin.

Der indes taktiert. Er will in den befreiten Ländern ausdrücklich keine Coups, keinen übereilten Griff seiner Gefolgsleute nach der Macht. Vielmehr sollen sich die Kommunisten an „Volksfronten" beteiligen – möglichst breiten, „antifaschistischen" Koalitionen.

Denn zum einen hat er die alliierten Beschlüsse unterschrieben, Europas Nachkriegsordnung auf demokratische Wahlen zu gründen. Und er will seine Bündnispartner nicht verprellen, solange die Chance auf ein geeintes, für Moskau zu gewinnendes Deutschland besteht.

Zum anderen glaubt Stalin, der Kommunismus werde ohnehin siegen – nicht nur im von der Roten Armee okkupierten Osten des Kontinents, sondern weit darüber hinaus: KP-Minister sitzen auch in den Übergangsregierungen Frankreichs und Italiens. Und die Aussichten ihrer Parteien bei künftigen Wahlen scheinen gut.

Gleichwohl sichert sich Stalin überall dort ab, wo er nun Truppen stehen hat. Vor allem zwei Einrichtungen sieht

MAGYAR FIATALOK
A NÉPHADSEREGBEN SZOLGÁLNI A HAZÁT
HAZAFIAS KÖTELESSÉG !
KÉSZÜLJETEK FEL A M.R.SZ.SORAIBAN A LÉGIERŐKNÉL VALÓ SZOLGÁLAT TELJESÍTÉSÉRE

Als »patriotische Pflicht« preist dieses Plakat jungen Ungarn den Dienst in der
Volksarmee an. Direkt nach dem Krieg beginnt Moskau, in seinen Vasallenstaaten Militär und
Polizei nach sowjetischem Vorbild aufzubauen – und sichert so seinen Machtanspruch ab

der erfahrene Diktator als Schlüssel zur Macht: die Polizei und das Radio.

Also setzen die Sowjetoberen auch in Ungarn durch, dass ein Kommunist im Innenministerium herrscht – und so die Aufsicht über die Sicherheitskräfte erhält. Und der erreicht schon bald, dass eine politische Polizei aufgebaut wird, angeblich zum Schutz der künftigen Demokratie.

Sowjetische Geheimdienstler begleiten den Aufbau der Truppe nach Moskauer Vorbild. Hauptquartier wird ein düsterer Budapester Bau, in dem zuvor die Folterkeller der ungarischen Faschisten untergebracht waren.

Zumindest intern geben sich die neuen Chefs dieser politischen Polizei kaum Mühe, zu verschleiern, wem sie dienen: nicht der Regierung, sondern direkt der KP-Führung. Ihre Agenten grüßen einander offen mit „Szabadság!" („Freiheit!"), der Parole der ungarischen Kommunisten, politische Zuverlässigkeit ist Einstellungsvoraussetzung.

Als Mitarbeiter rekrutiert der Dienst vor allem junge, unerfahrene Männer, denen sich ein paranoides Misstrauen gegen jede unabhängige Haltung antrainieren lässt. Den angehenden Staatsschützern wird eingehämmert, dass jeder ein Spion sein kann. Nichtkommunisten stehen per se unter Verdacht, Auslandskontakte sind nie unschuldig.

Weil es im Klassenkampf keine Neutralität gibt, sind scheinbar harmlose Gemeinschaften wie Sportvereine, Tanzclubs oder Lesezirkel im Zweifel raffinierte Tarnorganisationen des Feindes. Zugleich nehmen diese Kader einen persönlichen Hass in sich auf, Verachtung für alle, die Stalin „Ungeziefer", „Unkraut", „Schmutz" nennt.

Die Neulinge lernen, Menschen auszuforschen, zu überreden, zu bedrohen, zu erpressen, damit sie „gestehen". Damit sie Kollegen verraten, Frauen ihre Männer ans Messer liefern, Kinder ihre Eltern bespitzeln.

Andere beziehen Posten vor dem Rundfunkhaus. Denn während die Sowjetkommandeure freie Zeitungen dulden (wenn auch zensieren), bringen sie das Radio, das einflussreichste Massenmedium der Zeit, zügig unter ihre Kontrolle.

Bei der Wahl 1945 erreicht die KP nur den dritten Platz. Doch Stalin (hier eine Sowjet-Delegation) setzt mit Drohungen durch, dass sie weiterhin Innenministerium und Polizei kontrolliert

Am Mittag des 1. Mai 1945 spielen Lautsprecher in ganz Budapest erstmals das neue Erkennungssignal. Anschließend werden Ansprachen der Führer der vier größten an der provisorischen Regierung beteiligten Parteien übertragen, Nachrichten, ein Musikstück von Béla Bartók, eine Oper – vertraute Klänge. Dann jedoch mischen sich neue Töne ins Programm, eine Sendung auf Russisch.

In den folgenden Monaten preisen Sprecher die Bodenreform, die Freundschaft zu den Siegern, den Wiederaufbau, moderieren Beiträge wie „Wir lernen, auf Russisch zu singen". Richtlinien für das Programm kommen aus der KP-Zentrale und von den Sowjetoberen.

Dafür erhalten die Mitarbeiter unter den rauen Nachkriegsbedingungen einen Teller heiße Suppe. Und einen Ausweis, der sie vor Übergriffen durch die Befreier schützt.

Denn die Nachkriegsrealität ist weit schmutziger, als sie im Radio klingt. Viele Rotarmisten betrachten es als Siegerrecht, die Frauen der Unterlegenen zu vergewaltigen, Zivilisten zu misshandeln, zu rauben, zu stehlen. Sowjetkommandos greifen Passanten willkürlich auf, um sie in Arbeitslager der UdSSR zu deportie-

ren. Sie verhaften Menschen als Spione (weil die ein Kurzwellenradio besitzen) oder kerkern sie als Kriegsverbrecher ein, weil sie einen deutsch klingenden Namen tragen (auch wenn die Gefassten kein Wort Deutsch sprechen).

Mehr als 140 000 Ungarn verschwinden nach 1945 in der Sowjetunion, oft für Jahre, viele für immer.

Mit ihnen verlassen Tausende Tonnen Material das Land. Denn aufgrund des von der provisorischen Regierung unterzeichneten Waffenstillstandsabkommens muss Ungarn den Siegern Reparationen zahlen. Doch sind die Bestimmungen so vage, dass die Sowjetkommandeure das ohnehin verheerte und bereits von den Deutschen geplünderte Land systematisch ausnehmen. Maschinen aller Art, Kraftwerksturbinen, ganze Fabriken werden demontiert, Schwimmkräne und Schiffe weggeschafft, Lokomotiven und Waggons, Rohstoffe aus den Bergwerken, Saatgut, Vieh.

Zudem requiriert die Rote Armee Milch, Getreide, Fleisch, Gemüse, Holz und Kohle, um die gut 1,3 Millionen Besatzungssoldaten (gegenüber rund neun Millionen Ungarn) zu versorgen.

Unter dem Schutz dieser Truppe beginnen „Volksgerichte", Kollaborateure und Kriegsverbrecher abzuurteilen. Da die rasch wachsende Staatspolizei „gefährliche" Personen aber selbst bei einem Freispruch festhalten kann, sind die Gefängnisse bald überfüllt.

Allein in Budapest und Umgebung entstehen mehr als ein Dutzend Internierungslager; bis Ende Juli sitzen 22 000 Menschen in politischer Haft – darunter Tabakhändler, Kneipiers und Friseure, die ein Geheimdekret des Innenministers aufgrund ihrer „regelmäßigen Kontakte mit der Öffentlichkeit" als verdächtige Gruppen ins Visier nimmt.

Nichts davon geschieht ohne Anweisung aus Moskau. Zwar liegt die oberste Gewalt ähnlich wie im besiegten Deutschland bei einer Alliierten Kontrollkommission, in der auch Amerikaner und Briten vertreten sind. Doch den Vorsitz führt ein Russe, Marschall Kliment Woroschilow – und der übergeht die Partner, folgt allein Stalins Befehlen.

Die Westmächte protestieren nur schwach. Trotz zunehmender Spannungen innerhalb des Kriegsbündnisses akzeptieren sie die sowjetische Vormacht in Osteuropa – solange Moskau das vereinbarte Recht der Völker auf demokratische Wahlen respektiert. Allein der britische Premierminister Winston Churchill äußert bereits sorgenvoll, entlang der Demarkationslinien sei ein „Eiserner Vorhang" niedergegangen.

Da ordnet Woroschilow im August 1945 an, möglichst bald die zugesagte Parlamentswahl abzuhalten. Ungarns Kommunisten ahnen zwar, dass die harte Besatzungspolitik auf sie zurückfallen könnte. Doch KP-Chef Mátyás Rákosi sieht in Not, Arbeitslosigkeit und Chaos eine Chance, verbitterte Menschen für seine Sache zu mobilisieren.

Große Bretterwände werden mit Parolen bemalt, Plakate gehängt, Agitatoren schwärmen aus. In gewaltigen Umzügen zeigt die KP Stärke: Massenkundgebungen sind Rákosis bevorzugtes Mittel im Wahlkampf. Er warnt vor den Kräften der „Reaktion", wirbt recht allgemein für Wiederaufbau und einen demokratischen Neuanfang, treibt seine Zuhörer zu rhythmischem Beifall und Sprechchören: ein kahler, kleiner Mann von gedrungener Robustheit.

15 Jahre hat er im Gefängnis verbracht, fünf weitere im Moskauer Exil. Jovial, zuweilen bewusst grob und ordinär, verfügt er über ein stupendes Gedächtnis, eine schnelle Auffassungsgabe, verständigt sich fließend in mehreren Sprachen. Ein Volkstribun, beredt, gerissen – und bis zur Blindheit von seiner Sache überzeugt. Er ist sicher, dass der Kommunismus siegen wird.

Am 4. November gehen die Ungarn an die Urnen. Erstmals in ihrer Geschichte wählen Männer wie Frauen frei und mit gleichen Rechten, ohne Einschränkung nach Bildung oder Vermögen.

Als die ersten Ergebnisse die KP-Zentrale erreichen, wird einem Zeitzeu-

gen zufolge ein hoher Funktionär erst blass, läuft dann blau an, während seine Lippen grau werden. Dann stürzt er aus dem Raum.

Rákosi überspielt sein Entsetzen besser. Er spricht von „ein paar reaktionären Bezirken" und erklärt dann, er müsse ins Bett. Vermutlich tritt noch in der Nacht die Parteiführung zusammen.

Denn die Kommunisten werden mit 16,9 Prozent der Stimmen nur drittstärkste Partei hinter den Sozialdemokraten (17,4 Prozent) – und der Klein-

DER PREMIER TRITT AUS ANGST ZURÜCK

landwirte-Partei FKGP, die 57 Prozent erringt, eine klare absolute Mehrheit in der Nationalversammlung. Rákosi hat sich katastrophal verschätzt.

Erträglich wird das Fiasko allein dadurch, dass die großen Parteien vorab vereinbart haben, ihre Volksfront-Koalition fortzusetzen, bis der Staat ein neues Fundament hat. Doch verlangt die FKGP nun das Amt des Premierministers, die Hälfte der Ressorts – und vor allem das so wichtige Innenministerium.

Neun Tage nach der Wahl bestellt Woroschilow einige Führer der Kleinlandwirte ein. Die Rolle der KP in der Regierung, argumentiert Stalins Mar-

Premier Ferenc Nagy von der Kleinbauernpartei (vorn) steht gegen den KP-Chef Mátyás Rákosi (rechts)

schall, könne nicht allein von ihrem Stimmenanteil abhängen, sondern müsse die besondere Bedeutung der Arbeiterklasse für den Wiederaufbau des Landes berücksichtigen – sowie für die Freundschaft zur Sowjetunion.

Die Drohung ist unüberhörbar. Die Wahlsieger geben nach. Das Innenministerium bleibt kommunistisch, Rákosi wird stellvertretender Premierminister.

Der Befehl, das Kommando über die Polizei um jeden Preis zu halten, kommt von Stalin persönlich. Besonders den ursprünglich als Innenminister vorgesehenen FKGP-Generalsekretär Béla Kovács verbittert diese Erpressung. Mit mühsam überspieltem Widerwillen und tiefem, wechselseitigem Misstrauen geht das neue Kabinett unter dem FKGP-Premier Ferenc Nagy an die Arbeit. Am 1. Februar 1946 ruft die Nationalversammlung eine parlamentarische Republik aus, deren Verfassung liberale Bürgerrechte festschreibt.

Doch die gelten nicht für alle. Vielmehr müssen zur gleichen Zeit Zehntausende Menschen ihre Habseligkeiten packen, zuweilen binnen Stunden, sie in Säcke nähen, auf Pferdekarren türmen: Frauen in Schürzen und Kopftüchern, Kinder, Männer in Arbeitsjacken oder Anzügen werden auf offene Lastwagen, in Güterwaggons gepfercht.

Denn wie in Polen, Rumänien und der Tschechoslowakei jagen die neuen Herren die deutsche Minderheit aus dem Land. Nach Krieg und Terror der Nationalsozialisten ist diese Vertreibung von Nachbarn, deren Vorfahren teils seit Jahrhunderten in Ungarn gelebt haben, weithin populär. Zumal sie Höfe und Wohnungen zurücklassen. Da die Deportationen von der politischen Polizei beaufsichtigt werden, fallen viele an kommunistische Parteigänger.

Immerhin überwindet die Koalition Anfang August das Symbol des Nachkriegs-Chaos schlechthin, die Inflation. Zuvor hat der ungarische Pengö den extremsten Wertverfall in der Geschichte des Geldes erlitten; die Händler zählten die Banknoten nicht mehr, sondern wogen sie packenweise.

Gedeckt von harten Sparmaßnahmen sowie regulierten Löhnen und Prei-

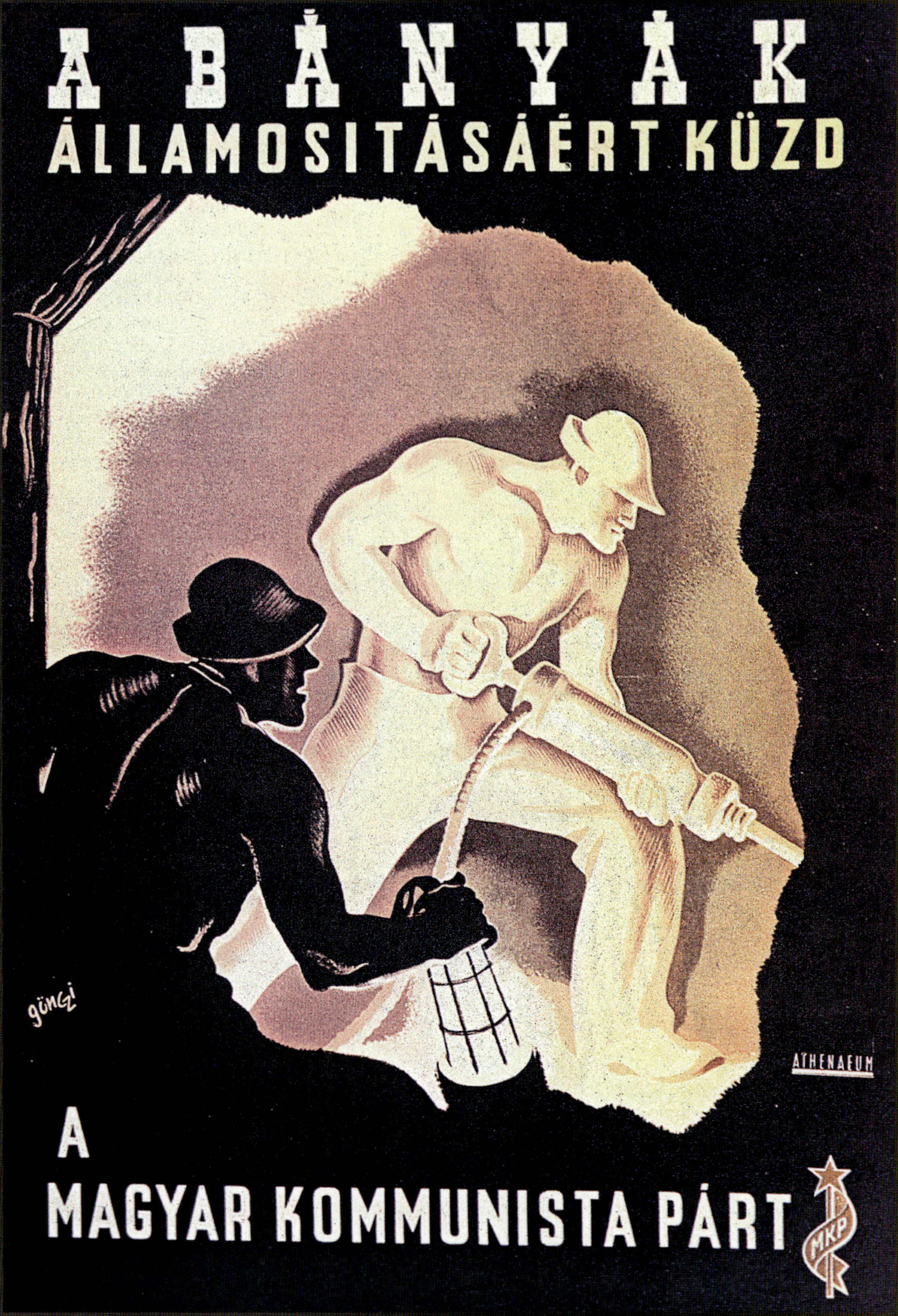
A BÁNYÁK
ÁLLAMOSITÁSÁÉRT KÜZD
güngi
ATHENAEUM
A
MAGYAR KOMMUNISTA PÁRT
MKP

»Die Minen kämpfen für die Nationalisierung«, verkündet dieses Plakat der ungarischen KP. Binnen weniger Jahre verstaatlichen die Kommunisten die Kohlegruben sowie Banken und kleine Geschäfte. Sie schließen Klöster und verbieten Vereine

sen, ersetzt nun ein neuer Forint je 400 Quadrilliarden Pengö. Straßenkehrer schaffen die alten, wertlosen Scheine auf Müllwagen davon.

Einen Monat später feiert die Partei der Kleinlandwirte „Nationale Bauerntage" in Budapest. Hunderttausende strömen in die Hauptstadt, auf Pferdewagen, zu Fuß, in Sonderzügen. Sie halten Trachtenumzüge ab, schauen Volkstanzgruppen zu. Redner preisen das Landvolk als Träger der Nation. Denn das Fest ist zugleich eine Truppenschau.

Seit dem Frühjahr greifen Rákosi und die von den Kommunisten kontrollierten Medien den Koalitionspartner immer schärfer an: Hinter der Fassade der FKGP versteckten sich „reaktionäre Elemente", die dem neuen Staat feindlich gesinnt seien. Bereits im März hat der KP-Chef mithilfe Moskauer Drohungen, von Ungarn höhere Reparationslasten zu fordern, Premierminister Ferenc Nagy zum Parteiausschluss von 20 Abgeordneten des rechten Flügels der FKGP gezwungen.

In der Provinz stiften Rákosis Gefolgsleute Ausschreitungen gegen politische Gegner an, verhaftet die politische Polizei willkürlich Unterstützer der Kleinlandwirte.

„Stalins bester Schüler", wie Rákosi sich nennt, geht daran, seine Wahlniederlage mit Gewalt auszugleichen.

Auch deshalb demonstriert die FKGP mit den Bauerntagen ihren fortbestehenden Rückhalt. Führender Kopf hinter der Aktion ist Béla Kovács, der Generalsekretär der Partei.

Kovács, der aus einer Kleinbauernfamilie stammt, zählt zu den beliebtesten und einflussreichsten Politikern des Landes. Er ist ein überzeugter Demokrat und verachtet Rákosi als skrupellosen Ideologen, dem die Koalitionäre schon viel zu viele Zugeständnisse gemacht haben.

Premier Nagy und andere aber fürchten, Rákosi sei im Vertrauen auf die Rote Armee sogar zum Bürgerkrieg bereit. Also versuchen sie, dem KP-Chef entgegenzukommen – in der Hoffnung, dass die Besatzer bald abziehen werden. Auch Mátyás Rákosi geht davon aus, dass die Sowjettruppen nicht für

immer bleiben. Eben deshalb setzt er darauf, den Wahlsiegern beizeiten eine Konzession nach der anderen abzupressen: mit dem Ziel, alle gegnerischen Parteien am Ende zu zerstören.

Am 5. Januar 1947 verkündet die kommunistische Tageszeitung „Szabad Nép", die Polizei sei einem weitverzweigten Komplott gegen die Republik auf der Spur; 55 Verschwörer seien verhaftet.

In Wahrheit sitzen seit Mitte Dezember mehr als 250 Mitglieder eines auf die Zwischenkriegszeit zurückgehenden nationalkonservativen Geheimbundes ein, der aber kaum mehr ist als ein lockeres Netz esoterischer Diskussionszirkel.

Eine Woche später legt „Szabad Nép" in großen Lettern nach: „Abgeordnete der Kleinlandwirte unter den Verschwörern!" Die FKGP-Parteiführung willigt ein, die parlamentarische Immunität der Beschuldigten aufheben zu lassen, um eine Aufklärung zu ermöglichen.

Die politische Polizei foltert die Gefangenen, bis einige „gestehen", Generalsekretär Kovács sei persönlich in Pläne zu einem Staatsstreich verwickelt. Der Dienst beantragt daraufhin beim

Dank der Bodenreform erhalten vor allem Besitzlose eigenes Land (o.). Doch schon bald wird ihr Eigentum zwangskollektiviert

Parlament, die Immunität von Béla Kovács aufzuheben.

Doch diesmal wehren sich die Demokraten. Am 7. Februar stellt die FKGP den Gegenantrag, die Sache vor einem Untersuchungsausschuss zu verhandeln.

Als abgestimmt wird, erheben sich nicht nur die Parlamentarier der Kleinlandwirte, sondern etliche andere Abgeordnete mit ihnen in demonstrativer Zustimmung: zwei Drittel des Hauses.

„Das ist keine Mehrheit", flüstert ein kommunistischer Abgeordneter Rákosi zu, „das ist ein Wald."

Der KP-Chef antwortet: „Dann werden wir ihn eben ausholzen."

Eine offene Anhörung kann Rákosi nicht wagen. Zu groß ist das Risiko, dass die Belastungszeugen ihre erpressten Aussagen widerrufen. Also organisiert die KP Straßenkundgebungen gegen die „Verschwörer", hetzen Radio und Parteizeitungen unablässig, die FKGP habe nichts gelernt aus der Enttarnung der „Horthy-Leute" in ihren Reihen – und droht Rákosi damit, die Koalition zu verlassen und das Land so ins Chaos zu stürzen.

Am 24. Februar lässt Ferenc Nagy sich auf einen Kompromiss ein. Die Staatspolizei darf Kovács verhören, ihn jedoch nicht festnehmen; die Immunität des Generalsekretärs bleibt unangetastet.

———

Tags darauf wird Kovács morgens um 10.00 Uhr im Hauptquartier der politischen Polizei von deren Chef persönlich begrüßt. Höflich. Dann führt ein anderer Beamter den Generalsekretär die Gänge hinab in einen schummrigen Raum – der sich plötzlich mit Männern füllt, die auf Kovács einbrüllen: „Nichtsnutziger Lump!", „Verschwörer!", „Reaktionärer Schuft!" Immer lauter, bedrohlicher: „Stinkender Bauer!", „Verräter!!"

Der Politiker ist wie gelähmt. Endlich wird er in ein anderes Zimmer gebracht, tief verstört. Eine Frau mit Notizblock, Stift. Ein Beamter, der ihm Kaffee anbietet. Kovács kann weder trinken noch sprechen. Dann werden verhaftete Parteigenossen hereingeführt.

Sie sagen ihm unter Tränen ins Gesicht, er habe doch die Verschwörung angeführt. Kovács bricht zusammen.

Das Nächste, an das er sich erinnert, ist sein Anwalt, der kurz nach Mittag vom Polizeichef den vereinbarten freien Abzug einfordert. Gemeinsam fahren sie zu Ferenc Nagy. Angesichts des völlig aufgelösten Gefährten erleidet auch der Premier einen Zusammenbruch.

Um 14.40 Uhr versucht Kovács es noch einmal. Von Neuem begibt er sich zur Geheimpolizei. Und widersteht diesmal den Anklagen der Gefolterten: Zwar habe er möglicherweise mit ihnen über

Politik gesprochen – von einer Verschwörung habe er aber nichts gewusst.

Da betreten einige hochrangige russische Geheimdienstler den Raum. Die Sowjetagenten fahren Kovács zu seiner Wohnung in der Váci-Straße 54. Dort verlesen sie ihm einen Haftbefehl des Kontrollratsvorsitzenden; schon vorher haben Geheimpolizisten seine Sachen durchsucht, Handakten beschlagnahmt.

Ein Offizier tröstet die Frau des Generalsekretärs, in ein paar Tagen sei alles ausgestanden. Ob sie ihrem Mann ein Kissen einpacken möge?

Am selben Abend gibt Zoltán Tildy, Präsident der Republik und Führer der FKGP, einen kleinen Empfang. Gegen 23.00 Uhr wird der Chef des Rundfunks herausgerufen. Um Mitternacht informiert das Radio jeden, der noch wach ist, dass Béla Kovács von den Besatzungsorganen als Verschwörer festgenommen worden sei.

Am folgenden Tag heißt es ausführlicher, der Generalsekretär habe einer bewaffneten, antisowjetischen Terrorgruppe angehört, für das Ausland spioniert und Mordanschläge auf Rotarmisten befohlen. Nichts davon ist wahr. Dennoch bleibt Kovács in Haft. Er wird für acht Jahre im sowjetischen Gulag verschwinden.

Viele Ungarn ahnen, dass die Verhaftung von Kovács einen Wendepunkt markiert. Dass fortan niemand mehr sicher ist. Wichtige nicht kommunistische Politiker fliehen ins Exil. Die demoralisierte FKGP gesteht zu, weitere „Reaktionäre" aus ihrer Fraktion auszuschließen. Die Westalliierten protestieren zwar, verlangen eine Untersuchung durch die Siegermächte oder die UNO. Doch die Sowjetkommandeure lehnen lapidar ab.

Denn längst steht das Weltkriegsbündnis vor dem Zerfall. In Polen zerschlägt die Rote Armee schon seit der Befreiung mit brutaler Härte national gesinnte Partisaneneinheiten, die zuvor gegen die

Wehrmacht gekämpft haben. In Rumänien, Polen und Bulgarien haben moskautreue Kommunisten manipulierte Wahlen gewonnen (auch in der Tschechoslowakei werden sie später putschen). Und für Deutschland zeichnet sich eine Teilung ab in drei demokratische Zonen und eine, in der die Kommunisten den Ton angeben.

Am 12. März 1947 kündigt US-Präsident Harry S. Truman an, fortan Staaten in aller Welt gegen kommunistische Angriffe beizustehen – unter anderem aus Empörung über das Vorgehen der Sowjetführer in Budapest. Doch kommt Ungarn in der Rede nicht vor.

Denn die Verteidigungslinie, die Washington und London vor dem Sowjetimperium ziehen, gibt alle von der Roten Armee besetzten Länder auf. Dagegen sollen Österreich und die Westzonen Deutschlands gehalten werden, ebenso Griechenland und die Türkei, im Nahen Osten der umkämpfte Iran, in Asien das bedrängte südliche Korea.

In Lagern wie Recsk internieren die Kommunisten echte und vermeintliche Regimegegner: Sozialdemokraten, Gewerkschafter, Priester. Tausende Gefangene erleiden Folter, Hunger und Tod

Bis Mitte Mai 1947 werden auf Druck der USA die kommunistischen Minister aus den Volksfrontregierungen Frankreichs und Italiens entlassen.

Daraufhin verlangt Stalin seinen Vasallen keine Zurückhaltung mehr ab. Mátyás Rákosi erhält die Erlaubnis, das demokratische Experiment in Ungarn zu beenden (allerdings soll ein Anschein von Legalität gewahrt bleiben).

Während einer Reise von Premier Ferenc Nagy in die Schweiz ruft Rákosi am 28. Mai das Kabinett zusammen. Er legt brisante Dokumente vor: Béla Kovács habe vor sowjetischen Verhöroffizieren unterschrieben, einen bewaffneten Staatsstreich geplant zu haben – und dass Nagy eingeweiht gewesen sei. Noch am selben Abend fordert das Kabinett den Premier auf, umgehend heimzukehren und sich zu verantworten.

Nagy verzichtet darauf, zum Märtyrer zu werden. Am 2. Juni übergibt er an der österreichisch-schweizerischen Grenze einem kommunistischen Emissär seine Rücktrittserklärung – im Austausch gegen seinen fünfjährigen, in Budapest gebliebenen Sohn.

Rákosi setzt nun Neuwahlen für den 31. August an. Um den Zerfall der FKGP zu beschleunigen und den Gegner zu zersplittern, wird die Anmeldung neuer Parteien erleichtert. Beamte des Innenministeriums streichen eine halbe Million Wähler aus den Verzeichnissen, überwiegend Sozialdemokraten.

Schlägertrupps stören Versammlungen der Konkurrenz, Polizeiterror treibt immer weitere Politiker ins Exil. Am Stichtag erhalten „Wahlbrigaden" falsche Ausweispapiere und werden auf Armeelastwagen durch die Bezirke gefahren, um ihre Stimmen mehrfach abzugeben. Umgekehrt bleiben Hunderttausende eingeschüchtert oder resigniert zu Hause.

Dennoch erlangen die Kommunisten nur 22,3 Prozent der Stimmen, werden damit aber stärkste Partei. Aufgrund von Zusatzmandaten, die dem Spitzenreiter zustehen, und weil die übrigen Linksparteien – teils aus Überzeugung, teils unterwandert oder bedroht – die KP unterstützen, reicht es für eine Mehrheit im Parlament.

Einzig um diesen Anschein von Legitimität ging es Rákosi. Er nutzt ihn, um die Gewaltpolitik noch einmal zu steigern, das Land nach sowjetischem

Das Arbeitsbuch in der Hand, blickt die junge Frau dank des Kommunismus in eine »glänzende Zukunft für Heim und Familie«: Einmal an der Macht, duldet die KP nur noch Wahrheiten, die sie zuvor selber abgesegnet hat (Propagandaplakat, 1949)

Vorbild umzubauen. Dabei stützt er sich weiterhin auf die Rote Armee – die keinerlei Anstalten macht abzuziehen. Die ungarische KP wäre nichts ohne diese bewaffnete Macht.

Bereits die vorherige Koalitionsregierung hat in der Versorgungskrise nach dem Krieg Kohlegruben und wichtige Industriebetriebe verstaatlicht. Nun werden zudem die Banken enteignet, im März 1948 alle Unternehmen mit mehr als 100 Beschäftigten, im Jahr darauf auch die kleineren. Staatswirtschaft ersetzt privates Gewerbe, vom Straßenbau bis zur Schuhherstellung, der Eckkneipe. Zahlreiche eben erst mit Land versorgte Kleinbauern werden gezwungen, staatlichen „Produktionsgenossenschaften" beizutreten.

Ebenso endet der politische Wettbewerb. Wie anderswo in Osteuropa zwingt die KP ihre verhasste Schwester, die Sozialdemokratie, in eine vereinigte Partei der Ungarischen Werktätigen (zu der die meisten Ungarn weiterhin schlicht „Kommunisten" sagen). Alle übrigen Parteien verlieren nach und nach ihre Mandate, zerfallen oder werden verboten.

Nachdem Innenministerium und Polizei schon zuvor die Kirchen drangsaliert haben, verstaatlicht das Regime nun Tausende konfessioneller Schulen, oft gegen erbitterten Widerstand der Eltern, schließt Klöster, lanciert diffamierende Gerüchte, verhaftet Geistliche wegen „Terrorismus". Im Dezember 1948 trifft es den katholischen Primas von Ungarn, József Kardinal Mindszenty – der bereits nach den ersten Übergriffen der politischen Polizei gewarnt hatte: „Es scheint, dass eine totalitäre Diktatur die andere ablöst."

Kinos, Theater, Malerei, Musik, Design werden auf einen neuen, „Sozialistischer Realismus" genannten Stil verpflichtet. Unabhängige Jugendorganisationen wie die Pfadfinder, Fußballvereine und Schachclubs werden unterwandert, gleichgeschaltet oder verboten. Private Kindergärten müssen schließen.

Rasch ausgebildete, „klassenbewusste" Erzieherinnen ersetzen die Pädagogen.

An den Universitäten wird aus Geschichte marxistische Geschichte, aus Philosophie marxistische Philosophie, aus Jura marxistisches Recht. Arbeiter-

VIELE HÄFTLINGE VERHUNGERN

und Bauernstudenten erhalten den Vortritt vor Kindern bürgerlicher Familien (und damit oft erstmals eine Chance auf höhere Bildung und sozialen Aufstieg).

Doch Mátyás Rákosis bevorzugtes Mittel, das mehrheitlich „reaktionäre" Ungarn von Grund auf umzugestalten, ist nicht Hoffnung. Sondern Terror.

In einer Serie von Schauprozessen werden immer neue Staatsfeinde „enttarnt". Die Anklagen vermischen Fakten und absurde Unterstellungen, erpresste Geständnisse und haltlose Schlussfolgerungen. Sie sollen politische Gegner vernichten, Schrecken verbreiten – und nicht zuletzt erklären, warum es immer noch nicht genug zu essen gibt, Bauprojekte nicht vorankommen, die

Die Aufseher der Lager prügeln die Gefangenen, verbrennen manchen die Hände – und zwingen andere tagelang in solche Wasserlöcher (das Bild zeigt einen Nachbau)

Reallöhne fallen. Die Antwort der KP: weil Spione, Saboteure und Verräter die Planwirtschaft unterwühlen.

Die Kombination aus Verschwörungstheorien, Lüge, Manipulation, offener oder angedrohter Gewalt unterscheidet sich von Land zu Land nur geringfügig: Ab 1948 unterwirft Moskau das gesamte von der Roten Armee besetzte Osteuropa kommunistischen Diktatoren.

In Ungarn werden nacheinander bürgerliche Politiker abgeurteilt; viele erhalten lange Haftstrafen, manche werden erschossen.

Dann erreichen die Prozesse die kommunistischen Kader selbst: Ende Mai 1949 wird László Rajk festgenommen. Der Mann, der zeitweilig als Innenminister die Gewalt der politischen Polizei persönlich beaufsichtigt hat, erklärt unter der Folter, für das Ausland spioniert zu haben, in ein Mordkomplott gegen die Staatsführung verstrickt zu sein. Rajk und mindestens 14 weitere Angeklagte werden hingerichtet – überwiegend Altkommunisten, die den Krieg im Untergrund verbracht haben. Eben deshalb misstrauen Stalin und Rákosi ihnen. Und beseitigen sie.

Zugleich trifft der Terror viele unbescholtene Menschen. Hunderttausende werden für einen offenherzigen Satz, eine Schimpftirade im Suff, nach einer Denunziation aus persönlicher Missgunst oder grundlos verhaftet, verhört und oftmals verurteilt – zu Gefängnishaft, Verlust des Arbeitsplatzes, Einzug des Besitzes oder eines Teils davon, Aberkennung der bürgerlichen Rechte, Geldbußen. Nicht wenige landen in den Folterkellern der Geheimpolizei.

Dort werden die Verhafteten in pausenlosen Verhören zermürbt, um „Geständnisse" zu erlangen. Folterer quälen sie mit Dunkelhaft, Hunger, Durst, Schlafentzug, bedrohen ihre Familien, treten und verprügeln die Häftlinge, allein oder zu mehreren.

Verbreitet sind Knüppelschläge auf die bloßen

Fußsohlen der Gefangenen – zuweilen, bis die Zehennägel aus den blutigen Stumpen fallen.

Einige der Inhaftierten haben erst wenige Jahre zuvor als Widerstandskämpfer die Folter der Gestapo überstanden. Voller Verachtung bricht es aus einem Sozialdemokraten heraus: „Ihr seid auch nicht besser als die!"

1950 beschließt die Partei- und Staatsführung, dieser Hölle einen weiteren Kreis hinzuzufügen. Rákosi informiert den sowjetischen Botschafter, er werde einige Hundert ehemalige Sozialdemokraten festsetzen lassen und „Konzentrationslager für sie organisieren".

Und so beginnen Mitte Juli des Jahres die Arbeiten in Recsk.

Die acht Holzbaracken werden nie mehr als 1700 Häftlinge aufnehmen. Aber das Lager zählt zu den brutalsten Internierungscamps in Ungarn.

Über allem regiert in Recsk der Hunger. 1200 Kalorien soll ein Häftling am Tag erhalten, auf keinen Fall mehr – und selbst das wenige wird noch oft gestohlen. Bald sterben die ersten Insassen an der gezielten Unterernährung und Überarbeitung.

Andere retten sich, indem sie auf dem Weg zur Zwangsarbeit in einen Schweinestall schleichen und Kleie aus den Trögen kratzen, die die Tiere übriggelassen haben.

Doch bedeutet Überleben vor allem Schmerz und Demütigung: Die Gefangenen werden wieder und wieder geprügelt, zusammengetreten, ins Wasserloch gestoßen, oft für Tage. Sie werden über einen Stock geschnürt, auf die Seite gekippt und liegen gelassen, bis sie die Krämpfe kaum noch aushalten können.

Manche werden an einen glühenden Ofen gerollt, wo ihre Hände verbrennen. Und schlimmstenfalls später abfaulen.

Andere werden mit dem Kopf in den Lagerschlamm getreten, verhöhnt, beschimpft, gezwungen, den nackten Hintern eines Wachpostens zu küssen.

Als einige Gefangene fliehen können, füllen binnen Stunden Panzer und Posten die Straßen. Bis auf einen werden alle Ausbrecher aufgegriffen, zurück nach Recsk gebracht und bei einem Spießrutenlauf halb totgeschlagen. Viele ver-

lieren jede Hoffnung, das Lager lebend zu verlassen.

Da stirbt am 5. März 1953 Josef Stalin. Zu seiner Ruhebettung unterbrechen fünf Schweigeminuten das Leben in Ungarn. Züge und Straßenbahnen halten, Passanten stehen still; Bauern unterbrechen die Feldarbeit, Arbeiter ziehen die Mütze ab, Soldaten salutieren.

Rákosi reist nach Moskau und trauert mit anderen ergebenen Gefolgsleuten am Leichnam des toten Diktators.

Galgen im Hauptquartier der Geheimpolizei: Während des Krieges haben hier ungarische Faschisten gefoltert

Millionen jedoch haben diesen Moment ersehnt – darunter Stalins engste Genossen. Binnen weniger Monate verkünden sie einen „Neuen Kurs", der die gescheiterte Wirtschaftspolitik und den lähmenden Terror des Diktators beenden soll – auch in den Satellitenstaaten.

Mitte Juni 1953 muss Rákosi den Regierungsvorsitz an den gemäßigten Imre Nagy abtreten (der nicht verwandt ist mit dem früheren Premier), darf aber Parteichef bleiben.

Inzwischen stehen sich West und Ost als militärische Blöcke gegenüber, und so denken auch Stalins Nachfolger nicht daran, einen ihrer Vasallen ziehen zu lassen; im Gegenteil: Das Ende der

Exzesse soll die kommunistischen Diktaturen in Osteuropa stabilisieren.

Zu Imre Nagys ersten Reformen gehören die Abschaffung der Lager und eine weitgehende Amnestie.

Bis dahin sind seit 1948 weit mehr als eine Million Menschen aus politischen Gründen belangt worden, viele weitere wurden als „Klassenfeinde" aus den Städten aufs Land deportiert – gemessen an der Gesamtbevölkerung mehr als in jedem anderen der neuen kommunistischen Staaten Europas. Die politische Polizei ist auf mehr als 45 000 Agenten angewachsen.

Als sich nach und nach auch das Lager in Recsk leert, lehnen etliche Entlassene den Transport auf Polizeilastwagen zum Bahnhof ab und gehen lieber zu Fuß. Zu groß ist das Misstrauen gegenüber den Wachmännern.

Drei Jahre später. Zehntausende Menschen drängen sich am Nachmittag des 23. Oktober 1956 in Budapest um das Denkmal für General Józef Bem, der 1848/49 eine ungarische Revolutionsarmee gegen Österreicher und Russen kommandiert hat.

Eine Studentendemonstration an diesem Tag ist zur Massenkundgebung angeschwollen, Arbeiter laufen neben Akademikern und Kleinbürgern.

Schon lange gärt der Unmut über die Jahre des Terrors, die unvollendeten Reformen des bald wieder von Moskau abgesetzten Imre Nagy, die zeitweilige Rückkehr Rákosis an die Macht, über die fortdauernde Entmündigung und Armut.

Nun bricht der Zorn sich Bahn: Die Versammelten fordern Pressefreiheit, die Wiederherstellung der Demokratie, Bestrafung der verantwortlichen Politiker – und den Abzug der Roten Armee.

Gegen 16.00 Uhr teilt sich die Menge. Die Mehrheit will ihren Protest vor das Parlament tragen, andere streben zum Aufmarschplatz um das gewaltige Stalin-Standbild am Stadtpark. Wieder andere Richtung Rundfunkgebäude.

Dort rufen sie wenig später: „Wir wollen ein Radio, das dem Volk gehört!" Der Sender soll ihre Forderungen ausstrahlen! Doch aus den Lautsprechern ist weiter Musik zu hören. Am Abend kapern einige Demonstranten einen Auf-

Stolz verkündet dieses Propagandaplakat der KP den »Wiederaufbau des
Landes« und dass »Budapest führt«. Tatsächlich aber werden sich Hunderttausende
Ungarn 1956 gegen die Diktatur der Kommunisten auflehnen

nahmewagen und durchbrechen damit das Haupttor; Eindringlinge und Wachmänner beginnen ein Handgemenge.

Kurz darauf hält der von der Staatsführung vorgeschickte, noch immer beliebte Imre Nagy aus einem Fenster des Parlamentspalasts eine abwiegelnde Rede. Seine Zuhörer, vielleicht 200 000 Menschen, ziehen enttäuscht ab – bleiben aber auf den Straßen. Am Stadtpark bindet die Menge Stricke um die Stalin-Statue aus Bronze und zerrt daran. Doch der Koloss regt sich nicht.

Etwas später ruft der Wachschutz des Rundfunkgebäudes einen Rettungswagen: Seine Männer sind von den Demonstranten mit Ziegelsteinen verletzt worden. Dann meldet die Gegenseite einen Schussverletzten. Die Eingeschlossenen haben das Feuer eröffnet.

Um die Beine des Stalin-Standbildes sprühen Funken: Arbeiter lockern das Denkmal mit Schweißbrennern. Stahlseile werden angelegt. Mehrere Lastwagen rücken an. Um 21.35 Uhr stürzt das 90 Zentner schwere Diktatorenmonument krachend auf den Platz.

Etwa um die gleiche Zeit wird vor dem Rundfunkgebäude der erste Demonstrant erschossen. Die Regierungstruppen jedoch, die als Verstärkung eintreffen, weigern sich, gegen die Menge vorzugehen. Vielmehr übergeben die meisten widerstandslos ihre Waffen – oder schließen sich dem Aufruhr an.

U m 22.14 Uhr tötet Gegenfeuer den ersten Wachmann. Aus der Belagerung wird nun eine offene Schlacht. Immer mehr Pistolen, Maschinengewehre, Handgranaten aus den Kasernen der kampfunwilligen Armee erreichen die Straßen.

Bis Mitternacht sind 30 Menschen tot. Budapest ist im Aufstand.

Am nächsten Morgen dröhnen die Motoren sowjetischer Panzer durch die Stadt. Die Bewohner der Stadt wehren sich mit Molotow-Cocktails und Schüssen auf Rotarmisten.

Derweil signalisieren die Machthaber Entgegenkommen: Imre Nagy wird an die Regierungsspitze zurückberufen, Parteichef soll János Kádár werden – einer jener Kommunisten, die Rákosi (der ins sowjetische Exil geht) einst ins Gefängnis werfen ließ. Dennoch erfasst die Revolte weitere ungarische Städte. In Budapest sind inzwischen mehrere Hundert Menschen umgekommen.

Keine Freiheit unter dem roten Stern: Die Hoffnung auf einen demokratischen Neuanfang endet, als die Rote Armee den Aufstand von 1956 niederschlägt (Frauen der KP-Jugendorganisation)

Längst lautet die Parole des Widerstands „Russen raus!".

Nachdem Moskaus Statthalter bereits 1953 in Ostdeutschland einen Aufstand niederschlagen mussten sowie im Sommer 1956 eine Arbeiterrebellion in Polen, droht ihre Macht erneut schweren Schaden zu nehmen – vor allem, wenn sich die noch zögernde ungarische Armee der Erhebung anschließen sollte.

So gehen die Sowjetgewaltigen ein Wagnis ein. Sie ziehen ihre Truppen aus Budapest zurück, um Imre Nagy eine Chance zu geben, die Lage politisch zu stabilisieren.

Am 30. Oktober teilt Nagy eine Kabinettsumbildung mit. Die Ministerliste enthält eine Sensation: Auf ihr findet sich auch Béla Kovács, der erst im Frühjahr freigekommene frühere Generalsekretär der FKGP. Zudem verspricht Nagy faire Wahlen und ein weniger rigides Wirtschaftssystem.

Dennoch bekommt der Premier die Revolte nicht unter Kontrolle. Aufstän-

dische lynchen zahlreiche der verhassten Geheimpolizisten; im ganzen Land gründen sich freie Arbeiterräte.

V or allem aber wissen die Ungarn, dass kein Versprechen etwas wert ist, solange die Rote Armee im Land steht. Ihr Abzug aus Budapest ist zu wenig. Am 1. November gibt Nagy nach und erklärt Ungarns Austritt aus dem Militärbündnis Warschauer Pakt – und das Land für neutral.

Das ist in Moskau wegen Ungarns strategischer Bedeutung und der unberechenbaren Folgen im übrigen östlichen Europa indiskutabel. Zumal kaum ein Politiker oder Militär im Kreml bezweifelt, dass die USA sofort in das Vakuum stoßen würden. In der Nacht auf den 4. November greift die Sowjetunion mit frischen Verbänden an. Mag die Welt denken, was sie will.

Bis Jahresende kommen mehrere Tausend Widerständler um. Weitaus mehr werden verwundet, rund 200 000 Ungarn fliehen ins Ausland. Zehntausende Männer und Frauen werden vor Gericht gestellt, die meisten zu mindestens fünf Jahren Haft verurteilt, Hunderte hingerichtet. Viele verlieren ihre Arbeit oder Wohnung.

Am 16. Juni 1958 wird Imre Nagy gehängt. Auf ausdrücklichen Wunsch des neuen starken Mannes János Kádár, der rechtzeitig die Seiten gewechselt hat.

Das Imperium hat gesiegt. ●

Dr. Mathias Mesenhöller, *Jg. 1969, ist Autor im Team von* GEO*EPOCHE.*

———

LITERATUREMPFEHLUNGEN: Anne Applebaum, „Der Eiserne Vorhang. Die Unterdrückung Osteuropas 1944–1956", Siedler: Vergleich der Stalinisierung in Ungarn, Polen und Ostdeutschland. Peter Kenez, „Hungary from the Nazis to the Soviets. The Establishment of the Communist Regime in Hungary, 1944–1948", Cambridge University Press: detailreiche, gut lesbare Spezialstudie.

EINE NEUE ORDNUNG

Der Kalte Krieg teilt Europa in zwei Machtbereiche: Im Osten fesselt Moskau seine Satelliten-staaten an sich, im Westen binden die USA ihre Partner durch wirtschaftliche Unterstützung. Trotz vieler Krisen und Spannungen bringt diese Zweiteilung dem Kontinent eine längere Friedens-phase als je zuvor in seiner Geschichte ——— Text: FRANK OTTO und HANNO SCHEERER

Kein Ereignis in der Geschichte hat eine derart destruktive Dynamik hervorgebracht wie der Zweite Weltkrieg. Kein Ereignis hat darüber hinaus jemals so gewaltige politische Folgen gehabt wie dieser Krieg, der Völker und Grenzen verschiebt und weiten Teilen Asiens und Europas für Jahre das Chaos bringt.

Mit den USA und der Sowjetunion gehen zwei neue Supermächte aus dem Konflikt hervor, die schon bald gegeneinanderstehen werden. Sie bestimmen die künftige Weltordnung, die Erde wird mehr oder weniger zweigeteilt.

Und die Grenze zwischen den Blöcken verläuft mitten durch Europa: Östlich einer Linie von Lübeck bis Triest fallen die Staaten (mit Ausnahme Griechenlands) unter die Herrschaft kommunistischer Diktaturen, während der Westen Freiheit, wirtschaftliche Prosperität sowie eine nie für möglich gehaltene Einigung erlebt.

Bereits kurz nach Ende des Kriegs zerbricht die fragile Koalition zwischen den liberalen Demokratien in Großbritannien, Frankreich und den USA auf der einen und Josef Stalins UdSSR auf der anderen Seite – ein Zusammenschluss, der ohnehin nur unter dem Druck der tödlichen Bedrohung durch das nationalsozialistische Deutschland und das kaiserliche Japan zustande gekommen ist.

Und so endet in jenem Moment, da Berlin niedergerungen ist, auch der Zwang zur Allianz: Schon am 12. Mai 1945, vier Tage nach der deutschen Kapitulation, warnt der britische Premier Winston Churchill den US-Präsidenten Harry S. Truman in einem Telegramm vor einer Ausweitung der sowjetischen Machtsphäre; es sei ein „moskowitischer Vormarsch ins Herz Europas" zu erwarten.

So wird aus der zeitweiligen Kooperation zwischen Ost und West sehr schnell gegenseitiges Misstrauen und bald eine offene Konfrontation. Und für den sich anbahnenden Kalten Krieg sammeln die zwei neuen Supermächte USA und UdSSR nun Verbündete um sich.

Die USA vertrauen in Westeuropa vor allem auf diplomatischen Druck – und auf die Verlockungen durch die nahezu unbegrenzten ökonomischen Ressourcen des reichsten Landes der Welt.

Moskau setzt dagegen auf direkte politische Einflussnahme und die immer offenere Unterdrückung der Staaten Osteuropas: Das Baltikum wird wieder annektiert, der Osten Polens den Sowjet-republiken Weißrussland und Ukraine zugeschlagen, und im sowjetisch besetzten Teil Deutschlands, in Albanien, Bulgarien, Rumänien, Polen, Ungarn und der Tschechoslowakei reißen kommunistische Regierungen die Macht an sich.

Auf Befehl Stalins zerschlagen seine jeweiligen Statthalter überall die früheren staatlichen und gesellschaftlichen Strukturen und etablieren stattdessen eine kommunistische Herrschaft: Mit List und Gewalt werden konkurrierende Parteien ausgeschaltet, Tausende Regime-gegner verhaftet oder getötet, Unternehmen und Grundstücke enteignet.

Das Wohlverhalten der Satelliten sichern starke Truppenkontingente der Sowjetarmee – allein in der DDR sind Ende der 1940er Jahre rund 600 000 Rotarmisten stationiert.

An den noch nicht endgültig definierten Rändern der beiden neuen Machtblöcke kann der Kalte Krieg aber immer wieder zu einem echten, mit Waffengewalt geführten Konflikt werden. So zum Beispiel in Griechenland, wo kommunistische Partisanen von 1946 an in einem Bürgerkrieg gegen eine (von den Briten unterstützte) konservativ-royalistische Regierung kämpfen.

In den Augen des US-Präsidenten Truman sind die aggressiven Eroberungsabsichten Stalins zu diesem Zeitpunkt längst bewiesen. Griechenland reiht sich für Truman ein in die Versuche der Sowjetunion, ihre Macht in Europa und im Nahen Osten zu erweitern (auch wenn die Waffen für die hellenischen Rebellen aus Jugoslawien kommen).

Wenn die Linken in Griechenland siegten – würden dann nicht bald auch der Iran und Afrika und sogar Länder wie Italien und Frankreich fallen, wo starke kommunistische Parteien ebenfalls nach politischer Macht greifen?

In einer Rede vor dem US-Kongress formuliert Truman am 12. März 1947 neue Grundsätze seiner Außenpolitik: Die Welt befinde sich in einem Kampf zweier Lebensformen, die Selbstbestimmung der Völker stehe auf dem Spiel, und die USA müssten „freien Völkern beistehen, die sich der Unterwerfung durch bewaffnete Minderheiten oder durch äußeren Druck widersetzen".

Der US-Kongress stimmt Trumans Erklärung zu, hilft Griechenlands Konservativen mit Geld und Militärberatern. US-Außenminister George Marshall schlägt darüber hinaus kurz darauf einen umfassenden Plan vor, der Westeuropa vor Stalins Einfluss schützen soll: Washington will die zerrüttete europäische Wirtschaft mit Milliarden Dollar Entwicklungshilfe wiederaufbauen.

Die materielle Unterstützung gibt es allerdings nicht ohne Bedingungen. Die Forderung der USA: Europas Nationen sollen in Zukunft wirtschaftlich intensiv kooperieren. Denn ein eng geknüpftes Handelsnetz sei die notwendige Voraussetzung für den dringend benötigten ökonomischen Aufschwung, der die (West-)Europäer gegen eine kommunistische Einflussnahme immunisieren würde. (Aber natürlich soll der europäische Markt auch zu einem wichtigen Abnehmer amerikanischer Produkte werden.)

Derart groß ist die Not des zerschundenen Kontinents und ist der Druck der USA,

dass nach 1939 von Deutschland überfallene Länder sich dazu bereit erklären, die mehr als zwölf Milliarden Dollar US-Hilfsgelder gemeinsam in der „Organization for European Economic Cooperation" zu verwalten und zu verteilen – und dabei die Interessen ihrer einstigen deutschen Kriegsgegner wesentlich zu berücksichtigen.

So beginnt 1948 die westeuropäische Integration: als sanfte Nötigung der USA. Und als Produkt französischer Furcht. Denn allein die Vorstellung eines deutschen Wiederaufstiegs weckt bei den Politikern links des Rheins ein altes Gespenst. Drei blutige Kriege haben die Deutschen gegen Frankreich in den 75 Jahren zuvor geführt – könnte es sein, dass man sich bald schon wieder vor dem Nachbarn fürchten müsse?

Um das zu verhindern und eine Aussöhnung zu ermöglichen, die langfristig den Frieden sichert (aber ohne gleichzeitig in politischen Widerspruch zu den übermächtigen USA zu geraten), entwickelt Paris einen Plan, den die Zeitgenossen als sensationell empfinden: Die Kontrolle über die Kohle- und Stahlindustrie Deutschlands *und* Frankreichs – und damit über die Grundlage jeder militärischen Macht – soll einer unabhängigen übernationalen Behörde übertragen werden.

Die Regierung der kurz zuvor gegründeten Bundesrepublik willigt sofort ein: Eine gleichberechtigte Teilnahme an

dieser „Montanunion" ist für die international noch weitgehend isolierten Deutschen ein großer Ansehensgewinn.

Die 1951 gemeinsam mit den Benelux-Staaten und Italien gegründete „Europäische Gemeinschaft für Kohle und Stahl" wird zur Keimzelle der europäischen Einigung. Es sind diese sechs EGKS-Mitglieder, die 1957 die Römischen Verträge unterzeichnen, mit denen die Europäische Wirtschaftsgemeinschaft entsteht – die inoffizielle Gründungsurkunde eines geeinten Europa.

Zwei Jahre zuvor ist die Bundesrepublik bereits in die NATO aufgenommen worden, das 1949 gegründete westeuropäisch-amerikanische Verteidigungsbündnis.

Auf die immer engere Verbindung des Westens reagiert die Sowjetunion, indem sie ihre Vasallen stärker und stärker an sich fesselt. 1949 gründet Moskau mit den Satelliten den „Rat für gegenseitige Wirtschaftshilfe", um auf diese Weise noch durchgreifender die Wirtschaftspolitik im gesamten Ostblock dominieren zu können.

Mit dem 1955 begründeten „Warschauer Pakt" zementiert Moskau darüber hinaus seine totale Kontrolle in militärischen Fragen. Die DDR ist in beide Organisationen eingebunden – und damit wird die Bundesrepublik der wichtigste Frontstaat für den Westen im Europa des Kalten Krieges.

So ist aus dem Chaos der Nachkriegsjahre eine neue Ordnung erwachsen. Es ist eine Ordnung, geprägt von der Spannung zwischen zwei Systemen. Eine Ordnung, die für die Länder Osteuropas noch viele weitere Jahrzehnte lang Unfreiheit bedeutet.

Aber es ist auch eine Ordnung, die dem Kontinent eine längere Friedenszeit bescheren wird, als er sie je in seiner Geschichte erlebt hat. ●

Dr. Frank Otto, *Jg. 1967, ist Stellvertretender Chefredakteur von* GEO*EPOCHE.* **Dr. Hanno Scheerer,** *Jg. 1981, ist Historiker in Mainz.*

Berlin wird erneut zur Frontstadt: nun im Konflikt der USA mit der UdSSR (britische Soldaten und deutsche Polizisten vor dem Brandenburger Tor, 1950)

Trümmerjahre

Auf das Chaos des Kriegs folgen die Wirren der Nachkriegszeit. Millionen von Menschen irren durch den Kontinent, der weiterhin von Bürgerkriegen und Vertreibungen erschüttert wird. Und schon zeichnet sich der nächste Konflikt ab ——— Text: ANDREAS SEDLMAIR; Karten: STEFANIE PETERS

Der vom nationalsozialistischen Deutschland am 1. September 1939 ausgelöste Zweite Weltkrieg hat innerhalb weniger Jahre weite Teile Europas verwüstet und Millionen Menschenleben gekostet.

Im Verlauf des Konfliktes konnten das Deutsche Reich und seine Verbündeten (die „Achsenmächte"), zu denen neben dem faschistischen Italien auch Rumänien, Bulgarien und Ungarn gehörten, zunächst große Teile des Kontinents unterwerfen, darunter Polen, Frankreich, Jugoslawien, Griechenland, Dänemark und Norwegen.

Doch Ende 1941 geriet der im Juni des Jahres begonnene, anfangs erfolgreiche Feldzug gegen die Sowjetunion vor Moskau ins Stocken. Zum Wendepunkt des Krieges in Europa wurde die Schlacht um die südrussische Stadt Stalingrad, in der die 6. Armee der Wehrmacht Anfang 1943 nach gewaltigen Verlusten kapitulieren musste.

Während die deutschen Truppen sich auf dem Territorium der Sowjetunion von nun an zumeist auf dem Rückzug befinden, sind die übrigen eroberten Gebiete in den ersten Monaten des Jahres 1943 noch fest in der Hand der Achsenmächte.

Bis auf die neutralen Staaten Spanien, Portugal, Schweiz und Schweden kontrollieren Deutschland und seine Verbündeten nahezu alle Länder Kontinentaleuropas.

Den Achsenmächten stehen als Hauptgegner in einer Koalition die kommunistische Sowjetunion unter dem Diktator Josef Stalin sowie die USA und Großbritannien gegenüber. Zudem müssen sie sich in einigen der besetzten Länder mit starken Partisanenbewegungen auseinandersetzen, etwa in Jugoslawien und Griechenland.

1943

10. 7. Italien. Alliierte Truppen landen an der Küste Siziliens und errichten damit im Süden Europas eine weitere Front gegen die Achsenmächte. Nach anfangs hartem Widerstand ziehen sich die deutschen und italienischen Soldaten bis zum 17. August von der Insel zurück.

25. 7. Italien. Der italienische König Viktor Emanuel III. lässt Adolf Hitlers engsten Verbündeten verhaften, den am Vortag abgesetzten italienischen Diktator Benito Mussolini. Dessen Nachfolger als Regierungschef, der Marschall Pietro Badoglio, schließt am 3. September einen zunächst noch geheim gehaltenen Waffenstillstand mit den Westalliierten. Gleichzeitig beginnen britische Divisionen an der kalabrischen Küste mit der Invasion des italienischen Festlands, um die dort stehenden deutschen Verbände zurückzudrängen.

8. 9. Großbritannien. US-General Dwight D. Eisenhower gibt gegen Badoglios Willen öffentlich bekannt, dass Italien nicht mehr gegen die Alliierten kämpft. Zwei Tage später besetzen deutsche Truppen Rom. Zudem entwaffnen die Deutschen die in Nord- und Mittelitalien sowie in den italienischen Besatzungsgebieten in Südfrankreich und auf dem Balkan verbliebenen italienischen Verbände.

12. 9. Italien. Deutsche Fallschirmjäger landen auf dem Gran-Sasso-Massiv in den Abruzzen und befreien den dort internierten Mussolini. Elf Tage später bildet der Diktator eine faschistische Gegenregierung unter deutscher Oberaufsicht. Zu ihrem Sitz erklärt sie den Ort Salò am Gardasee.

13. 10. Italien. Die in Brindisi residierende Regierung Badoglio erklärt dem Deutschen Reich den Krieg. Doch noch sind die Gegner in der besseren Position: Ende des Jahres gerät der Vormarsch der Alliierten Richtung Rom ins Stocken. Fast ein halbes Jahr lang markiert die von den Deutschen befestigte „Gustav-Linie" etwa 100 Kilometer südlich von Rom den Frontverlauf.

9. 11. USA. Vertreter von 44 Regierungen unterzeichnen in Washington das Gründungsdokument der „United Nations Relief and Rehabilitation Administration" (UNRRA), einer Organisation, die sich weltweit unter anderem um die erwartete große Zahl von Kriegsopfern aller Art kümmern soll.

Eine wichtige Aufgabe findet die UNRRA in den folgenden Jahren darin, befreite Kriegsgefangene, Insassen von Konzentrationslagern und Zwangsarbeiter zu betreuen und bei der Rückkehr in ihre Heimat zu unterstützen. Millionen dieser meist mittellosen „Displaced Persons" werden nach Ende des Krieges durch Europa ziehen und die alliierten Behörden vor große organisatorische Probleme stellen.

29. 11. Jugoslawien. In dem bosnischen Ort Jajce rufen kommunistische Partisanen unter ihrem Führer Josip Broz, genannt Tito, eine provisorische Regierung für Jugoslawien aus. Dank seiner militärischen Erfolge gegen die Wehrmacht genießt Tito die Unterstützung auch der westlichen Alliierten. Auf deren Druck sieht sich die monarchistische Exilregierung Jugoslawiens im Juni 1944 gezwungen, mit dem von Tito gegründeten „Antifaschistischen Rat der Volksbefreiung Jugoslawiens" zusammenzugehen.

1944

4. 1. Polen. Einheiten der Roten Armee überschreiten die sowjetisch-polnische Grenze von 1939. Erstmals bekämpfen sie nun Hitlers Truppen außerhalb des sowjetischen Territoriums.

1. 2. Frankreich. Auf Initiative des Generals Charles de Gaulle schließen sich die verschiedenen militärischen Organisationen der Résistance, des Widerstands gegen die deutschen Besatzer in Frankreich, zu den Forces françaises de l'intérieur („Französische Streitkräfte im Inneren") zusammen. Bereits am 3. Juni 1943 hat de Gaulle in Algier das „Französische Komitee der nationalen Befreiung" gegründet und damit seinen Anspruch auf die Führung des französischen Widerstands erhoben.

17. 5. Italien. Nach monatelangen Kämpfen räumen deutsche Truppen den Montecassino, ein Herzstück der „Gustav-Linie". Kurz zuvor haben alliierte Verbände das deutsche Verteidigungsbollwerk auch an anderer Stelle durchbrochen, sodass ihr Vormarsch nun nicht mehr aufzuhalten ist. Am 4. Juni nehmen sie Rom ein.

6. 6. Frankreich. Rund 175 000 Amerikaner, Briten und Kanadier landen an fünf Stränden der von den Deutschen besetzten Normandie. Luftlandetruppen bringen zur gleichen Zeit wichtige strategische Punkte im Hinterland unter ihre Kontrolle. Trotz teilweise hoher Verluste gelingt es den Invasoren, die Landungsköpfe bis zum 12. Juni zu einer zusammenhängenden Front zu verbinden. Damit haben die Alliierten das lange geplante Vorhaben umgesetzt, im Westen eine zweite Front gegen Hitlers Armeen zu eröffnen.

22. 6. Sowjetunion. In Weißrussland startet die Rote Armee eine groß angelegte Offensive. Innerhalb weniger Tage gelingt es den zahlenmäßig weit überlegenen sowjetischen Verbänden, die Heeresgruppe Mitte der Wehrmacht zu zerschlagen. Auf ihrem Vormarsch Richtung Westen erobern die Sowjettruppen am 3. Juli die weißrussische Hauptstadt Minsk zurück, Ende des Monats stoßen sie bis zur Weichsel vor.

25. 7. Polen. Im von der Roten Armee befreiten Lublin nimmt das wenige Tage zuvor unter kommunistischer Führung gegründete „Lubliner Komitee" seine Arbeit auf, das in Konkurrenz zu einer in London residierenden polnischen Exilregierung die Macht in Polen beansprucht. Stalin unterstützt das neue Gremium, da er hofft, mit dessen Hilfe sowjetische Gebietsansprüche gegen Polen durchzusetzen, die die Exilregierung ablehnt.

1. 8. Polen. Die „Heimatarmee", die größte polnische Widerstandsorganisation, entfacht in Warschau einen Aufstand gegen die deutschen Besatzer. Nach anfänglichen Erfolgen der Aufständischen gelingt es SS-Truppen bis zum 2. Oktober, die Rebellion zu zerschlagen. 16 000 Kämpfer und 150 000 Zivilisten kommen dabei ums Leben, Warschau wird von den Deutschen systematisch zerstört. Verbände der Roten Armee, die nur 25 Kilometer vor der Stadt stehen, greifen nicht ein, da Stalin kein Interesse an einem Sieg der nationalpolnisch ausgerichteten Heimatarmee hat.

25. 8. Frankreich. Französische und amerikanische Truppen ziehen in Paris ein. Am folgenden Tag führt General de Gaulle einen Triumphzug über die Champs-Élysées an und unterstreicht damit seinen Machtanspruch in dem nun zu großen Teilen befreiten Land.

7. 9. Bulgarien. Angesichts des sowjetischen Vormarsches erklärt die Regierung des Balkanstaats ihrem bisherigen Verbündeten Deutschland den Krieg. Zwei Tage später können kommunis-

tische Kräfte in einem Staatsstreich die Macht in dem bald darauf sowjetisch besetzten Land an sich reißen.

17. 9. Niederlande. Alliierte Panzer- und Luftlandetruppen dringen in die niederländische Provinz Nordbrabant vor und können die Front bald bis auf die Höhe von Nimwegen verschieben. Der Westen des Landes mit der Hauptstadt Amsterdam bleibt jedoch bis zum Mai 1945 in der Hand der Wehrmacht.

22. 9. Estland. Die Rote Armee nimmt die estnische Hauptstadt Tallinn ein. Schon wenige Wochen später befindet sich der Großteil des Territoriums der drei baltischen Staaten Estland, Lettland und Litauen in der Hand der sowjetischen Truppen. Die neuen Machthaber setzen nun gegen den Widerstand eines großen Teils der Bevölkerung eine schnelle Eingliederung der Gebiete in die Sowjetunion durch, der diese bereits von Juni 1940 bis zum Beginn der deutschen Besetzung im Sommer 1941 zwangsweise angehört hatten.

3. 10. Griechenland. Hitler befiehlt den deutschen Truppen, das Land zu räumen. Am folgenden Tag landen britische Einheiten auf der Peloponnes und ziehen am 14. Oktober in die Hauptstadt Athen ein, bald gefolgt von Georgios Papandreou, dem Führer der bürgerlichen Exilregierung des Landes. Währenddessen

UNTER DEUTSCHER HERRSCHAFT

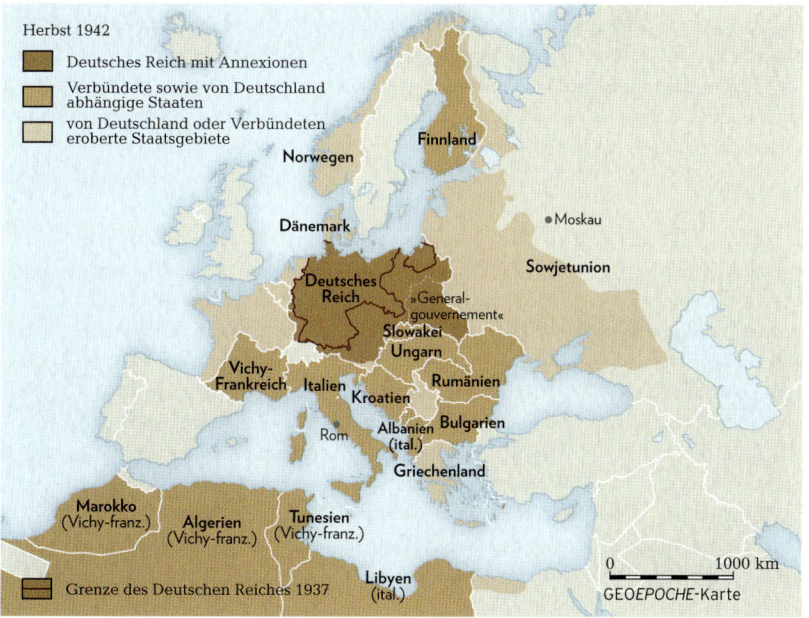

Herbst 1942

Deutsches Reich mit Annexionen

Verbündete sowie von Deutschland abhängige Staaten

von Deutschland oder Verbündeten eroberte Staatsgebiete

Norwegen
Finnland
Dänemark
• Moskau
Sowjetunion
Deutsches Reich
»General-gouvernement«
Slowakei
Ungarn
Vichy-Frankreich
Italien
Kroatien
Rumänien
Albanien (ital.)
Bulgarien
Rom
Griechenland
Marokko (Vichy-franz.)
Algerien (Vichy-franz.)
Tunesien (Vichy-franz.)
Libyen (ital.)

0   1000 km
GEOEPOCHE-Karte

Grenze des Deutschen Reiches 1937

In einem Angriffs- und Vernichtungskrieg hat Deutschland zunächst seine Nachbarn, dann halb Europa überfallen und besetzt, unterstützt von Verbündeten wie etwa Italien. Die Karte zeigt den Machtbereich dieser »Achsenmächte« am Ende des dritten Kriegsjahres, zum Zeitpunkt seiner größten Ausdehnung im Herbst 1942

vergrößern kommunistische Partisanen ihren Machtbereich im Inneren Griechenlands.

15. 10. Ungarn. Miklós Horthy, Staatschef des von deutschen Truppen besetzten Landes, verkündet im Rundfunk, dass er die sowjetische Regierung um Waffenstillstand ersucht habe. Daraufhin zwingt ihn die SS – die die tatsächliche Kontrolle im Land ausübt – zum Rücktritt und hebt einen Vertreter der rechtsextremen Pfeilkreuzler-Bewegung in sein Amt.

16. 10. Deutsches Reich. Sowjetische Truppen dringen zwischen Memel und Suwalki nach Ostpreußen und damit auf Reichsgebiet vor. Angesichts von Gräueltaten der Rotarmisten an der deutschen Bevölkerung entschließen sich viele Bewohner Ostpreußens zur Flucht Richtung Westen, die ihnen jedoch vorerst von der NS-Führung der Provinz verboten wird. Anfang November können deutsche Verbände die Sowjettruppen zunächst wieder zurückdrängen.

20. 10. Jugoslawien. Die Partisanen erobern mithilfe eines Korps der Roten Armee die jugoslawische Hauptstadt Belgrad. Dem populären Kommunistenführer Tito gelingt es nun immer mehr, die Macht in dem von inneren Konflikten zerrütteten Land an sich zu reißen.

3. 12. Griechenland. Als bei einer Demonstration von kommunistischen Partisanen und ihren

EIN KONTINENT IN BEWEGUNG

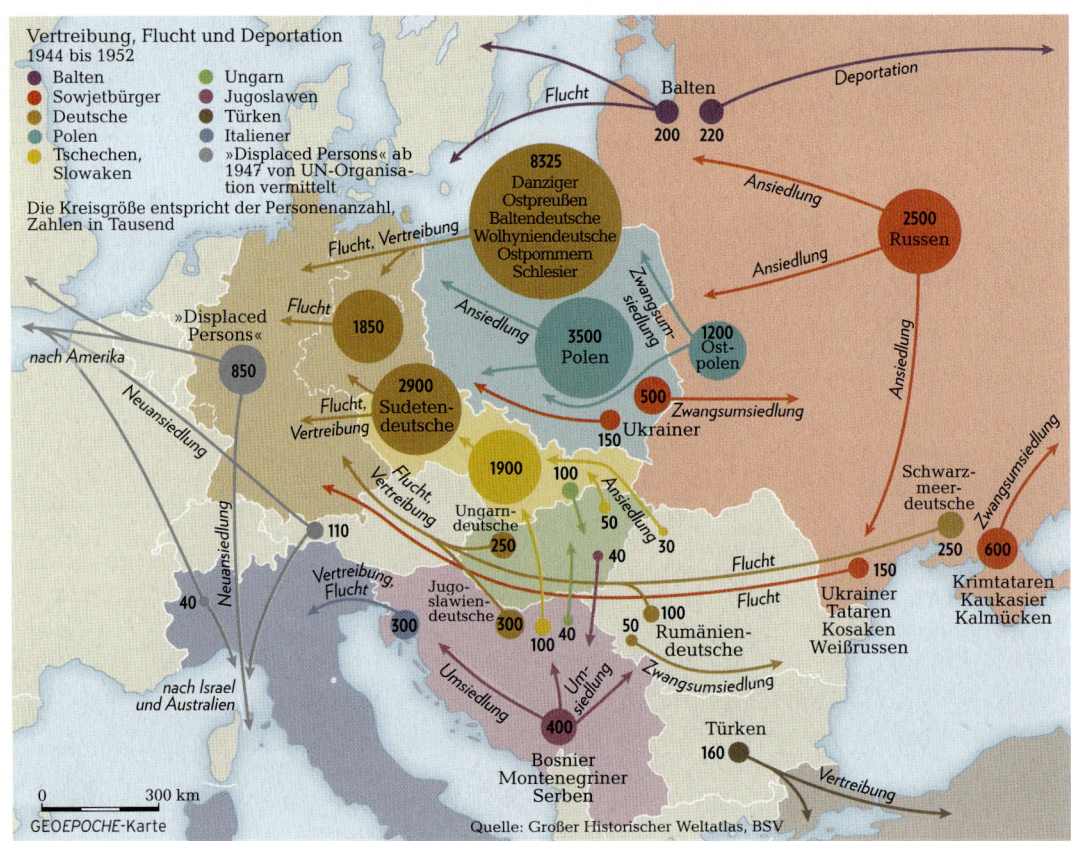

Vertreibung, Flucht und Deportation 1944 bis 1952

- ⬤ Balten
- ⬤ Sowjetbürger
- ⬤ Deutsche
- ⬤ Polen
- ⬤ Tschechen, Slowaken
- ⬤ Ungarn
- ⬤ Jugoslawen
- ⬤ Türken
- ⬤ Italiener
- ⬤ »Displaced Persons« ab 1947 von UN-Organisation vermittelt

Die Kreisgröße entspricht der Personenanzahl, Zahlen in Tausend

GEO*EPOCHE*-Karte

Quelle: Großer Historischer Weltatlas, BSV

Der Zweite Weltkrieg verschiebt Grenzen, entwurzelt Menschen: Sie fliehen, werden vertrieben oder deportiert. Zudem verschiebt beispielsweise die UdSSR Volksgruppen innerhalb ihres eigenen Staatsgebiets, verschleppt Balten nach Sibirien und siedelt stattdessen Russen in Lettland, Estland und Litauen an, um Aufstände zu verhindern und die neuen Sowjetrepubliken enger an Moskau zu binden. Anderswo werden vor allem Deutschstämmige fortgejagt – aus Rache, aber auch, um Deutschland nicht in der Zukunft erneut einen Kriegsgrund zu liefern

Sympathisanten Polizisten in die Menge schießen, eskaliert die Situation zu einem Aufstand der Widerstandskämpfer in Athen und Umgebung. Mit massiver Unterstützung der Briten können die Regierungstruppen die Rebellion bis zum 11. Januar 1945 niederschlagen.

22. 12. Ungarn. Während vielerorts noch Kämpfe zwischen der Roten Armee und der Wehrmacht toben und die von den

Pfeilkreuzlern regierte Hauptstadt Budapest von Sowjettruppen angegriffen wird, erklärt sich in der ostungarischen Stadt Debrecen eine Gruppe von Politikern zur provisorischen Regierung, der mit Zustimmung der sowjetischen Autoritäten neben Kommunisten auch Vertreter anderer Parteien angehören.

1945

1. 1. Polen. Das Lubliner Komitee erklärt sich ohne Berücksichtigung der

polnischen Exilpolitiker zur provisorischen Regierung. Das Gremium wird in das bald von der Roten Armee befreite Warschau übersiedeln. Die neuen Machthaber lassen mithilfe der sowjetischen Besatzer politische Gegner und ehemalige Kämpfer der Heimatarmee verhaften.

12. 1. Polen. Die Rote Armee startet ihre Winteroffensive gegen die deutsche Ostfront. Über Polens Hauptstadt Warschau,

die am 17. Januar von der Wehrmacht aufgegeben wird, stoßen sowjetische Verbände binnen zweieinhalb Wochen an die Oder bei Küstrin vor – und nähern sich damit Berlin bis auf etwa 80 Kilometer. Auf ihrem Weg rächen sich die sowjetischen Soldaten vielerorts für die Kriegsverbrechen der Deutschen: Zahlreiche Zivilisten finden einen gewaltsamen Tod, Hunderttausende Frauen werden von Rotarmisten vergewaltigt.

4. 2. Sowjetunion. Im Kurort Jalta auf der Halbinsel Krim treten zum zweiten Mal die „Großen Drei" persönlich zusammen, die Machthaber in den wichtigsten Staaten der Anti-Hitler-Koalition.

Der britische Premier Winston Churchill, der US-Präsident Franklin D. Roosevelt und der sowjetische Diktator Josef Stalin diskutieren die Zerstückelung Deutschlands in mehrere Einzelstaaten, ohne jedoch einen definitiven Beschluss zu fassen.

Stalin erklärt sich damit einverstanden, in Polen schon bald freie demokratische Wahlen anzusetzen. Im Gegenzug erkennen Roosevelt und Churchill eine Grenze zwischen Polen und der Sowjetunion an, die etwa der 1939 im Hitler-Stalin-Pakt festgelegten Markierung entspricht. Der daraus resultierende Gebietsverlust Polens soll im Westen durch einen „beträchtlichen" Territorialgewinn auf Kosten Deutschlands kompensiert werden.

6. 3. Rumänien. Auf starken sowjetischen Druck hin beauftragt König Michael I. die von Kommunisten dominierte Nationaldemokratische Front unter dem Bauernpolitiker Petru Groza mit der Bildung einer neuen Regierung. Diese macht sich sofort daran, den Regierungsapparat, das Justizwesen und die Sicherheitsdienste in ihrem Sinne zu „säubern". Darüber hinaus schränkt sie fortan die Pressefreiheit ein und terrorisiert politische Gegner.

4. 4. Tschechoslowakei. In der bereits sowjetisch besetzten Stadt Košice verkündet ein Zusammenschluss verschiedener Exilgruppen ein Programm für die Wiederherstellung der von den Nationalsozialisten zerschlagenen Tschechoslowakischen Republik. Unter anderem sieht das Dokument vor, eine Koalitionsregierung unter Einbeziehung der Kommunisten einzurichten und die deutschstämmige Bevölkerung des Landes zu vertreiben. Am 25. Mai, nach dem endgültigen Sieg über die Wehrmacht, kehrt der gemäßigte Sozialist Edvard Beneš, bereits vor dem Krieg Staatspräsident des Landes, in die Hauptstadt Prag zurück.

13. 4. Österreich. Die Rote Armee nimmt Wien ein. Zwei Wochen später beauftragen die Besatzer den Sozialdemokraten Karl Renner mit der Bildung einer provisorischen Regierung, die die Wiederherstellung der Republik Österreich proklamiert. Die am selben Tag veröffentlichte Unabhängigkeitserklärung bezeichnet Österreich als Opfer des deutschen Nationalsozialismus – obwohl die überwiegende Mehrheit der österreichischen Bevölkerung den „Anschluss" ihrer Heimat an NS-Deutschland 1938 mit Begeisterung begrüßt hatte.

28. 4. Italien. Am Comer See erschießen italienische Widerstandskämpfer Benito Mussolini und seine Geliebte Clara Petacci. Weil die deutschen Truppen in Italien vor den

Alliierten immer weiter zurückweichen, hat der ehemalige Diktator versucht, mit der Widerstandsbewegung zu verhandeln. Als dies scheiterte, wollte er sich ins Ausland absetzen. Doch die Partisanen nahmen ihn und seine Geliebte fest. Am Tag nach Mussolinis Tod kapituliert die Heeresgruppe C der Wehrmacht in Italien.

30. 4. Deutschland. Im Bunker unter der Neuen Reichskanzlei in Berlin begeht Adolf Hitler Selbstmord. Zu seinem Nachfolger als deutsches Staatsoberhaupt hat der „Führer und Reichskanzler" Großadmiral Karl Dönitz bestimmt.

6. 5. Jugoslawien. Angesichts des Vorrückens der kommunistischen Partisanen geben die letzten Vertreter der deutschfreundlichen kroatischen Regierung ihre Hauptstadt Zagreb auf. Nach dem Einmarsch der Wehrmacht 1941 hatten Anhänger der faschistischen Ustascha-Bewegung mit Unterstützung der Besatzer in Teilen Jugoslawiens einen „Unabhängigen Staat Kroatien" ausgerufen, in dem Serben, Juden und Roma brutaler Verfolgung ausgesetzt waren. Rund 200 000 Menschen fielen dem Gewaltregime der Ustascha zum Opfer.

8. 5. Europa. Um 23.01 Uhr tritt die bedingungslose Kapitulation der deutschen Wehrmacht in Kraft. Der Zweite Weltkrieg ist damit in Europa beendet. (Auf dem pazifischen

Kriegsschauplatz beschließt ihn erst die japanische Kapitulation am 2. September 1945.) Am Vortag hat Generaloberst Alfred Jodl im Auftrag von Reichspräsident Karl Dönitz die Kapitulationsurkunde im französischen Reims unterschrieben. In der Nacht auf den 9. Mai wird die Zeremonie auf sowjetischen Wunsch im Hauptquartier der Roten Armee in Berlin-Karlshorst wiederholt.

15. 5. Jugoslawien. Wenige Tage nach dem Zusammenbruch des kroatischen Ustascha-Staates erreicht die Spitze eines Zuges von mehr als 150 000 Soldaten und Zivilisten die österreichische Grenze bei Bleiburg und versucht, sich den dortigen britischen Besetzern zu ergeben. Doch der Befehlshaber lehnt ab und liefert sie damit den siegreichen jugoslawischen Partisanen unter Führung Titos aus. In den folgenden Wochen richten die kommunistischen Kämpfer wohl mehr als 50 000 Menschen hin, die sie der Zusammenarbeit mit den deutschen Besatzern bezichtigen.

16. 5. Litauen. In dem Wald Kalniškės bei Kaunas kommt es zu einem Gefecht zwischen etwa 70 antikommunistischen Kämpfern und zahlenmäßig weit überlegenen Truppen des sowjetischen Geheimdienstes NKWD. Die Widerständler sind Teil einer zeitweilig bis zu 40 000 Kämpfer umfassenden Guerillabewegung, die sich der erzwungenen Sowjetisierung Litauens

widersetzt. Auch in Lettland und Estland sind seit dem Einmarsch der Roten Armee im Vorjahr ähnliche Gruppen entstanden. Erst 1953 können die sowjetischen Autoritäten den Widerstand dieser „Waldbrüder" genannten Kämpfer brechen.

1. 6. Tschechoslowakei. Tschechische Arbeiter und Milizionäre treiben etwa 27 000 deutschstämmige Bewohner der Stadt Brünn und ihrer Umgebung zur 55 Kilometer entfernten österreichischen Grenze. Während des Marsches und unmittelbar darauf sterben mehr als 5000 dieser Menschen. Der „Brünner Todesmarsch" ist Teil einer Welle nicht staatlich organisierter Vertreibungen in den Monaten nach der deutschen Kapitulation, in denen sich der Hass der tschechischen Bevölkerungsmehrheit auf die sogenannten Sudetendeutschen widerspiegelt. Viele Tschechen werfen ihnen die Zusammenarbeit mit Hitler bei dessen schrittweiser Zerstörung des tschechoslowakischen Staates in den Jahren 1938/39 vor. Ab Januar 1946 werden diese Vertreibungen mit Genehmigung der Alliierten durch staatlich organisierte Zwangsaussiedlungen ersetzt. Insgesamt müssen fast drei Millionen Sudetendeutsche ihre Heimat verlassen.

5. 6. Deutschland. Die vier Oberbefehlshaber der Siegermächte – zu denen nun auch Frankreich gehört – unterzeichnen in Berlin eine Deklaration, in der sie die Übernahme der obersten Regierungsgewalt in Deutschland verkünden. Fortan soll ein Alliierter Kontrollrat, bestehend aus den Oberbefehlshabern, das in vier Besatzungszonen aufgeteilte Land verwalten.

17. 7. Deutschland. Beim ersten Treffen der Großen Drei nach dem Kriegsende in Europa nimmt der neue US-Präsident Harry S. Truman in Potsdam den Platz des am 12. April verstorbenen Franklin D. Roosevelt ein. Noch im Laufe der Konferenz wird Churchill als Premierminister von Clement Attlee abgelöst, dessen Labour Party die Parlamentswahlen in Großbritannien gewonnen hat. Im abschließenden Kommuniqué verkünden die drei Regierungschefs auf Betreiben Stalins, alle deutschen Gebiete östlich von Oder und Lausitzer Neiße (bis auf die Region um Königsberg, die die Sowjetunion kontrollieren wird) unter polnische Verwaltung zu stellen und die deutsche Bevölkerung „in ordnungsgemäßer und humaner Weise" auszusiedeln.

23. 7. Frankreich. Philippe Pétain, während des Krieges Staatschef im zunächst nicht besetzten Teil Frankreichs und damit Hauptrepräsentant des Vichy-Regimes, das mit den Deutschen kollaboriert hat, wird vor ein Gericht gestellt. Die Richter verurteilen den 89-Jährigen wegen „Zusammenarbeit mit einer fremden Macht" und „Angriffs auf

die innere Sicherheit" zum Tode, doch kurz darauf wandelt Regierungschef de Gaulle das Urteil in eine lebenslängliche Freiheitsstrafe um.

1. 8. Sowjetunion/Polen. Ein Grenzvertrag besiegelt die neue Demarkationslinie zwischen Polen und den sowjetischen Nachbarrepubliken. Angesichts der Westverschiebung der polnisch-sowjetischen Grenze findet bereits seit etlichen Monaten ein „Bevölkerungsaustausch" statt: Meist unter Zwang verlassen bis 1946 1,2 Millionen Polen den ehemaligen Ostteil ihres Landes und müssen sich überwiegend in den zuvor von Deutschen bewohnten Gebieten im Westen und Norden niederlassen. Gleichzeitig gelangen etwa 500 000 Ukrainer aus Polen in die Sowjetunion.

24. 10. Norwegen. In Oslo richtet ein Erschießungskommando den Politiker Vidkun Quisling hin, der von 1942 bis 1945 als Ministerpräsident einer Marionettenregierung eng mit der deutschen Besatzungsmacht in Norwegen zusammengearbeitet hat.

4. 11. Ungarn. Die Kommunistische Partei des Landes kann bei freien Parlamentswahlen nur

knapp 17 Prozent der Stimmen erringen. Zum Sieger der Abstimmung wird dagegen die Partei der Kleinlandwirte, deren Führer Zoltán Tildy nun eine Allparteienregierung anführt. Die Kommunisten versuchen in den folgenden Monaten, ihre politischen Gegner durch Drohungen, Repressalien und Manipulationen auszuschalten.

29. 11. Jugoslawien. Die am 11. November gewählte Verfassunggebende Versammlung, in der eine kommunistisch dominierte Volksfront durch massive Einschüchterungen 90 Prozent der Stimmen erhalten hat, erklärt Jugoslawien zur „Föderativen Volksrepublik" und wählt Tito zum Ministerpräsidenten. In den Monaten zuvor ist es den Kommunisten gelungen, alle politischen Gegner auszu-

schalten und de facto die Macht im Lande an sich zu reißen. Eine später verabschiedete Verfassung für Jugoslawien sieht eine föderative Ordnung vor, in der verschiedene Volksgruppen in sechs Teilrepubliken mit eigenen Verfassungen leben sollen.

1946

11. 1. Albanien. In der Hauptstadt Tirana ruft die Nationalversammlung des

Landes die „Volksrepublik Albanien" aus. Das einstige Königreich, in dem sich nach dem Abzug der deutschen Besatzer im November 1944 schnell die Kommunistische Partei unter Enver Hodscha als stärkste politische Kraft durchsetzen konnte, ist damit eines der ersten Länder Osteuropas, das nach sowjetischem Vorbild umgestaltet wird.

20. 1. Frankreich. Charles de Gaulle, erst im November 1945 von der Verfassunggebenden Nationalversammlung seines Landes zum Ministerpräsidenten und vorläufigen Staatspräsidenten gewählt, tritt zurück, da das französische Parlament seiner Forderung nach Einführung eines Präsidialsystems mit starken Machtbefugnissen für das Staatsoberhaupt nicht nachkommen will.

25. 1. Polen. Soldaten eines polnischen Infanterieregiments umstellen ein Dorf im Südosten des Landes und töten Dutzende ukrainischstämmige Einwohner der Ortschaft. Das Massaker ist nur eines von vielen ethnisch motivierten Verbrechen, die polnische Einheiten als Rache für zahlreiche Massenmorde von Ukrainern an Polen in den Jahren zuvor begehen.

14. 2. Deutschland. Polen und Großbritannien schließen ein Abkommen: Fortan sollen regelmäßig Züge mit Deutschen, die aus den nun unter polnischer Verwaltung stehenden Ostgebieten zwangsweise ausgesiedelt werden, in die britische Besatzungszone fahren. Die Briten wollen damit die Vertreibung der Deutschen aus Schlesien, Ostpreußen und Pommern, die in den vorangegangenen Monaten oft chaotisch und gewaltsam verlaufen ist, etwas humaner gestalten.

5. 3. USA. In einer Rede spricht Winston Churchill erstmals öffentlich von einem „Eisernen Vorhang", der Europa zerteile. Stalin, so der ehemalige britische Premier, schirme die östliche Hälfte des Kontinents konsequent ab, um dort seine Machtinteressen ohne Einmischung durch den Westen durchsetzen zu können. Churchills Formulierung wird bald zu einem wichtigen Schlagwort im heraufziehenden „Kalten Krieg", dem Systemkonflikt zwischen den kapitalistischen Ländern des Westens und den sozialistischen Staaten des sowjetischen Machtbereichs.

21. 4. Deutschland. In der sowjetisch besetzten Zone schließen sich SPD und KPD zur Sozialistischen Einheitspartei Deutschlands (SED) zusammen. Alle wichtigen Posten sollen fortan paritätisch besetzt werden. Doch schon bald gelingt es den Kommunisten, die massiv von den sowjetischen

In Osteuropa schaltet Moskau jede Opposition aus

WEST GEGEN OST

NATO-Staaten 1949
RGW-Staaten 1949
Besatzungszonen 1949

0   800 km

GEOEPOCHE-Karte

Bald nach dem Krieg zerfällt Europa in zwei Blöcke. Auf US-Aufbaugelder
für den Westen ab 1948 reagiert die Sowjetunion mit dem Rat für gegenseitige Wirtschaftshilfe (RGW), auf die Aufnahme der Bundesrepublik in die
NATO 1955 mit einem eigenen Militärbündnis, dem Warschauer Pakt.
Und es beginnt ein neuer Konflikt: der Kalte Krieg

Autoritäten unterstützt
werden, die Macht inner-
halb der neuen Partei an
sich zu reißen und die
früheren SPD-Mitglieder
an den Rand zu drängen
oder auszuschließen.

4. 7. Polen. In der Stadt
Kielce ermordet ein polnischer Mob mehr als 40
jüdische Bewohner des
Ortes, denen die Täter
zuvor Ritualmorde an
christlichen Kindern unter-
stellt haben. Die Mordtat
ist die schlimmste in einer
langen Reihe von Pogro-
men, denen sich die Über-
lebenden des national-
sozialistischen Holocaust
in Polen seit Kriegsende
ausgesetzt sehen. Bis
Ende 1947 kommen in
Polen wohl mehr als 1500

Juden bei antisemitischen
Ausschreitungen ums
Leben. Auch in anderen
Staaten der Region, etwa
Ungarn, kommt es in
diesen Jahren zu solchen
Pogromen. Angesichts der
Bedrohung entschließen
sich bis 1949 rund 300 000
osteuropäische Juden zu
emigrieren, etwa nach
Palästina oder in die USA.

27. 7. Deutschland.
Im Lager Gronenfelde
bei Frankfurt an der Oder
treffen die ersten frei-
gelassenen deutschen
Kriegsgefangenen aus der
Sowjetunion ein. Insge-
samt sind mehr als drei
Millionen Kämpfer der
Wehrmacht und der
Waffen-SS in sowjetische
Kriegsgefangenschaft

geraten, von denen etwa
eine Million aufgrund der
harten Bedingungen in
den Lagern ums Leben
kommt. Erst 1955 ent-
lassen die sowjetischen
Autoritäten die letzten
„Heimkehrer" aus der
Gefangenschaft.

1. 9. Griechenland. In
einem umstrittenen Refe-
rendum stimmen offiziell
68 Prozent der Griechen
für die Beibehaltung
der Monarchie. König
Georg II. kehrt daraufhin
aus dem Exil in Kairo nach
Athen zurück. In den fol-
genden Monaten wächst
sich der Konflikt zwischen
den kommunistischen
Partisanen und der von
Großbritannien gestützten
bürgerlichen Regierung

zu einem Bürgerkrieg aus.
Im Verlauf der folgenden
drei Jahre bekämpfen
sich die Kontrahenten mit
wechselndem Erfolg.

1. 10. Deutschland. In
Nürnberg verkündet der
von den Besatzungsmäch-
ten eingesetzte Internationale Militärgerichtshof
die letzten von 22 Urteilen
gegen als Hauptkriegs-
verbrecher angeklagte
Vertreter des NS-Regimes.
Die Richter verhängen in
zwölf Fällen die Todesstrafe. Bis 1949 müssen sich in
mehreren Folgeprozessen
177 weitere Vertreter des
Regimes vor alliierten
Richtern verantworten.

19. 11. Rumänien. Ein
gefälschter Sieg bei den
Parlamentswahlen gibt der
Kommunistischen Partei
die Möglichkeit, durch
eine Verhaftungswelle die
verbliebene Opposition
im Lande auszuschalten.

1947
19. 1. Polen. Bei den
Wahlen zum Verfassung-
gebenden Parlament er-
ringt der „Demokratische
Block", eine von den
Kommunisten dominierte
Einheitsliste, durch Wahlmanipulationen die über-
wältigende Mehrheit. In
den folgenden Monaten
lässt die neue Regierung
zahlreiche Gegner ihres
Kurses verhaften. Andere
Oppositionspolitiker
flüchten angesichts der
Repressionen ins Ausland.

10. 2. Frankreich. In den
„Pariser Friedensverträ-
gen" einigen sich die Siegermächte des Weltkriegs
mit den einstigen Verbün-
deten des Deutschen

Reichs über Gebietsabtre-
tungen der Verlierer. Unter
anderem muss Italien
Istrien und andere Territorien an Jugoslawien abge-
ben und Rumänien zu-
gunsten der Sowjetunion
auf Bessarabien und die
Nordbukowina verzichten.

12. 3. USA. In einer Rede
über den Bürgerkrieg in
Griechenland verkündet
US-Präsident Truman, die
Bedrohung „freier Völker"
durch „totalitäre Regime"
sei auch eine Bedrohung
der nationalen Sicherheit
der Vereinigten Staaten;
daher müssten die USA
den Völkern überall in der
Welt ihre Hilfe zukommen
lassen. Diese „Truman-
Doktrin" gilt als Beginn
des Kalten Krieges – der
nichtmilitärischen Kon-
frontation mit der Sowjetunion, die für mehr als
vier Jahrzehnte die Welt-
politik prägen wird.

28. 4. Polen. Spezialkom-
mandos aus Soldaten und
Sicherheitskräften begin-
nen damit, etwa 150 000
ukrainischstämmige Be-
wohner Südostpolens in
die ehemals deutschen
Gebiete im Westen und
Norden des Landes zu
deportieren. Die „Aktion
Weichsel" soll die Assimi-
lierung der nach dem
„Bevölkerungsaustausch"
zwischen Polen und der
Sowjetunion im Lande
verbliebenen Ukrainer
beschleunigen.

5. 6. USA. US-Außenminister George C. Marshall
kündigt ein Programm
für den Wiederaufbau
der im Krieg zerstörten
europäischen Volkswirt-
schaften an. Im Rahmen

des meist als „Marshall-Plan" bezeichneten „European Recovery Program" versorgen die USA den Kontinent bis 1952 mit Krediten, Lebensmitteln, Rohstoffen und anderen Waren im Wert von mehr als 12 Milliarden Dollar.

Auch die osteuropäischen Staaten werden zur Teilnahme am Marshall-Plan eingeladen, lehnen jedoch unter dem Druck Josef Stalins ab, der eine politische Einflussnahme der USA in seinem Machtbereich fürchtet.

31. 8. Ungarn. Nachdem die Kommunisten bei erneuten Parlamentswahlen trotz Wahlmanipulationen und Repressalien gegen die politischen Gegner nur 22,3 Prozent der Stimmen erhalten haben, damit jedoch stärkste politische Kraft im Land wurden, achten sie und ihre sowjetischen Unterstützer bei der Ergreifung der Macht immer weniger auf eine demokratische Fassade.

Nach der Zwangsvereinigung der sozialdemokratischen Partei des Landes mit den Kommunisten (ähnlich wie in anderen Ländern Osteuropas) und der Zerschlagung aller oppositionellen Parteien steht bei den nächsten Wahlen am 15. Mai 1949 nur noch eine Einheitsliste auf dem Stimmzettel, angeführt durch die Kommunistische Partei. Am 18. August 1949 wird das Land mit der Annahme einer neuen Verfassung nach sowjetischem Vorbild zur Volksrepublik.

22. 9. Polen. In der Stadt Szklarska Poręba kommen die Führer von neun kommunistischen Parteien in Europa zusammen, um die Gründung des „Informationsbüros der kommunistischen und Arbeiterparteien" (Kominform) zu beschließen. Josef Stalin will durch das neue Gremium die ideologische Disziplinierung der kommunistischen Parteien beschleunigen und so die Reihen im sich immer deutlicher abzeichnenden Konflikt mit den Ländern des Westens schließen. In einer Rede während der Konferenz propagiert der sowjetische Politiker Andrej Schdanow die „Zwei-Lager-Theorie", nach der sich in der Welt ein „imperialistisches und antidemokratisches" Lager unter Vorherrschaft der USA und ein „antiimperialistisches und demokratisches" unter Führung der Sowjetunion unversöhnlich gegenüberstehen. Schdanow liefert damit das sowjetische Pendant zur Truman-Doktrin ab.

19. 12. Norwegen. Ein Gericht verurteilt den Schriftsteller Knut Hamsun wegen Schädigung des norwegischen Staates zu einer Geldstrafe von 425 000 Kronen. Der greise Nobelpreisträger war in den Jahren der deutschen Besatzung seines Landes offener Anhänger des Nationalsozialismus und Bewunderer Adolf Hitlers.

30. 12. Rumänien. Die kommunistischen Machthaber zwingen König Michael I., seine Abdankungsurkunde zu unterzeichnen, und rufen noch am selben Tag eine Volksrepublik aus. Mit Michael I., der wenige Tage später das Land verlässt, hat der letzte osteuropäische Monarch seinen Thron verloren.

Alle Aufstände werden brutal niedergeschlagen

1948

20. 2. Tschechoslowakei. Die zwölf bürgerlichen Minister in einer Allparteienregierung des kommunistischen Ministerpräsidenten Klement Gottwald reichen ihren Rücktritt ein, um gegen die einseitige Besetzung hoher Polizeiposten mit Kommunisten zu protestieren. Präsident Beneš beauftragt Gottwald mit der Neubildung eines Kabinetts, dem nur noch Vertreter der kommunistisch dominierten „Nationalen Front" angehören.

17. 3. Belgien. In Brüssel unterzeichnen die Außenminister Großbritanniens, Frankreichs und der Benelux-Staaten ein Abkommen, in dem sie sich gegenseitig militärische Hilfe im Falle des Angriffes einer anderen Macht zusichern. Im folgenden Jahr dehnen die unterzeichnenden Mächte ihr Bündnis aus durch die Gründung der „North Atlantic Treaty Organization" (NATO), der neben fünf weiteren europäischen Ländern und Kanada auch die USA angehören.

7. 6. Tschechoslowakei. Präsident Edvard Beneš tritt von seinem Amt zurück, da er die kurz zuvor verabschiedete neue Verfassung des Landes nicht unterschreiben will, die die Umwandlung der Tschechoslowakei in einen volksdemokratischen Einheitsstaat vorsieht. In den folgenden Monaten gestalten die kommunistischen Machthaber das Land verstärkt nach sowjetischem Muster um.

20. 6. Deutschland. In der Trizone, dem Zusammenschluss der drei westlichen Besatzungszonen, gibt es eine Währungsreform. Schon am folgenden Tag gilt die D-Mark dort als alleiniges Zahlungsmittel. Zwei Tage später etablieren die sowjetischen Besatzer auch in ihrer Zone eine eigene Währung.

24. 6. Deutschland. Als Reaktion auf die Ausdehnung der Währungsreform auf Westberlin riegelt die Sowjetunion alle Transportwege zu Land und zu Wasser in den Westteil der einstigen Reichshauptstadt ab. Um die etwa 2,1 Millionen Einwohner zu versorgen, richten die Westalliierten zwei Tage später eine Luftbrücke ein. Mehr als 400 britische und amerikanische Flugzeuge bringen in insgesamt 277 569 Einsätzen Lebensmittel, Medikamente, Rohstoffe und andere Güter nach Berlin. Da die Blockade erfolglos ist, bricht Moskau sie am 12. Mai 1949 ab.

28. 6. Rumänien. Die in der Kominform vereinigten kommunistischen Parteien schließen auf Drängen Stalins die KP Jugoslawiens aus ihrer Organisation aus und verhängen eine Wirtschaftsblockade gegen das Land. Dessen Staatschef Tito hat sich zuvor geweigert, die sowjetische Vorherrschaft anzuerkennen und seine Außenpolitik künftig mit Moskau abzustimmen.

29. 7. Großbritannien. König Georg VI. eröffnet in London die 14. Olympischen Sommerspiele, die ersten seit 1936.

1949

25. 1. Sowjetunion. Vertreter Polens, Bulgariens, Ungarns, der Tschechoslowakei, Rumäniens sowie der Sowjetunion gründen in Moskau den „Rat für gegenseitige Wirtschaftshilfe". Die neue Organisation soll die osteuropäischen Volksdemokratien stärker aneinander und an die Sowjetunion binden und ihnen zudem einen Ausgleich für den erzwungenen Verzicht auf die

Teilhabe am Marshall-Plan bieten.

23. 5. Deutschland. In Bonn verkündet der von den Besatzungsmächten hierzu autorisierte Parlamentarische Rat die Annahme des „Grundgesetzes für die Bundesrepublik Deutschland" und damit die Gründung eines neuen Staates auf dem Gebiet der drei Westzonen.

7. 10. Deutschland. Mit Genehmigung Stalins erklärt sich der Volksrat in Ostberlin zur Provisorischen Volkskammer der Deutschen Demokratischen Republik. Damit ist der zweite deutsche Staat auf dem Gebiet des früheren Deutschen Reiches gegründet worden.

16. 10. Griechenland. Die Führung der griechischen Kommunisten gibt per Radio die „einstweilige Einstellung des Widerstandes" bekannt. Der Griechische Bürgerkrieg endet damit nach drei Jahren mit einer Niederlage der Linken. Ausschlaggebend für den Sieg der Regierungskräfte war das Eingreifen der USA: Entsprechend der Truman-Doktrin hat Washington die griechische Armee aufgerüstet, um so einen Triumph der Kommunisten zu verhindern.

Um 1950 hat sich Europa von den schlimmsten Folgen des Zweiten Weltkriegs erholt, haben sich die in Erschütterung geratenen Machtstrukturen des Kontinents neu gefestigt. Er ist nun im Wesentlichen zweigeteilt. Auf der einen Seite schließen sich die kapitalistischen, meist demokratisch regierten Länder des Westens, darunter mit der Bundesrepublik Deutschland ein Nachfolgestaat des einstigen NS-Reichs, immer enger zusammen: wirtschaftlich in der „Montanunion", einer Vorläuferorganisation der Europäischen Union, und militärisch in der NATO – unter der Vorherrschaft der Schutzmacht USA. Ihnen stehen die Staaten in der Osthälfte Europas gegenüber, die von kommunistischen Führungseliten regiert werden und unter strenger Kontrolle der UdSSR stehen. Auch der Tod des Sowjetdiktators Josef Stalin am 5. März 1953 bringt den Staaten Osteuropas keine Unabhängigkeit: Gegen die kommunistischen Machthaber gerichtete Aufstände in der DDR, dem anderen Nachfolgestaat des Deutschen Reichs, und in Ungarn werden 1953 und 1956 von sowjetischen Truppen brutal niedergeschlagen. Erst rund 45 Jahre nach Kriegsende, in den Wendejahren 1989/90, erhalten die osteuropäischen Länder mit dem Niedergang der Sowjetunion ihre Freiheit zurück, setzt sich das kapitalistische Modell unangefochten in ganz Europa durch. Der Kontinent hat den großen Weltenbrand endgültig hinter sich gelassen. ◆

Andreas Sedlmair, Jg. 1965, ist Verifikationsredakteur im Team von GEOEPOCHE. Stefanie Peters, Jg. 1963, ist die Kartographin von GEOEPOCHE.

GEO EPOCHE
Das Magazin für Geschichte

Gruner + Jahr GmbH & Co KG, Sitz von Verlag und Redaktion: Am Baumwall 11, 20459 Hamburg. Postanschrift der Redaktion: Brieffach 24, 20444 Hamburg. Telefon: 040 / 37 03-0, Telefax: 040 / 37 03 56 48, Internet: www.geo-epoche.de

CHEFREDAKTEUR: Michael Schaper
STELLVERTRETENDER CHEFREDAKTEUR: Dr. Frank Otto
ART DIRECTION: Eva Mitschke (Leitung); Tatjana Lorenz
Freie Mitarbeit Layout: Inés Allica y Pfaff, Andreas Blum, Jutta Janßen, Uwe Müller, Lena Oehmsen, Julia Schmidt
TEXTREDAKTION: Gesa Gottschalk (Konzept dieser Ausgabe), Jens-Rainer Berg, Insa Bethke, Dr. Anja Fries, Johannes Schneider, Joachim Telgenbüscher
Freie Mitarbeit: Isabelle Berens, Simone Bernard, Margherita Bettoni, Astrid Hansen, Samuel Rieth
AUTOREN: Jörg-Uwe Albig, Dr. Mathias Mesenhöller, Cay Rademacher
Freie Mitarbeit: Dr. Ralf Berhorst, Hauke Friederichs, Dr. Marion Hombach, Constanze Kindel, Keith Lowe, Dr. Hanno Scheerer, Irene Stratenwerth, Dr. Kia Vahland
BILDREDAKTION: Christian Gargerle (Leitung), Roman Rahmacher
Freie Mitarbeit: Bob Heinemann, Andi Kunze
VERIFIKATION: Lenka Brandt, Olaf Mischer, Alice Passfeld, Andreas Sedlmair
Freie Mitarbeit: Dr. Henning Albrecht, Dr. Alexandra Gittermann, Dr. Dirk Hempel, Fabian Klabunde, Svenja Muche
KARTOGRAPHIE: Stefanie Peters
Freie Mitarbeit: Christian Kuhlmann
SCHLUSSREDAKTION: Dirk Krömer
Freie Mitarbeit: Antje Poeschmann
CHEF VOM DIENST TECHNIK: Rainer Droste

HONORARE: Petra Schmidt
REDAKTIONSASSISTENZ: Angelika Fuchs, Helen Oqueka
Freie Mitarbeit: Anastasia Mattern, Dr. Verena Mogl, Thomas Rost
VERANTWORTLICH FÜR DEN REDAKTIONELLEN INHALT: Michael Schaper

VERLAGSGESCHÄFTSFÜHRER: Dr. Frank Stahmer
PUBLISHER: Alexander Schwerin
PUBLISHING MANAGER: Anne-Katrin Gülck
DIGITAL BUSINESS DIRECTOR: Daniela von Heyl
DIRECTOR DISTRIBUTION & SALES: Torsten Koopmann / DPV Deutscher Pressevertrieb
EXECUTIVE DIRECTOR DIRECT SALES: Heiko Hager, G + J Media Sales
DIRECTOR BRAND SOLUTIONS: Daniela Krebs (verantwortlich für den Inhalt der Beilagen), Tel. 040 / 37 03 55 17
MARKETING: Kristin Niggl
HERSTELLUNG: G + J Herstellung, Heiko Belitz (Ltg.), Oliver Fehling

Es gilt die jeweils aktuelle Anzeigen-Preisliste. Infos hierzu unter: www.gujmedia.de

Heftpreis: 10,00 Euro (mit DVD: 17,50 Euro)
ISBN: 978-3-652-00520-3;
978-3-652-00514-2 (Heft mit DVD)
ISSN-Nr. 1861-6097
© 2016 Gruner + Jahr, Hamburg
Bankverbindung: Deutsche Bank AG Hamburg, Konto 032280000, BLZ 200 700 00
IBAN: DE 30 2007 0000 0032 2800 00,
BIC: DEUTDEHH
Litho: 4mat Media, Hamburg
Druck: appl druck GmbH, Senefelderstraße 3–11, 86650 Wemding

GEO-LESERSERVICE

Fragen an die Redaktion
Telefon: 01805 / 37 03 20 98, Telefax: 040 / 37 03 56 48
E-Mail: briefe@geo-epoche.de
Die Redaktion behält sich die Kürzung und Veröffentlichung von Leserbriefen auf www.geo-epoche.de vor.

ABONNEMENT- UND EINZELHEFTBESTELLUNG
Kundenservice und Bestellungen
Anschrift: GEO Kundenservice, 20080 Hamburg
persönlich erreichbar: Mo–Fr 7.30 bis 20.00 Uhr, Sa 9.00 bis 14.00 Uhr
E-Mail: geoepoche-service@guj.de
Telefon innerhalb Deutschlands: 040 / 55 55 89 90
Telefon außerhalb Deutschlands: +49 / 40 / 55 55 89 90
Telefax: +49 / 1805 / 861 80 02*

GEO-KUNDENSERVICE: www.GEO.de/Kundenservice

Preis Jahresabo: 60,00 € (D), 68,40 € (A), 99,00 sfr (CH)
Abo mit DVD: 99,00 € (D), 111,00 € (A), 174,60 sfr (CH)
Studentenabo: 36,00 € (D), 41,04 € (A), 59,40 sfr (CH)
mit DVD: 59,40 € (D), 66,60 € (A), 104,76 sfr (CH)
Preise für weitere Länder auf Anfrage erhältlich. Preise für GEOEPOCHE Digital unter www.geo-epoche.de/digital

BESTELLADRESSE FÜR GEO-BÜCHER, GEO-KALENDER, SCHUBER ETC.
Kundenservice und Bestellungen
Anschrift: GEO-Versand-Service, 74569 Blaufelden
Telefon: +49 / 40 / 42 23 64 27 Telefax: +49 / 40 / 42 23 64 27
E-Mail: guj@sigloch.de

*14 Cent/Minute aus dem deutschen Festnetz; Mobilfunkpreis maximal 42 Cent/Minute

HAMBURG

In seiner aktuellen Ausgabe erzählt GEO*EPOCHE* PANORAMA die
Biografie der Freien und Hansestadt – eine Chronik in historischen Fotos

Kaiserzeit 1871–1918

STRASSEN AUS WASSER

Ein Gewirr von Fleeten durchzieht die Hamburger Innenstadt. Auf diesen Kanälen transportieren Schuten und Ewer die Ladung von den Seeschiffen im Hafen zu den Speichern der Kaufleute, wo sie mit Seilwinden in die oberen Geschosse gehievt wird. Die Lagerhäuser, in denen sich meist auch die Wohn- und Geschäftsräume der Händler befinden, sind an einer Seite dem Wasser zugewandt und an der anderen der Straße – ideal für den Weiterversand der Waren

Die Fleete sind mit der Elbe verbunden und so den Gezeiten des Stroms unterworfen. Wie hier im **Nikolaifleet** sinkt der Wasserspiegel bei Niedrigwasser bisweilen so weit ab, dass selbst Schuten mit ihrem geringen Tiefgang nicht mehr fahren können. (Aufnahme **um 1890**)

26 GEO EPOCHE PANORAMA

In Kaufmannshäusern wie hier am Nikolaifleet lagern die per Schiff angelieferten Waren (1890)

Diese Stadt lebt am und vom Wasser: an den Fleeten, den Transportwegen der Händler. An der Alster, die von edlen Villen und Boulevards gesäumt wird. Und an der Elbe, über die Hamburgs Hafen mit der Welt verbunden ist. GEO*EPOCHE* PANORAMA präsentiert in historischen Fotos die Geschichte der Metropole zwischen 1842 und 1962 und rekonstruiert in mehreren Textbeiträgen außergewöhnliche Wendepunkte in der Biografie der Hansestadt, etwa den Großen Brand von 1842, die Eröffnung der Speicherstadt im Jahr 1888 oder den Feuersturm von 1943. Hamburg – jetzt in GEO*EPOCHE* PANORAMA.

GEO*EPOCHE* PANORAMA »Hamburg. Die Geschichte der Stadt in historischen Fotos«, Großformat, 132 Seiten, 13,50 Euro

Das Nichts hilft: Fasten verjüngt den Körper

GESUNDER VERZICHT

Neueste Forschung über eine oft unterschätzte Heilmethode

Nicht unbedingt weniger, sondern seltener essen: Wissenschaftler an renommierten Instituten stellen verblüfft fest, welch starke Effekte ein systematischer Verzicht auf unseren Körper haben kann. Und wie segensreich sich planvolles Fasten auf den Verlauf von Krankheiten auswirken kann. Der Mediziner Andreas Michalsen bringt es auf den Punkt: „Würden wir ein Medikament erforschen, das solche Wirkungen hat – unsere Telefone stünden gar nicht mehr still."

Außerdem in der neuen Ausgabe von GEO: Wie sich immer mehr Metropolen in „Smart Cities" verwandeln; wie umstrittene Farmer in Südafrika Nashörner als Weidevieh züchten – und warum Menschen in allen Kulturen seit jeher von Vampiren fasziniert sind.

Die aktuelle Ausgabe von GEO ist ab dem 19. Februar am Kiosk erhältlich und kostet 7,00 Euro. Weitere Themen: Ägypten – Was blieb vom Arabischen Frühling? / Expedition ans Packeis / Die Wellness-Ideologie

DIT IS BERLIN!

Zum 35-jährigen Jubiläum: eine Verjüngungskur für GEO Special und eine Hommage an die Stadt an der Spree

Europas aufregendste Metropole? Ohne Zweifel: Berlin. Längst ist die Hauptstadt zur Weltstadt avanciert, ein Magnet für Künstler, Kreative, Musiker, ein Ort des Aufbruchs für Visionäre, Träumer und Start-up-Unternehmer. Berlins Energie reißt mit. Und so liegt es nahe, dass sich GEO Special zu seinem 35-jährigen Bestehen dieser Stadt der Superlative widmet.

Gleichzeitig hat die Redaktion das Jubiläum zum Anlass genommen, das Magazin optisch zu verjüngen, neue Rubriken einzuführen und das Titelbild zu überarbeiten; als Extra gibt es nun eine große Übersichtskarte, die alle Tipps des Hefts bündelt. Für noch mehr Vor-Ort-Gefühl.

Voller Energie: Festival der Straßenmusiker

Das GEO Special »Berlin« kostet 9,50 Euro, mit DVD 16,50 Euro. Als eMagazine fürs iPad 7,99 Euro. Einige Themen: Der Charme Charlottenburgs / Neukölln: Aufstieg zum Szeneviertel / Berliner Prominente über ihre Stadt / Hotel- und Einkaufstipps

DAS MITTELALTER

Die erste Ausgabe der neuen Heftreihe GEO*EPOCHE* KOLLEKTION
widmet sich dem Alltag in einer bewegten Zeit: dem Mittelalter

Deutsche Burgen · *1080 bis 1450*

Burg Heidenreichstein

Wuchtige, fast fensterlose und bis zu 4,5 Meter starke Mauern schützen die um 1190 gegründete Feste in Niederösterreich. Nur die Küche, deren Außenkamin an der Mauermitte in die Höhe führt, sowie wenige Stuben (unten) werden beheizt, viele Räume bleiben kalt und feucht. Einfache Soldaten und Diener müssen auf Stroh schlafen, allein die Adelsfamilie ruht in stoffumhüllten Federbetten

Wehrhafte Bastion – und Wohnsitz eines Ritters: Burg Heidenreichstein in Niederösterreich

Wie lebten die Menschen im Mittelalter? Was glaubten sie, was beschäftigte sie, wie sah es aus in ihren Städten und Dörfern? Diesen Fragen geht die erste Ausgabe von GEO*EPOCHE* KOLLEKTION nach. Sie präsentiert die besten Geschichten aus GEO*EPOCHE* zum Wiederlesen, in neuem Layout und mit hochwertiger Ausstattung. Bildessays zeigen Burgen und Kathedralen. Porträts stellen wichtige Denker jener Zeit vor. Historische Reportagen erzählen von Rittern und Kaufleuten, von Fehden und Aufständen, von Malern, Erfindern und Baumeistern. Der Alltag im Mittelalter: so lebensnah wie möglich beschrieben.

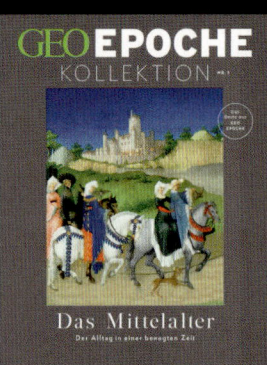

GEO*EPOCHE* eMAGAZINE

Digital lesen: GEO*EPOCHE* als eMagazine für iPad und Android-Tablets

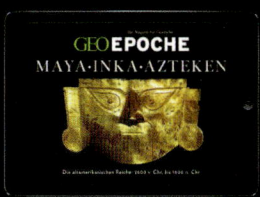
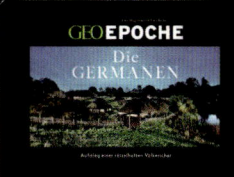

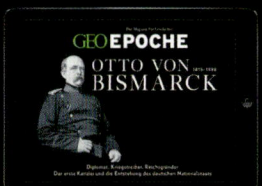

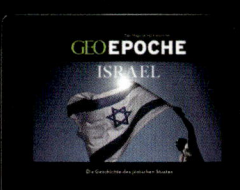

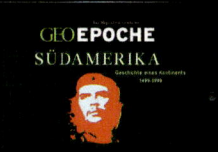
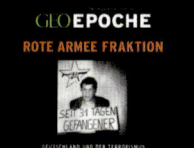

Kaiser Justinian träumt im 6. Jahrhundert davon, das römische Imperium wieder in seiner alten Größe zu errichten

Diese Ausgabe von GEO**EPOCHE** erscheint am 20. April 2016